高等院校"十四五"会计专业系列

税务会计

（第二版）

主　编　胡顺义　刘春玲　郭　彦
副主编　沈　瑾　付　强　刘安兵

微信扫码　查看更多资源

南京大学出版社

图书在版编目(CIP)数据

税务会计 / 胡顺义，刘春玲，郭彦主编. -- 2 版.
-- 南京：南京大学出版社，2023.5
ISBN 978 - 7 - 305 - 27001 - 7

Ⅰ. ①税… Ⅱ. ①胡… ②刘… ③郭… Ⅲ. ①税务会
计—高等学校—教材 Ⅳ. ①F810.62

中国国家版本馆 CIP 数据核字(2023)第 091228 号

出版发行　南京大学出版社
社　　址　南京市汉口路 22 号　　　　　邮　编　210093
出 版 人　金鑫荣

书　　名　税务会计
主　　编　胡顺义　刘春玲　郭　彦
责任编辑　武　坦　　　　　　　　编辑热线　025 - 83592315

照　　排　南京南琳图文制作有限公司
印　　刷　南京人文印务有限公司
开　　本　787×1092　1/16　印张 15　字数 365 千
版　　次　2023 年 5 月第 2 版　2023 年 5 月第 1 次印刷
ISBN 978 - 7 - 305 - 27001 - 7
定　　价　42.00 元

网址：http://www.njupco.com
官方微博：http://weibo.com/njupco
微信服务号：njuyuexue
销售咨询热线：(025) 83594756

前　言

税收法定,是税收立法和税收法律制度的一项基本原则,也是我国宪法所确立的一项重要原则。国家现行有 18 个税种,多数税种已经立法。在市场经济条件下,税收是调节经济最重要的杠杆之一。税负与企业和个人的生活息息相关,同时对整个经济社会发展都有巨大影响。随着税收法制体系和执法环境日趋完善,涉税风险和税收违法成本日益增大,正确认识并开展税务筹划,不仅有助于提高企业的经营管理水平,增强纳税人的纳税意识,还能够优化产业结构和合理配置资源,实现纳税人经济利益的最大化。

金税四期核心就是以数控税,与银行实时共享税务信息,增强资金监控。你不理税,税必理你!

税收是政府财政收入的主要来源,是政府实现其职能的财力保障。作为组织财政收入的一种主要手段,其分配的对象是国民收入。税收法律关系体现为国家征税与纳税人的利益分配关系。税务会计就是反映和监督这种分配关系依法实现的有力保证。

税务会计与财务会计、管理会计共同构成企业会计学的三大支柱。现代会计应当是以财务会计为核心,以管理会计和税务会计为左右两翼的企业会计体系。

税务会计是从传统财务会计中分离出来的一门新兴专业会计。税务会计是进行税务筹划、税金核算和纳税申报的一种会计系统。税务会计既要以税法为标准,促使纳税人认真履行纳税义务,又要在税法允许的范围内,保护纳税人的合法利益。本书阐述了税务会计的概念框架,以增值税会计、所得税会计为重点,同时兼顾其他税种会计,讲述各种税款的确认、计量以及纳税申报。

书中各章附有学习目标、思政元素、案例讲解、配套练习和教学课件,以方便教师组织教学和学生学习巩固。

本书以最新税制和会计准则为依据,将企业纳税和会计核算融为一体,涵盖所有税种,分析会计和税法的差异,纳税调整,编制纳税申报表,提高学生动手能力,加强课程思政,落实立德树人,倡导"三坚三守",推进诚信建设。所述内容通俗易懂、简明实用、可操作性强,具有较强的实用性。既可作为高校会计、财务管理、财政、税务等专业的教材,亦可作为财会人员和税务人员学习的参考用书。

本书由湖北经济学院胡顺义、湖北经济学院法商学院刘春玲、厦门工学院郭彦担任主编,武汉文理学院沈瑾、湖北经济学院付强、湖北经济学院刘安兵担任副主编。具体编写分工如下:付强编写第一章;刘春玲编写第二章;沈瑾编写第三章;杨琬君编写第四章;郭彦编写第五章;刘安兵编写第六章;陈国英编写第七章;李益博编写第八章;胡顺义编写第九章;李海洋编写第十章。本教材在编写过程中,承蒙中瑞湖北天遂税务师事务所、湖北经济学院的大力支持,并提出宝贵意见,谨此表示衷心感谢。本书以定稿日止的我国税收、会计法律和法规为主要依据,若理解有误,以法规为准;若法规有变,应以新法规为准。书中的错误和纰漏在所难免,恳请专家和读者批评指正,以便我们进一步修改和完善。

编　者

2023 年 4 月

目　录

第一章 税务会计概述

学习目标

学习本章,了解税务会计的前提、原则、模式;熟悉税法要素、会计要素、税务筹划;掌握税务会计的概念、特点;明确诚信守法是当今社会最基本的准则。

第一节 税务会计的概念

税收是一个分配范畴,是国家凭借政治权力参与分配的过程。税收分配的主体是国家,税收分配的对象是剩余产品,税收分配的依据是政治权力。税收是一个历史范畴,是社会经济发展到一定历史阶段的产物。私有财产制度的存在和国家的产生,导致税收的产生。税收经历了简单型征税阶段、专制型征税阶段和立宪型征税阶段。以前税法赋予的权力和义务是单方向的,决定社会生活只需要税收会计,不需要税务会计,在资本主义以前的社会制度下不会产生税务会计。税务会计在企业会计母体中的孕育,就像管理会计孕育于成本会计中一样,随着会计理论的发展和人们对税法目标与会计目标认识的深化,以及市场的完善和相应法律的健全,税务会计出现了独立的倾向。

税务会计作为会计学科的一个分支,在英美等西方发达国家早已成型,它与财务会计、管理会计共同构成企业会计学的三大支柱。现代会计应当是以财务会计为核心,以管理会计和税务会计为左右两翼的企业会计体系。

税务会计是关于税收及其会计处理的方法体系,但是由于税务会计形成时间比较短,其制度及体系尚不完善,税务会计的定义也有多种表述。

日本税务会计专家武田昌辅认为,税务会计是计算法人税法中的应税所得而设立的会计,它不是制度会计,是以企业会计为依据,按税法的要求对既定的盈利进行加工、修正的会计。(《新编税务会计通论》,日本森山书店,1985)

中国台湾陈建昭等人认为,税务会计为一种国内性会计,非为国际共通性会计。税务会计即在企业会计理论结构上,以重叠之形态,再注入其特有之计算方法或会计理论,以达成的课税为目的之完整体系。(《税务会计》,台北文笙书局,1994)

美国税务会计专家吉特曼认为,税务会计主要是处理某项目何时被确认收入或费用账务问题的一种专业会计。税法的各要素就是确认、确定纳税人及可扣除项目,计算和缴纳应交税金,所以有人说,一部税法就是一本税务会计。

盖地教授认为,税务会计是以国家现行税收法规为准绳,运用会计学的理论和方法,连续、系统、全面地对税款的形成、调整计算和缴纳(即企业涉税事项)进行确认、计量、记

录和报告的一门专业会计。(《税务会计与税务筹划》,中国人民大学出版社,2007)

税务会计是以税收法律制度为准绳,以货币为计量单位,运用会计学的原理和方法,对纳税人应纳税款的形成、申报、缴纳进行反映和监督的一种管理活动,税务与会计结合而形成的一门交叉学科。税务会计是适应纳税需要而产生的。

税务会计是进行税金核算、纳税申报和税务筹划的一种会计系统。税务会计是财务会计和管理会计的自然延伸,这种自然延伸的先决条件是税收法规的日益复杂化。在我国,由于各种原因,致使多数企业中的税务会计并未真正从财务会计和管理会计中延伸出来成为一个相对独立的会计系统,税务会计还只是财务会计的一部分。由于税金可分为所得税、流转税、财产税、行为税等,税务会计也可相应地分为所得税会计、流转税会计、财产税会计和行为税会计等分支。

第二节　税务会计的前提

税务会计以财务会计为基础,财务会计的基本前提有些也适用于税务会计,如会计分期、货币计量等。但由于税务会计有自己的特点,其基本前提也应有其特殊性。

一、纳税主体

纳税主体与财务会计的会计主体有密切联系,但不一定等同。会计主体是财务会计为之服务的特定单位或组织,会计处理的数据和提供的财务信息,被严格限制在一个特定的、独立的或相对独立的经营单位之内,典型的会计主体是企业。纳税主体必须是能够独立承担纳税义务的纳税人。在某些垂直领导的行业,如铁路、银行,由铁道部、各总行集中纳税,其基层单位是会计主体,但不是纳税主体。又如,对稿酬征纳个人所得税时,其纳税人(即稿酬收入者)并非会计主体,而作为扣缴义务人的出版社或杂志社则成为这一纳税事项的会计主体。纳税主体作为代扣(或代收、征)代缴义务人时,纳税人与负税人是分开的。作为税务会计的一项基本前提,应侧重从会计主体的角度来理解和应用纳税主体。

二、持续经营

持续经营的前提意味着该企业个体将继续存在足够长的时间以实现其现在的承诺,如预期所得税在将来要继续缴纳。这是所得税税款递延、亏损前溯或后转以及暂时性差异能够存在并且能够使用纳税影响会计法进行所得税跨期摊配的基础所在。以折旧为例,它意味着在缺乏相反证据的时候,人们总是假定该企业将在足够长的时间内为转回暂时性的纳税利益而经营并获得收益。

三、货币时间价值

随着时间的推移,投入周转使用的资金价值将会发生增值,这种增值的能力或数额,就是货币的时间价值。这一基本前提已经成为税收立法、税收征管的基点,因此,各个税种都明确规定了纳税义务的确认原则、纳税期限、缴库期等。它深刻地揭示了纳税人进行税务筹划的目标之———纳税最迟,也说明了所得税会计中采用纳税影响会计法进行纳税调整的必要性。

四、纳税年度

纳税年度又称纳税会计期间,是指纳税人按照税法规定选定的纳税年度。我国的纳税会计期间是自公历 1 月 1 日起至 12 月 31 日止。纳税人清算时,应当以清算期间作为一个纳税年度。如果纳税人在一个纳税年度的中间开业,或者由于改组、合并、破产关闭等原因,使该纳税年度的实际经营期限不足 12 个月的,应当以其实际经营期限为一个纳税年度。

五、年度会计核算

年度会计核算是税务会计中最基本的前提,即税制是建立在年度会计核算的基础上,而不是建立在某一特定业务的基础上。课税只针对某一特定纳税期间里发生的全部事项的净结果,而不考虑当期事项在后续年度中的可能结果如何,后续事项将在其发生的年度内考虑。

第三节 税务会计的原则

税务会计与财务会计密切相关,财务会计的核算原则,大部分或基本上适用于税务会计。但又因税务会计与税法的特定联系,税收理论和立法中的实际支付能力原则、公平税负原则、程序优先于实体原则等,也会非常明显地影响税务会计。税务会计上的特定原则可以归纳如下。

一、修正的应计制原则

从理论上讲,税务会计应采用收付实现制,因为要考虑支付能力和确定性原则,但实践上,要保证财政收入,又必须采用权责发生制,只是税务会计的权责发生制与公认会计准则不尽相同。税务会计倾向于较早报告收入和较迟报告费用。在美国税制中,有一条著名的定律,即克拉尼斯基定律。其基本含义是:如果纳税人的财务会计方法致使收益立即得到确认,而费用永远得不到确认,税务当局可能会因所得税目的允许采用这种会计方法;如果纳税人的财务会计方法致使收益永远得不到确认,而费用立即得到确认,税务当局可能会因所得税目的不允许采用这种会计方法。由此可见,目前世界上大多数国家都采用修正的权责发生制原则。

二、与财务会计日常核算方法相一致原则

由于税务会计与财务会计的密切关系,税务会计一般应遵循各项财务会计准则。只有当某一事项按会计准则、制度在财务会计报告日确认以后,才能确认该事项按税法规定确认的应纳税款;依据会计准则在财务会计报告日尚未确认的事项可能影响到当日已确

认的其他事项的最终应纳税款,但只有在根据会计准则确认导致征税效应的事项之后,才能确认这些征税效应,这就是"与日常核算方法相一致"的原则。

三、划分营业收益与资本收益原则

这两种收益具有不同的来源且担负着不同的纳税责任,在税务会计中应严格区分。营业收益是指企业通过其经常性的主要经营活动而获得的收入,其内容包括主营业务收入和其他业务收入两个部分,其税额的课征标准一般按正常税率计征。资本收益是指在出售或交换税法规定的资本资产时所得的利益(如投资收益、出售或交换有价证券的收益等),一般包括纳税人除应收款项、存货、经营中使用的地产和应折旧资产、某些政府债券,以及除文学和其他艺术作品的版权以外的资产。资本收益的课税标准具有许多不同于营业收益的特殊规定。因此,为了正确地计算所得税负债和所得税费用,就应该有划分两种收益的原则和具体的划分标准。这一原则在美、英等国的所得税会计中有非常详尽的规定,我国有待明确。

四、配比原则

配比原则是指企业在进行会计核算时,某一特定时期的收入应当与取得该收入相关的成本、费用配比。税务会计的配比原则,是指企业在计算应税所得额时,收入与其成本、费用应当互相配比,同一会计期间内的各项收入和与其相关的成本、费用,应当在该会计期间内确认。

五、确定性原则

这一原则用于所得税的税前扣除,凡税前扣除的费用,其金额必须是确定的。

六、税款支付能力原则

税款支付能力与纳税能力有所不同。纳税能力是指纳税人应以合理的标准确定其计税基数。有同等计税基数的纳税人应负担同一税种的同等税款。因此,纳税能力体现的是合理负税原则。与企业的其他费用支出有所不同,税款支付全部对应现金的流出,因此,在考虑纳税能力的同时,更应该考虑税款的支付能力。税务会计在确认、计量和记录收入、收益、成本、费用时,应选择保证税款支付能力的会计方法。

第四节　税务会计的特点

作为融税收制度和会计核算于一体的特殊的专业会计,税务会计主要有以下特点:
① 法定性。表现为税务会计在核算和监督应纳税款的形成、计算和缴纳的过程中,必须以国家的税收法规为依据,做到依法计税、依法纳税、依法减免,这是税务会计区别于其他专业会计的一个重要特征。在财务会计核算中,企业可以根据其生产、经营及经济环境的实际需要适当选择会计处理方法。但税务会计必须在遵守国家现行税收法令的前提下选

择。当财务会计准则、制度与现行税法的计税方法、计税范围等发生矛盾时,税务会计必须以现行税收法规为准,对财务会计做适当调整、修改或补充。② 广泛性。表现为税务会计的适用范围非常广泛。法定纳税人的广泛性,决定了税务会计的广泛性,税务会计适用于国民经济中的工业、商品流通、交通运输、服务业、房地产、金融保险等各个行业。③ 统一性。由于税务会计是融各类会计和税收法规于一体的会计,税法的统一性决定了税务会计统一性的特点。这就是说,同一种税对不同纳税人的税务处理规定一般是相同的。④ 独立性。和其他会计相比较,税务会计具有其相对的独立性和特殊性,因为国家规定的征税依据与企业会计制度的规定是有一定差别的,其处理方法、计算口径不尽相同,所以,税务会计有一套自身独立的处理准则。例如,自产自用货物视同销售的有关规定、企业会计利润与应纳税所得额的差异及其调整等,都反映了税务会计核算方法与内容的相对独立性。

一、税务会计与财务会计

财务会计是以"资产负债观"为基础的制度模式,以历史成本或者公允价值作为资产与负债计量的基础,以净资产的变动为基础来计量收益;而税务会计是以"收入费用观"为基础的制度模式,以历史成本作为资产与负债计量的基础,以收入与费用相配比为基础来计量收益。税务会计与财务会计的区别如下:

(1) 目标不同。税务会计是向税务部门和管理者提供税务信息。财务会计是向管理者、投资者、债权人提供财务信息。财务会计目标的实现方式是提供财务报表。税务会计目标的实现方式是纳税申报。

(2) 遵循的依据不同。会计准则讲求客观上公允,税收法规讲求足额及时缴税。财务会计的核算依据是会计准则。会计方法具有灵活性,会计准则具有弹性;而税务会计的核算依据是税收法规,按照税法规定计算所得额并向税务部门申报,其会计处理具有强制性、客观性和统一性,一般不会出现模棱两可的情况,也不允许在计算口径和方法上有悖于税法规定。

(3) 核算基础不同。税法强调支付能力和征收管理方便,采用混合制。财务会计以权责发生制为核算基础,使会计信息更加准确、相关和有用。税务会计主要以收付实现制为核算基础,比应收应付标准更加准确,既操作简便,又可防止纳税人偷税漏税行为。

(4) 核算对象不同。财务会计核算的是企业全部的资金运动,其核算范围包括资金的投入、循环、周转、退出等过程;而税务会计核算的对象是税务资金运动,即从纳税人产生经营收入开始,到足额上缴税款为止的税务资金运动。对纳税人与税收无关的业务不予核算。税务会计核算所得;财务会计核算利润。

(5) 原则不同。财务会计实行稳健原则,一般预计可能发生的损失和费用,而不预计可能的收入。而税务会计一般不对未来损失和费用进行预计,只有在客观上有证据表明已发生的情况下方可确认。

(6) 会计要素不同。财务会计有六大要素,财务会计反映的内容就是围绕着这六要素进行的;税务会计的要素包括应税收入、扣除项目、应税所得、计税依据、税率和应纳税额,这里的应税收入、扣除费用和财务会计中的收入、费用不一定相同,在确认的范围、时间、计量标准和方法上都可能发生差异。应税所得＝应税收入－扣除项目;应纳税额＝计税依据×税率。

(7) 程序不同。财务会计规范化的程序是"会计凭证—会计账簿—会计报表",凭证、账簿和报表之间有密切的逻辑关系。税务会计按照道理也可遵循这个程序,但没有规范化的要求,企业一般在期末借助于财务会计的数据资料,按照税法规定进行调整据以编制纳税申报表。

(8) 受税法约束程度不同。财务会计按公认的会计准则和财务、会计制度规范纳税人的财务会计行为,处理纳税人的经济业务,当对某些业务的处理出现税法的规定与会计准则的规定不一致时,可以不必考虑税法的规定,直接依据真实、公允的原则核算;而税务会计要依据国家税法和会计准则规范纳税人的会计行为,必须严格按照税法处理经济业务,当会计准则与国家税法对某些业务处理的规定不一致时,必须按税法的规定进行调整。

两者的关系:税务会计根植于财务会计,是会计与税法共同发展的产物;财务会计是税务会计的前提、基础和依据,税务会计则是对财务会计记录的合理加工和必要补充;财务会计统揽税务会计,税务会计寓于财务会计之中。

总之,财务会计和税务会计既有一定的区别,也是相互联系的。财务会计与税务会计的差异是客观存在的,不必要求某一方削足适履去适合对方,而应该各自遵循自身的规律,在理论上不断创新,在方法上不断完善,使二者科学、健康地发展。

二、税务会计与税收会计

对税务机关来说,税务会计是外部管理会计,核算税金的形成与申报;税收会计是内部管理会计,核算税金的征收与入库。税收资金运动依次经历税金的形成、缴纳(征收)、入库三个主要阶段,税务会计核算的终点正是税收会计核算的起点。税务会计与税收会计的区别如下:

(1) 会计主体不同。税收会计的主体是直接负责组织税金征收与入库的国家税务机关,包括从国家税务总局到基层税务所等各级税务机关以及征收关税的海关。税务会计的主体是负有纳税义务的纳税人(法人和自然人)。

(2) 目标不同。税收会计是加强税收管理;税务会计是足额纳税和节税。

(3) 核算对象不同。税收会计核算税款的征收与入库;税务会计核算税款的形成与缴纳。资金投入—生产经营资金运动—税金形成—税金的征收—税金的入库—预算资金,依次表现为:财务会计的核算对象—税务会计的核算对象—税收会计的核算对象—预算会计的核算对象。

(4) 会计体系不同。税收会计属于政府会计体系;税务会计属于企业会计体系。

(5) 职能不同。税收会计参与税收管理,保证税款安全;税务会计贯彻税法,进行税务筹划。

第五节　税务会计的模式

　　会计模式受法律环境和税收制度的影响。法律环境分为大陆法系和英美法系;政府干预力度较大的称为立法会计,政府间接干预的称为非立法会计。税务会计的模式包括财税分离式、财税合一式、财税协调式。

　　(1) 财税分离式。英美税务会计模式,能提高会计质量,推动会计准则和税务会计的完善。缺点:调整复杂;否认税务会计对财务会计的依赖关系。

　　(2) 财税合一式。德法税务会计模式,简单但违背真实公允,削弱了会计职能,认为差异不大无独立的必要,忽视二者的差异。

　　(3) 财税协调式。日本税务会计模式,以企业为导向,抓住了税务会计的本质特征,合理界定税务会计对象范围,指明了它对财务会计的依存关系。它既需要会计人员遵循国家税法的相关要求,也需要其按照一定的会计原则完成相应的会计工作。这种模式可以同时满足政府部门以及投资方对于企业财务信息的需求。

　　我国的增值税实行"财税合一"模式,即以税法规定的纳税义务和抵扣权利作为会计确认与计量的依据。目前,在实施增值税的国家和地区,其增值税的会计处理方法基本上都是税法导向的"财税合一"模式。我国的所得税实行"财税协调"模式,即对会计与税法之间的差异进行合理的控制,在两者差异的基础上注意相互协调,控制差异过大,减少纳税调整。

　　根据税制结构不同,税务会计一般有三种模式:以所得税为主体的税务会计;以流转税为主体的税务会计;以流转税和所得税并重的税务会计。

　　我国大中型企业执行企业会计准则,企业会计准则与税法差异较多;小型企业执行小企业会计准则,小企业会计准则与税法差异较少。会计与税法各走各的路:走不通;保持一致:难以实现各自目标;适当分离:各自完算才是上策。

第六节　税务会计的内容

　　税务会计是进行税务筹划、税金核算和纳税申报的一种会计系统。税务会计是财务会计和管理会计的延伸,正是由于税收法规的日益复杂化,使得税务会计从财务会计和管理会计中延伸出来,成为一个相对独立的会计体系,来专门处理企业的税务问题。

　　税务会计的任务是双方面的,既要以税法为标准促纳税人认真履行纳税义务,又要在税法允许的范围内保护纳税人的合法利益。根据税收法规对应税收入、扣除项目和应税所得进行确认和计量,计算和缴纳应交税金,通过编制纳税申报表,来满足税务机关和纳税人等利益主体对税务信息的要求,并实施监督。根据税法和企业的发展计划对税金支出进行预测,对税务活动进行合理筹划,发挥税务会计的融资作用,尽可能使企业税收负担降到最低。

一、税法基础知识

按照税法的基本内容和效力的不同,可分为税收基本法和税收普通法。按照税法的职能作用的不同,可分为税收实体法和税收程序法。按照税法征收对象的不同,可分为商品和劳务税、所得税、资源税、财产和行为税、特定目的税法五大类。中国现行的税种包括增值税、消费税、资源税、土地增值税、关税、车辆购置税、耕地占用税、契税、烟叶税、房产税、城镇土地使用税、车船税、城市维护建设税、印花税、船舶吨税、环保税、企业所得税、个人所得税。

近年来税收立法进程加快,我国 18 个税种中已有 12 个税种完成立法,房产税、城镇土地使用税、土地增值税、增值税、消费税、关税这 6 个税种还没有立法。

税法的构成要素是指各种单行税法具有的共同的基本要素的总称,既包括实体性的,也包括程序性的。税法的构成要素一般包括征税人、纳税义务人、征税对象、税目、税率(主要有比例税率、超额累进税率、超率累进税率、定额税率)、计税依据(计税依据是指计算应纳税额的根据。征税对象是从质的方面对征税的规定,计税依据则是从量的方面对征税的规定)、纳税环节、纳税期限(分为按次征收和按期征收两种)、纳税地点、减免税和法律责任等项目。其中,纳税义务人、征税对象、税率是构成税法的三个最基本的要素。

纳税义务发生时间是指税法规定的纳税人应当承担纳税义务的起始时间。不同税种的纳税义务时间不尽相同。所有纳税人都应当依法履行纳税义务,及时缴纳税款。

纳税期限是税法规定的纳税人、扣缴义务人发生纳税义务或者扣缴义务以后向国家纳税或者解缴税款的期限。纳税期限是根据纳税人的生产、经营规模和应纳税额的大小以及各个税种的不同特点确定的,包括纳税计算期和税款缴库期。纳税计算期一般有两种情况:一是按期计算,即以纳税人、扣缴义务人发生纳税义务或者扣缴税款义务的一定期间作为纳税计算期。二是按次计算,即以纳税人从事生产、经营活动的次数作为纳税计算期,一般适用于对某些特定行为的征收或者对临时经营者的征收,如印花税、契税等税种多在纳税人发生纳税义务以后按次计算应纳税额。由于纳税人、扣缴义务人对纳税计算期内所取得的应税收入、应纳税款、代扣代收税款需要一定的时间进行结算和办理缴税手续,所以,税法规定了税款的入库期限,即税款缴库期。税款缴库期是指纳税计算届满以后纳税人、扣缴义务人报缴税款的法定期限。

纳税申报是指纳税人按照税法规定的期限和内容向税务机关提交有关纳税事项书面报告的法律行为,是纳税人履行纳税义务、承担法律责任的主要依据,是税务机关税收管理信息的主要来源和税务管理的一项重要制度。

纳税申报表指纳税人履行纳税义务,按期向税务机关申报纳税期应交税额时应填报的表格。纳税人、扣缴义务人的纳税申报和代扣代缴、代收代缴税款报告的主要内容包括税种、税目、应纳税项目或者应代扣代收税款项目,适用税率或者单位税额,计税依据,抵扣项目、扣除项目及标准,应纳税额或者代扣、代收额,税款所属期限等。

纳税人必须依照法律、行政法规规定或者税务机关依照法律、行政法规的规定确定的申报期限、申报内容如实办理纳税申报,报送纳税申报表、财务会计报表以及税务机关根据实际需要要求纳税人报送的其他纳税资料。扣缴义务人必须依照法律、行政法规规定或者税务机关依照法律、行政法规的规定确定的申报期限、申报内容如实报送代扣代缴、代收代缴税款报告表以及税务机关根据实际需要要求扣缴义务人报送的其他有关资料。

纳税人未按照规定期限缴纳税款的,扣缴义务人未按照规定期限解缴税款的,税务机关除责令限期缴纳外,从滞纳税款之日起,按日加收滞纳税款 0.5‰的滞纳金。纳税人、扣缴义务人在规定期限内不缴或者少缴应纳或者应解缴的税款,经税务机关责令限期缴纳,逾期仍未缴纳的,税务机关除依照规定采取强制执行措施追缴其不缴或者少缴的税款外,可以处不缴或者少缴的税款 50%以上 5 倍以下的罚款。扣缴义务人应扣未扣、应收而不收税款的,由税务机关向纳税人追缴税款,对扣缴义务人处应扣未扣、应收未收税款50%以上 3 倍以下的罚款。税务代理人违反税收法律、行政法规,造成纳税人未缴或者少缴税款的,除由纳税人缴纳或者补缴应纳税款、滞纳金外,对税务代理人处纳税人未缴或者少缴税款 50%以上 3 倍以下的罚款。

纳税人在纳税期内没有应纳税款的,也应当按照规定办理纳税申报。纳税人享受减税、免税待遇的,在减税、免税期间应当按照规定办理纳税申报。

纳税申报方式包括直接申报、邮寄申报、电子申报。直接申报,是指纳税人和扣缴义务人自行到税务机关办理纳税申报或者报送代扣代缴、代收代缴报告表,这是一种传统申报方式。邮寄申报,是指经税务机关批准的纳税人、扣缴义务人使用统一规定的纳税申报特快专递专用信封,通过邮政部门办理交寄手续,并向邮政部门索取收据作为申报凭据的方式。电子申报,是指经税务机关批准的纳税人通过电话语音、电子数据交换和网络传输等形式办理的纳税申报。电子申报是目前国际上正在兴起的纳税申报方式之一,具有准确、快捷、方便等特点,已愈来愈受到人们的重视。除上述方式外,实行定期定额缴纳税款的纳税人,可以实行简易申报、简并征期等申报纳税方式。

财产和行为税合并申报的税种范围包括城镇土地使用税、房产税、车船税、印花税、耕地占用税、资源税、土地增值税、契税、环境保护税、烟叶税等 10 个税种。纳税申报时,各税种统一采用《财产行为税纳税申报表》。该申报表由一张主表和一张减免税附表组成,主表为纳税情况,附表为申报享受的各类减免税情况。

纳税申报前,需先维护税源信息。税源信息没有变化的,确认无变化后直接进行纳税申报;税源信息有变化的,更新维护数据后再进行申报。税源信息是财产和行为税各税种纳税申报和后续管理的基础数据来源,是生成纳税申报表的主要依据。税每个税种的税源明细表根据该税种的税制特点设计。征管系统将根据各税种税源信息自动生成新申报表,纳税人审核确认后即可完成申报。无论选择何种填报方式,纳税人申报时,系统都会根据已经登记的税源明细表自动生成申报表。纳税人可以自由选择一次性或分别申报当期税种。不同纳税期限的财产和行为税各税种可以合并申报。

财产和行为税纳税申报表

纳税人识别号(统一社会信用代码): □□□□□□□□□□□□□□□□□□											
纳税人名称:					金额单位:人民币元(列至角分)						
序号	税种	税目	税款所属期起	税款所属期止	计税依据	税率	应纳税额	减免税额	已缴税额	应补(退)税额
1										
2										
3										
4										
5										
6										
7										
8										
9										
10										
11	合 计	—	—	—	—	—				

财产和行为税减免税明细申报附表

纳税人识别号(统一社会信用代码): □□□□□□□□□□□□□□□□□□					
纳税人名称:		金额单位:人民币元(列至角分)			
本期是否适用增值税小规模纳税人减征政	□是 □否	本期适用增值税小规模纳税人减征政策起始时间		年 月	
		本期适用增值税小规模纳税人减征政策终止时间		年 月	
城镇土地使用税					
序号	土地编号	税款所属期起	税款所属期止	减免性质代码和项目名称	减免税额
1					
2					
小计	—			—	

房产税				
序号	房产编号	税款所属期起	税款所属期止	减免性质代码和项目名称	减免税额
1					
2					
小计	—			—	

车船税				
序号	车辆识别代码/船舶识别码	税款所属期起	税款所属期止	减免性质代码和项目名称	减免税额
1					
2					
小计				—	

印花税				
序号	税目	税款所属期起	税款所属期止	减免性质代码和项目名称	减免税额
1					
2					
小计	—			—	

资源税					
序号	税目	子目	税款所属期起	税款所属期止	减免性质代码和项目名称	减免税额
1						
2						
小计	—	—			—	

耕地占用税				
序号	税源编号	税款所属期起	税款所属期止	减免性质代码和项目名称	减免税额
1					
2					
小计	—			—	

契　税					
序号	税源编号	税款所属期起	税款所属期止	减免性质代码和项目名称	减免税额
1					
2					
小计	—			—	

土地增值税					
序号	项目编号	税款所属期起	税款所属期止	减免性质代码和项目名称	减免税额
1					
2					
小计	—			—	

环境保护税						
序号	税源编号	污染物类别	污染物名称	税款所属期起	税款所属期止	减免性质代码和项目名称	减免税额
1						
2						
小计	—	—	—			—	

　　税款征收方式,是指税务机关根据各税种的不同特点、征纳双方的具体条件而确定的计算征收税款的方法和形式。

(一) 查账征收

　　查账征收是指税务机关对会计核算制度比较健全的纳税人,依据其报送的纳税申报表、财务会计报表和其他有关纳税资料,计算应纳税款,填写缴款书或完税凭证,由纳税人到银行划解税款的征收方式。这种方式一般适用于财务会计制度较为健全,能够认真履行纳税义务的纳税单位。

(二) 查定征收

　　查定征收是指税务机关对财务不全,但能控制其材料、产量或进销货物的纳税单位和个人,根据纳税户正常条件下的生产能力,对其生产的应税产品确定产量、销售额并据以核算税款的一种征收方式。这种方式适用于生产规模较小、会计核算不健全的作坊式小企业。

(三) 查验征收

　　查验征收是指税务机关对纳税人的应税商品、产品,通过查验数量,按市场一般销售单价计算其销售收入,并据以计算应纳税款的一种征收方式。这种方式适用于城乡集贸市场的临时经营以及场外(如火车站、机场、码头、公路交通要道等地)经销商品的课税,其灵活性较大。

(四)定期定额征收

定期定额征收是指对某些营业额、利润额不能准确计算的小型个体工商业户,采取自报评议,由税务机关定期确定营业额和所得额附征率,多税种合并征收的一种征收方式。这种方式适用于一些无完整考核依据的纳税人。

(五)代扣代缴、代收代缴

前者是指支付纳税人收入的单位和个人从所支付的纳税人收入中扣缴其应纳税款并向税务机关解缴的行为;后者是指与纳税人有经济往来关系的单位和个人借助经济往来关系向纳税人收取其应纳税款并向税务机关解缴的行为。这两种征收方式适用于税源零星分散、不易控管的纳税人。

(六)委托代征

委托代征是受委托的有关单位按照税务机关核发的代征证书的要求,以税务机关的名义向纳税人征收一些零星税款的方式。目前,各地对零散、不易控管的税源,大多是委托街道办事处、居委会、乡政府、村委会及交通管理部门等代征税款。但要注意的是,被委托人只能以税务机关的名义进行征收税款,并且没有行政处罚权。

二、会计基础知识

企业应当按照交易或者事项的经济特征确定会计要素。会计要素包括资产、负债、所有者权益、收入、费用和利润。

收入是指企业在日常活动中形成的、会导致所有者权益增加的、与所有者投入资本无关的经济利益的总流入。费用是指企业在日常活动中发生的、会导致所有者权益减少的、与向所有者分配利润无关的经济利益的总流出。利得是指由企业非日常活动所形成的、会导致所有者权益增加的、与所有者投入资本无关的经济利益的流入。损失是指由企业非日常活动所发生的、会导致所有者权益减少的、与向所有者分配利润无关的经济利益的流出。利得和损失分为两种:一种是直接计入所有者权益的利得或损失;一种是直接计入当期利润的利得或损失。直接计入所有者权益的利得或损失通过"其他综合收益"科目核算,包括不能重分类进损益的其他综合收益和将重分类进损益的其他综合收益两类。

企业在对会计要素进行计量时,一般应当采用历史成本,采用重置成本、可变现净值、现值、公允价值计量的,应当保证所确定的会计要素金额能够取得并可靠计量。在公允价值计量下,资产和负债按照市场参与者在计量日发生的有序交易中出售资产所能收到或者转移负债所需支付的价格计量。

收入确认围绕企业与客户订立的合同展开,是否存在满足条件的合同是收入确认的前提。企业应当在履行了合同中的履约义务,即在客户取得相关商品控制权时确认收入。取得相关商品控制权,是指能够主导该商品的使用并从中获得几乎全部的经济利益。履约义务,是指合同中企业向客户转让可明确区分商品的承诺。

合同开始日,企业应当对合同进行评估,识别该合同所包含的各单项履约义务,并确定各单项履约义务是在某一时段内履行,还是在某一时点履行,然后,在履行了各单项履约义务时分别确认收入。履约义务,是指合同中企业向客户转让可明确区分商品的承诺。单项履约义务是收入确认和计量的基本单位,一项合同可能包含多个单项履约义务。满足下列条件之一的,属于在某一时段内履行履约义务;否则,属于在某一时点履行履约义务:① 客户在企业履约的同时即取得并消耗企业履约所带来的经济利益。② 客户能够控制企业履约过程中在建的商品。③ 企业履约过程中所产出的商品具有不可替代用途,且该企业在整个合同期间内有权就累计至今已完成的履约部分收取款项。对于在某一时段内履行的履约义务,企业应当在该段时间内按照履约进度确认收入,但是,履约进度不能合理确定的除外。企业应当考虑商品的性质,采用产出法或投入法确定恰当的履约进度。企业应当按照分摊至各单项履约义务的交易价格计量收入。交易价格,是指企业因向客户转让商品而预期有权收取的对价金额。企业应当根据合同条款,并结合其以往的习惯做法确定交易价格。在确定交易价格时,企业应当考虑可变对价、合同中存在的重大融资成分、非现金对价、应付客户对价等因素的影响。合同中包含两项或多项履约义务的,企业应当在合同开始日,按照各单项履约义务所承诺商品的单独售价的相对比例,将交易价格分摊至各单项履约义务。

会计差错是指在会计核算时,在计量、确认、记录等方面出现的错误。更正会计差错的方法从技术角度看包括红字冲销法、补充登记法、综合调整法等。会计差错更正按是否追溯到差错发生的当期或尽可能的早期,分为追溯重述法和未来适用法。会计差错产生的原因尽管很多,但差错的更正(即账务处理)可以从三个标准来考虑:一是差错的发现时间,可以分为日后期间发现的差错和其他时间发现的差错。二是差错的所属期间,可以分为属于当年的差错和属于以前年度的差错。三是重要性,可以分为重大会计差错和非重大会计差错。

(1)当期发现的当年度的会计差错。当年度的会计报表尚未编制,无论会计差错是否重大,均可直接调整当期有关出错科目。

(2)当期发现的以前年度非重大会计差错。其更正方法也是直接调整当期相关项目。该类会计差错尽管与以前年度相关,但根据重要性原则,可直接调整发现当年的相关科目,而不必调整发现当年的期初数。

(3)当期发现的以前年度的重大会计差错。涉及损益的,应通过"以前年度损益调整"科目过渡,调整发现年度的期初留存收益,会计报表其他相关项目的期初数或上年数也应一并调整。如不影响损益,则调整发现年度会计报表的相关项目的期初数。

(4)日后期间发现的报告年度的会计差错。报告年度是指当年的上一年,由于上一年会计报表尚未报出,故称上一年为报告年度。由于该会计差错发生于报告年度,无论是重大差错还是非重大差错,应当按照资产负债表日后事项中的调整事项进行处理。"以前年度损益调整"主要调整的是以前年度的重要差错,以及资产负债表日后事项,作为损益类项目的过渡性科目,其余额最终转入"利润分配——未分配利润"科目。该调整金额不体现在本期利润表上,而是体现在未分配利润中。

(5)日后期间发现的报告年度以前的非重大会计差错。因为根据重要性原则,可以将属于报告年度以前的非重大会计差错调整报告年度会计报表相关项目。

（6）日后期间发现的报告年度以前的重大会计差错。对于该类会计差错，由于不是发生在报告年度，故不能作为资产负债表日后调整事项处理，而是将差错的累积影响数调整发现年度的年初留存收益以及调整相关项目的年初数。

"税金及附加"科目的核算范围包括消费税、资源税、土地增值税、城建税、教育费附加、地方教育费附加、房产税、土地使用税、车船税、印花税、环保税、船舶吨税等相关税费。企业所得税计入"所得税费用"科目。契税、烟叶税、进口关税、车辆购置税、耕地占用税资本化计入资产成本。增值税属于价外税。个人所得税不属于企业承担而是由员工个人承担。增值税和个人所得税不计入资产成本，也不计入费用。在取得资产时直接缴纳的耕地占用税、契税、进口关税、车辆购置税不通过"应交税费"科目核算。

发票，是指在购销商品，提供或者接受服务以及从事其他经营活动中，开具、收取的收付款凭证。全面数字化的电子发票将简称为数电票。数电票和传统发票一样，同样分为增值税专用发票和普通发票，其效力和纸质版的发票效力一致。数电票无需使用税控设备，系统自动赋予开具额度，数电票数据文件自动发送至开票方和受票方的税务数字账户。

纳税人可以通过电子发票服务平台开具以下发票：数电票（增值税专用发票）、数电票（普通发票）、数电纸质发票（增值税专用发票）、数电纸质发票（普通发票）。

三、会计和税法的差异

税法是以法律形式将一国的税收制度确定下来，税法制定的目的是为了调整国家与纳税人之间在征纳税方面的权利和义务，保障国家利益和纳税人的合法权益，维护正常的经济秩序，保证国家的财政收入。企业会计的主要目的是真实反映企业的财务状况和经营成果，向管理部门、股东、贷款人和其他有关方面提供有用的信息。会计和税法的目标不同，税法和会计准则必然存在差异。只有会计处理和税务处理保持各自的独立性，才能保证会计信息的真实性和应纳税额的准确性。

税法与会计的差异主要体现在收入、利得的确认与费用、损失的扣除方面。会计收入与各税种的应税收入不同。企业会计核算时，按会计准则确认并计量会计收入，纳税时，按照各税种的应税收入的规定计税。

在进行会计核算时，所有企业都必须严格执行会计准则的要求，进行会计要素的确认、计量和报告。在完成纳税义务时，必须按照税法的规定计算税额，及时申报缴纳。当财务会计制度与税法不一致时，纳税人应当按税法的规定计算缴纳税款，但在账务处理上则仍按现行的企业会计准则的规定处理。按会计准则做账，按税法规定缴税。

理论上说，会计和税法是"桥归桥，路归路"的关系。两者目的不同，不可能也没必要完全统一起来。不能把税法规定当成会计准则。企业在报送年度所得税纳税申报表时，需要针对会计与税法的差异项目进行纳税调整，调整过程通过申报表的明细项目反映。

四、税务筹划

在税务筹划的发展史上,大家公认的税务筹划产生的标志事件是 20 世纪 30 年代英国上议院议员汤姆林爵士针对"税务局长诉温斯特大公"一案的发言,他说"任何一个人都有权安排自己的事业。如果依据法律所做的某些安排可以少缴税,那就不能强迫他多缴税"。这一观点得到了法律界的认同,税务筹划第一次得到了法律上的认可,成为奠定税务筹划史的基础判例。另一重要判例为 1947 年美国法官汉德在一税务案件中的判词,其更是成为美国税务筹划的法律基石,原文如下:"法院一直认为,人们安排自己的活动,以达到降低税负的目的是不可指责的。每个人都可以这样做,不论他是富人还是穷人,而且这样做是完全正当的,因为他无须超过法律的规定来承担国家的税收。税收是强制课征而不是无偿捐献,以道德的名义来要求税收纯粹是侈谈。"

税务筹划,是指在税法规定的范围内,通过对经营、投资、理财等活动的事先筹划和安排,尽可能地获得"节税"的税收利益。税务筹划包括避税筹划、节税筹划、转嫁筹划、实现涉税零风险。

(1)避税筹划是指纳税人采用非违法手段(即表面上符合税法条文但实质上违背立法精神的手段),利用税法中的漏洞、空白获取税收利益的筹划。避税筹划既不违法也不合法,与纳税人不尊重法律的偷逃税有着本质区别,国家只能采取反避税措施加以控制。

(2)节税筹划是指纳税人在不违背立法精神的前提下,充分利用税法中固有的起征点、减免税等一系列的优惠政策,通过对筹资、投资和经营等活动的巧妙安排,达到少缴税甚至不缴税目的的行为。

(3)转嫁筹划是指纳税人为了达到减轻税负的目的,通过价格调整将税负转嫁给他人承担的经济行为。税负转嫁是纳税人将自己应缴纳的税款,通过各种途径和方式转由他人负担的过程。不论税负转嫁采取何种方式,都表现为纳税人和负税人的不一致。

(4)实现涉税零风险是指纳税人账目清楚,纳税申报正确,税款缴纳及时、足额,不会出现任何关于税收方面的处罚,即在税收方面没有任何风险,或风险极小可以忽略不计的一种状态。这种状态的实现,虽然不能使纳税人直接获取税收上的好处,但却能间接地获取一定的经济利益,而且这种状态的实现,更有利于企业的长远发展与规模扩大。

税务筹划属于企业理财的范畴,是企业根据国家税收法律的规定和政策导向,在法律规定许可的范围内,通过对经营、投资、理财活动的事先筹划和安排,尽可能地取得"节税"利益或税后利益最大化的一种企业财务筹划活动。

税务筹划,不论对企业还是对国家,都是有积极意义的。税务筹划是纳税人的一项基本权利,纳税人在法律允许或不违反税法的前提下所取得的收益应属合法收益。税务筹划具有合法性、筹划性、目的性和专业性的特点。

税务会计的目标不是会计,而是收益。目前关于税务筹划的目标,有许多不同的表述,如"最大限度地降低税收负担""获取资金时间价值""实现涉税零风险""实现企业价值最大化"等。税务筹划的真正目标,不是最大限度地减轻税收负担,或者说,判断税务筹划是否成功的标准并不是能否最大限度地减轻税收负担。企业财务管理通常包括融资、投资、经营和收益分配四个环节,可以说每一个环节都与税务筹划息息相关。财务管理目标定位于企业价值最大化,税务筹划的目标也应当定位于企业价值最大化。所谓企业价值最大化,是指通过企业财务上的合理经营,采用最优的财务政策,充分考虑资金的时间价值和风险与报酬的关系,在保证企业长期稳定发展的基础上,使企业总价值达到最大。实务中比较不同纳税筹划方案的税后净利润或税后净现金流量,取其中最大者作为最佳纳税筹划方案。

税务筹划的方法很多,而且实践中也是多种方法结合起来使用,包括利用税收优惠政策法、纳税期的递延法、转让定价筹划法、利用税法漏洞筹划法、利用会计处理方法筹划法等几种方法。

税务筹划风险指税务筹划活动受各种原因的影响而失败的可能性。税务筹划风险产生的主要原因是税务筹划的预先筹划性与筹划方案执行中的不确定性和不可控制因素之间的矛盾。这种矛盾的产生与经济环境、国家政策和企业自身活动的不断变化密切相关。如果企业的税务筹划方法被税务机关认定为偷税或避税,那么纳税人所进行的税务筹划带来的就不是任何税收上的收益,相反,可能会因为其行为的不合理或违法而被税务机关处罚,从而付出较大的代价。纳税人实施税务筹划必须要有风险意识,注意防范税收筹划风险,否则将可能招致失败。

税收负担简称"税负"。纳税人因履行纳税义务而承受的一种经济负担。宏观税收负担是一定时期内(通常是一年)国家税收收入总额在整个国民经济体系中所占的比重。这实际上是从全社会的角度来考核税收负担,从而可以综合反映一个国家或地区的税收负担总体情况。衡量宏观税收负担状况的指标有国内生产总值税收负担率和国民收入税收负担率。微观税收负担,是指某一纳税人在一定时期所缴纳的全部税收占同期的经济收入的比例。反映企业税收负担水平的指标包括企业税负总负担率、企业流转税负担率和企业所得税负担率。税务筹划能够降低企业税收负担,改善企业经营成果,从而实现企业价值最大化。

税务预警,也称税务风险预警,是税务机关为了加强对纳税人的管理而采取的一项征管措施。税务机关设置了很多指标,通过对纳税人纳税数据分析,对纳税人进行内部税收预警,并辅以纳税评估、税务稽查等方法,对企业进行监管。

税务预警主要是针对纳税人生产经营的特定产品、品种,经过对辖区内所有纳税单位的调查而得出一个平均税收负担率。纳税人在一定时期的税负在预警线以上,税务机关就不过分监管,如果低于预警线,税务机关就要分析原因,进行纳税评估。

练　习　题

一、单项选择题

1. 关于纳税人和负税人,下列说法正确的是(　　　)。
   A. 流转税的纳税人和负税人通常是一致的
   B. 所得税的纳税人和负税人通常是不一致的
   C. 扣缴义务人是纳税人,不是负税人

D. 造成纳税人与负税人不一致的主要原因是税负转嫁

2. 下列情形中,企业应履行代收代缴税款义务的是(　　)。

　　A. 企业向员工支付工资

　　B. 企业受托加工应税消费品

　　C. 企业向境外支付特许权使用费

　　D. 联合企业收购未税矿产品

3. 车辆购置税的纳税环节是(　　)。

　　A. 生产环节　　　　B. 流通环节　　　　C. 分配环节　　　　D. 消费环节

4. 下列税种实行多次课征制的是(　　)。

　　A. 个人所得税　　　B. 车辆购置税　　　C. 企业所得税　　　D. 增值税

5. 下列税费征收管理,符合《税收征收管理法》的是(　　)。

　　A. 关税　　　　　　B. 房产税　　　　　C. 教育费附加　　　D. 海关代征增值税

6. 对会计要素进行计量时,一般应当采用(　　)计量属性。

　　A. 历史成本　　　　B. 重置成本　　　　C. 公允价值　　　　D. 现值

二、多项选择题

1. 下列说法正确的有(　　)。

　　A. 减免税的方式包括税基式减免、税率式减免和税额式减免

　　B. 起征点是征税对象达到一定数额开始征税的起点。免征额是在征税对象的全部数额中免予征税的数额

　　C. 享受免征额的纳税人就要比享受同额起征点的纳税人税负轻

　　D. 起征点只能照顾一部分纳税人,而免征税额则可以照顾适用范围内的所有纳税人

2. 下列说法正确的有(　　)。

　　A. 将非交易性权益工具投资指定为以公允价值计量且其变动计入其他综合收益的金融资产的,终止确认时,其他综合收益转出计入留存收益

　　B. 所有者权益包括实收资本、资本公积、其他综合收益、盈余公积、未分配利润

　　C. 其他综合收益由损益性性交易产生;资本公积由权益性交易产生

　　D. 其他综合收益是指企业根据企业会计准则规定未在损益中确认的各项利得和损失扣除所得税影响后的净额

3. 下列说法正确的有(　　)。

　　A. 与合同成本有关的资产,应当采用与该资产相关的商品收入确认相同的基础进行摊销,计入当期损益

　　B. 没有商业实质的非货币性资产交换,不确认收入

　　C. 税法不区分收入和利得。会计区分收入和利得

　　D. 公允价值是指市场参与者在计量日发生的有序交易中出售一项资产所能收到或者转移一项负债所需支付的价格

4. 对税收实体法要素中有关课税对象的表述,下列说法正确的有(　　)。

　　A. 课税对象是国家据以征税的依据

　　B. 税目是一种税区别于另一种税的最主要标志

C. 从实物形态分析,课税对象与计税依据是一致的

D. 从个人所得税来看,其课税对象与税源是一致的

5. 我国现行税收制度中,采用的税率形式有(　　　　)。

　　A. 超额累进税率　　　　　　　　　B. 超率累进税率

　　C. 超额累退税率　　　　　　　　　D. 全额累进税率

6. 在我国税法中,采用地区差别定额税率的税种有(　　　　)。

　　A. 城市维护建设税　　　　　　　　B. 城镇土地使用税

　　C. 耕地占用税　　　　　　　　　　D. 土地增值税

7. 在我国现行税法中,采用定额税率的税种有(　　　　)。

　　A. 城镇土地使用税　　　　　　　　B. 耕地占用税

　　C. 车船税　　　　　　　　　　　　D. 环境保护税

8. 在确定交易价格时,企业应当考虑(　　　　)等因素的影响。

　　A. 可变对价　　　　　　　　　　　B. 合同中存在的重大融资成分

　　C. 非现金对价　　　　　　　　　　D. 应付客户对价

9. 下列各项中,体现会计核算的谨慎性要求的有(　　　　)。

　　A. 或有事项满足预计负债确认条件应将其确认为预计负债

　　B. 采用双倍余额递减法对固定资产计提折旧

　　C. 对固定资产计提减值准备

　　D. 将长期借款利息予以资本化

10. 下列说法正确的有(　　　　)。

　　A. 课税对象是从质的方面对征税所做的规定,而计税依据则是从量的方面对征税所做的规定

　　B. 税目是课税对象的具体化,反映具体的征税范围,解决课税对象的归类

　　C. 定额税率适用于对价格稳定、质量等级和品种规格单一的大宗产品征税的税种

　　D. 我国现行税制的纳税期限有三种形式:按期纳税,按次纳税,按年计征、分期预缴或缴纳

第二章　增值税会计

学习目标

学习本章,熟悉增值税的基本要素;理解进项税额、销项税额、视同销售、价外费用、差额征税、出口退税的核算;掌握增值税的纳税申报表的编制。

第一节　增值税的基本内容

一、增值税基本要素

增值税是以单位和个人生产经营过程中取得的增值额为课税对象征收的一种税。理论增值额指企业在生产经营过程中新创造的价值(即 $V+M$)。法定增值额不一定等于理论增值额,各国在扣除范围上,对外购固定资产处理方法不同。生产型增值税不允许扣除任何外购固定资产的价款;收入型增值税允许扣除当期计入产品价值的折旧费部分;消费型增值税允许将当期购入固定资产的价款一次性全部扣除。我国从 2009 年 1 月 1 日起,实施消费型增值税。

增值税属于价外税。价外税是由购买方承担税款,销售方取得的款项包括销售款和税款两部分。销售额=含税销售额÷(1+税率或征收率)。价内税是由销售方承担税款,税款包含在销售款中并从中扣除。增值税只对新增价值征税,逐环节扣税,最终消费者承担全部税款,不重复征税,具有中性税收的特征,增值额难以直接确定,增值税计税中广泛使用间接计算法。

凡在中华人民共和国境内销售货物、服务、无形资产、不动产和金融商品,以及进口货物的单位和个人,为增值税的纳税人。中华人民共和国境外单位或者个人在境内发生应税交易,在境内未设有经营机构的,以购买方为增值税扣缴义务人。财政部和国家税务总局另有规定的除外。

(一) 增值税纳税人

增值税纳税人分为一般纳税人和小规模纳税人:应税行为的年应征增值税销售额超过财政部和国家税务总局规定标准(500 万元)的纳税人为一般纳税人;未超过规定标准的纳税人为小规模纳税人。年应税销售额超过规定标准的其他个人不属于一般纳税人。年应税销售额超过规定标准但不经常发生应税行为的单位和个体工商户可选择按照小规模纳税人纳税。年应税销售额未超过规定标准的纳税人,会计核算健全,能够提供准确税务资料的,可以向主管税务机关办理一般纳税人资格登记,成为一般纳税人。小规模纳税人实行简易办法征收增值税,取得增值税专用发票也不能抵扣。

（二）增值税税率和征收率

纳税人销售或进口绝大部分的货物,提供的加工、修理修配劳务,有形动产租赁,税率为13％;销售或进口低税率货物,提供交通运输、邮政、基础电信、建筑、不动产租赁服务,销售不动产,转让土地使用权,税率为9％;提供增值电信服务、金融服务、现代服务（租赁服务除外）、生活服务,销售无形资产（转让土地使用权除外）,税率为6％;出口货物、劳务,境内单位和个人发生的跨境应税行为,税率为0。

增值税适用5％征收率的主要有转让不动产,不动产租赁,转让土地使用权,小规模纳税人提供劳务派遣服务、安全保护服务选择差额纳税的。销售自己使用过的固定资产、旧货,按照3％征收率减按2％征收。个人出租住房,按照5％的征收率减按1.5％计算应纳税额。其余适用3％征收率的主要有货物销售,提供建筑服务,有形动产租赁,小规模纳税人提供劳务派遣服务、安全保护服务未选择差额纳税的。

一般计税,建筑业预征率为2％;不动产经营租赁、房地产销售预征率为3％;转让不动产预征率为5％。简易计税,异地建筑服务、房地产销售预征率为3％;不动产（个人出租住房外）经营租赁、转让预征率为5％;个人（包括个体工商户和其他个人）出租住房预征率为1.5％。

（三）增值税的计税方法

增值税的计税方法,包括一般计税方法和简易计税方法。税率用于一般计税方法,征收率用于简易计税方法。一般计税,一般是以全部销售收入为销售额,按照适用税率计算增值税销项税额,可以抵扣进项税额,销售额＝取得的全部含税价款和价外费用÷（1＋税率）;差额计税,销售额＝（取得的全部含税价款和价外费用－支付的含税价款）÷（1＋税率）。应纳税额＝当期销项税额－当期进项税额。简易计税,一般以全部销售收入为销售额,按照征收率计算缴纳增值税,不得抵扣进项税额,销售额＝取得的全部含税价款和价外费用÷（1＋征收率）;差额计税,销售额＝（取得的全部含税价款和价外费用－支付含税价款）÷（1＋征收率）。应纳税额＝销售额×征收率。

（四）增值税的纳税期限和纳税地点

增值税的纳税期限分别为1日、3日、5日、10日、15日、1个月或者1个季度。纳税人的具体纳税期限,由主管税务机关根据纳税人应纳税额的大小分别核定,不能按照固定期限纳税的,可以按次纳税。纳税人以1个月或者1个季度为1个纳税期的,自期满之日起15日内申报纳税;以1日、3日、5日、10日或者15日为1个纳税期的,自期满之日起5日内预缴税款,于次月1日起15日内申报纳税并结清上月应纳税款。纳税人进口货物,应当自海关填发海关进口增值税专用缴款书之日起15日内缴纳税款。增值税扣缴义务发生时间为纳税人增值税纳税义务发生的当天;期满之日起15日内解缴税款。增值税纳税地点不同于企业所得税。

增值税固定业户的纳税地点一般为机构所在地。总、分机构不在同一县（市）的,应当分别向各自所在地主管税务机关申报纳税,经批准可由总机构汇总纳税的,向总机构所在地主管税务机关申报纳税。增值税非固定业户纳税地点为销售地或应税行为发生地。纳税人销售不动产、租赁不动产,在不动产所在地预缴税款后,向机构所在地主管税务机关进行纳税申报。进口货物向报关地海关申报纳税。扣缴义务人向其机构所在地或者居住地的主管税务机关申报缴纳其扣缴的税款。增值税纳税地点不同于企业所得税。

(五)不征收增值税的项目

增值税征税范围包括销售或进口货物,销售服务、无形资产、不动产和金融商品。属于增值税征税范围的应税行为应同时具备四个条件:应税行为发生在境内;应税行为是经营活动;应税行为是为他人提供;应税行为是有偿的。

不征收增值税的项目包括以下几个方面:

(1)基本建设单位和从事建筑安装业务的企业附设工厂、车间在建筑现场制造的预制构件,凡直接用于本单位或本企业建筑工程的。

(2)供应或开采未经加工的天然水。

(3)对国家管理部门行使其管理职能,发放的执照、牌照和有关证书等取得的工本费收入。

(4)纳税人在资产重组中,通过合并、分立、出售、置换等方式,将全部或部分实物资产以及与其相关的债权、债务和劳动力一并转让给其他单位和个人,其中涉及的货物、不动产、土地使用权转让行为不属于增值税的征税范围。

(5)纳税人取得的中央财政补贴,不属于增值税应税收入。燃油电厂从政府财政专户取得的发电补贴不属于增值税规定的价外费用,不计入应税销售额。

(6)试点纳税人根据国家指令无偿提供的铁路运输服务、航空运输服务,属于以公益活动为目的的服务,不征收增值税。

(7)存款利息。

(8)被保险人获得的保险赔付。

(9)房地产主管部门或者其指定机构、公积金管理中心、开发企业以及物业管理单位代收的住宅专项维修资金。

(10)纳税人销售软件产品并随同销售一并收取的软件安装费、维护费、培训费等收入,应按照增值税混合销售的有关规定征收增值税,并可享受软件产品增值税即征即退政策,对实际税负超过3%的部分实行即征即退。

(六)增值税的免征项目

(1)农业生产者销售的自产农产品;

(2)避孕药品和用具;

(3)古旧图书;

(4)直接用于科学研究、科学试验和教学的进口仪器、设备;

(5)外国政府、国际组织无偿援助的进口物资和设备;

(6)由残疾人的组织直接进口供残疾人专用的物品;

(7)个人销售的自己使用过的物品;

二、增值税核算科目

增值税一般纳税人应当在"应交税费"科目下设置"应交增值税""未交增值税""预交

增值税""待抵扣进项税额""待认证进项税额""待转销项税额""增值税留抵税额""简易计税""转让金融商品应交增值税""代扣代交增值税"等明细科目。

(1)增值税一般纳税人应在"应交增值税"明细账内设置"进项税额""销项税额抵减""已交税金""转出未交增值税""减免税款""出口抵减内销产品应纳税额""销项税额""出口退税""进项税额转出""转出多交增值税"等专栏。其中：

"进项税额"专栏记录一般纳税人购进货物、加工修理修配劳务、服务、无形资产或不动产而支付或负担的,准予从当期销项税额中抵扣的增值税额;"销项税额抵减"专栏,记录一般纳税人按照现行增值税制度规定因扣减销售额而减少的销项税额;"已交税金"专栏记录一般纳税人当月已缴纳的应交增值税额;"转出未交增值税"和"转出多交增值税"专栏分别记录一般纳税人月度终了转出当月应缴未缴或多缴的增值税额;"减免税款"专栏记录一般纳税人按现行增值税制度规定准予减免的增值税额;"出口抵减内销产品应纳税额"专栏记录实行"免、抵、退"办法的一般纳税人按规定计算的出口货物的进项税抵减内销产品的应纳税额;"销项税额"专栏记录一般纳税人销售货物、加工修理修配劳务、服务、无形资产或不动产应收取的增值税额;"出口退税"专栏记录一般纳税人出口货物、加工修理修配劳务、服务、无形资产按规定退回的增值税额;"进项税额转出"专栏记录一般纳税人购进货物、加工修理修配劳务、服务、无形资产或不动产等发生非正常损失以及其他原因而不应从销项税额中抵扣、按规定转出的进项税额。

(2)"未交增值税"明细科目,核算一般纳税人月度终了从"应交增值税"或"预交增值税"明细科目转入当月应缴未缴、多缴或预缴的增值税额,以及当月缴纳以前期间未缴的增值税额。

(3)"预交增值税"明细科目,核算一般纳税人转让不动产、提供不动产经营租赁服务、提供建筑服务、采用预收款方式销售自行开发的房地产项目等,以及其他按现行增值税制度规定应预缴的增值税额。

(4)"待抵扣进项税额"明细科目,核算一般纳税人已取得增值税扣税凭证并经税务机关认证,按照现行增值税制度规定准予以后期间从销项税额中抵扣的进项税额。实行纳税辅导期管理的一般纳税人取得的尚未交叉稽核比对的增值税扣税凭证上注明或计算的进项税额。

(5)"待认证进项税额"明细科目,核算一般纳税人由于未经税务机关认证而不得从当期销项税额中抵扣的进项税额,包括一般纳税人已取得增值税扣税凭证、按照现行增值税制度规定准予从销项税额中抵扣,但尚未经税务机关认证的进项税额;一般纳税人已申请稽核但尚未取得稽核相符结果的海关缴款书进项税额。

(6)"待转销项税额"明细科目,核算一般纳税人销售货物、加工修理修配劳务、服务、无形资产或不动产,已确认相关收入(或利得)但尚未发生增值税纳税义务而需于以后期间确认为销项税额的增值税额。

(7)"增值税留抵税额"明细科目,核算兼有销售服务、无形资产或者不动产的原增值税一般纳税人,截止到纳入营改增试点之日前的增值税期末留抵税额按照现行增值税制度规定不得从销售服务、无形资产或不动产的销项税额中抵扣的增值税留抵税额。

(8)"简易计税"明细科目,核算一般纳税人采用简易计税发生的增值税计提、扣减、预缴、缴纳等业务。

（9）"转让金融商品应交增值税"明细科目,核算增值税纳税人转让金融商品发生的增值税额。

（10）"代扣代交增值税"明细科目,核算纳税人购进在境内未设经营机构的境外单位或个人在境内的应税行为代扣代缴的增值税。

小规模纳税人只需在"应交税费"科目下设置"应交增值税""转让金融商品应交增值税""代扣代交增值税"明细科目,"应交增值税"不需要设置上述专栏。

在税务机关对增值税一般纳税人增值税纳税情况进行检查后,凡涉及增值税涉税账务调整的,应设立"应交税费——增值税检查调整"专门账户;调账过程中与增值税有关的账户用"应交税费——增值税检查调整"替代;全部调账事项入账后,结出"应交税费——增值税检查调整"的余额,并将该余额转至"应交税费——未交增值税"中。

"应交税费"科目下的"应交增值税""未交增值税""待抵扣进项税额""待认证进项税额""增值税留抵税额"等明细科目期末借方余额应根据情况在资产负债表中的"其他流动资产"或"其他非流动资产"项目列示;"应交税费——待转销项税额"等科目期末贷方余额应根据情况在资产负债表中的"其他流动负债"或"其他非流动负债"项目列示;"应交税费"科目下的"未交增值税""简易计税""转让金融商品应交增值税""代扣代交增值税"等科目期末贷方余额应在资产负债表中的"应交税费"项目列示。

我国的增值税实行"财税合一"模式,会计服从税法,不须纳税调整。我国现行的增值税会计处理的理论基础是"代理说"。这种理论认为对于增值税,企业只不过充当着代理人的角色,代政府征收税款,代消费者缴纳税款。与企业自身的营利活动没有关系,企业不必也不能在其财务报表中把增值税表现为费用支出项目。这种模式的会计核算强调税法规定,而不是依照会计自身要求及原则,这就使得所提供的会计信息不能真实客观地反映企业财务状况。增值税费用化的理论基础是"费用说",从会计的角度来看,增值税是企业为了获取收入而必须付出的资产,符合费用的定义,理应进入损益表。从费用的角度来看,增值税与其他流转税都是销售时确认的,须与销售收入相配比,企业的销售收入中应当包含销项税,存货成本中应当包含进项税。增值税费用化处理不失一种改革方向。所得税会计的改革也为增值税会计模式的选择提供了借鉴。

第二节　取得资产或接受服务

进项税额是纳税人购进货物、加工修理修配劳务、服务、无形资产、不动产,支付或者负担的增值税额。进项税与销项税相对应。

一、准予从销项税额中抵扣的进项税额

以票抵税:增值税专用发票(包括税局代开专用发票);税控机动车销售统一发票;从海关取得的海关进口增值税专用缴款书;从境外单位或者个人购进劳务、服务、无形资产或者不动产,为从税务机关或者扣缴义务人处取得的代扣代缴税款的完税凭证。计算抵

税:农产品收购发票、销售发票。纳税人购进农产品,按照规定的扣除率计算进项税额。以购进农产品为原料生产销售液体乳及乳制品、酒及酒精、植物油的增值税一般纳税人,适用农产品增值税进项税额核定扣除办法。

纳税人购进国内旅客运输服务,未取得增值税专用发票的准予扣除进项税额的确定。航空旅客运输进项税额=(票价+燃油附加费)÷(1+9%)×9%;铁路旅客运输进项税额=票面金额÷(1+9%)×9%;公路、水路等其他旅客运输进项税额=票面金额÷(1+3%)×3%。

纳税人支付的道路、桥、闸通行费抵扣进项税额。纳税人支付的道路通行费,按照收费公路通行费增值税电子普通发票上注明的增值税额抵扣进项税额;纳税人支付的桥、闸通行费,暂凭取得的通行费发票上注明的收费金额按照下列公式计算可抵扣的进项税额:桥、闸通行费可抵扣进项税额=桥、闸通行费发票上注明的金额÷(1+5%)×5%。

增值税一般纳税人取得的增值税专用发票和机动车销售统一发票,应自开具之日起360日内认证或登录增值税发票选择确认平台进行确认,并在规定的纳税申报期内,向主管国税机关申报抵扣进项税额。海关专用缴款书先比对后抵扣:开具之日起360日内申请稽核比对。纳税人应在税务机关提供比对结果的当月纳税申报期内申报抵扣。

一般纳税人购进货物、加工修理修配劳务、服务、无形资产或不动产,按应计入相关成本费用或资产的金额,借记"在途物资"或"原材料""库存商品""生产成本""无形资产""固定资产""管理费用"等科目,按当月已认证的可抵扣增值税额,借记"应交税费——应交增值税(进项税额)"科目,按当月未认证的可抵扣增值税额,借记"应交税费——待认证进项税额"科目,按应付或实际支付的金额,贷记"应付账款""应付票据""银行存款"等科目。发生退货的,如原增值税专用发票已做认证,应根据税务机关开具的红字增值税专用发票做相反的会计分录;如原增值税专用发票未做认证,应将发票退回并做相反的会计分录。当期销项税小于当期进项税额的部分,结转下期继续抵扣。一般纳税人购进的货物等已到达并验收入库,但尚未收到增值税扣税凭证并未付款的,应在月末按货物清单或相关合同协议上的价格暂估入账,不能将增值税的进项税额暂估入账。

一般纳税人因进货退出或折让而收回的进项税额应从发生进货退出或折让当期的进项税额中扣减。

【例2-1】 某企业为增值税一般纳税人,本期购入不动产作为固定资产核算。支付价款和相关税费8 720万元,其中增值税720万元。支付广告费,价格40 000元,增值税2 400元。取得专用发票。

取得不动产时:

借:固定资产	80 000 000
应交税费——应交增值税(进项税额)	7 200 000
贷:银行存款	87 200 000

支付广告费时:

借:销售费用	40 000
应交税费——应交增值税(进项税额)	2 400
贷:银行存款	42 400

企业接受投资转入的货物,按照专用发票上注明的增值税额,借记"应交税费——应交增值税(进项税额)"科目;按照确认的投资货物价值,借记"原材料"等科目;按照增值税额与货物价值的合计数,贷记"实收资本"等科目。企业接受捐赠转入的货物,按照专用发票上注明的增值税额,借记"应交税费——应交增值税(进项税额)"科目;按照确认的捐赠货物的价值,借记"原材料"等科目;按照增值税额与货物价值的合计数,贷记"营业外收入"科目。

进口商品,其采购成本包括进口商品的国外进价(以到岸价格为基础)和应缴纳的关税。若进口商品系应税消费品,则其采购成本还应包括应纳消费税。进口商品增值税的会计核算与国内购进商品基本相同,主要区别有两点:一是进口商品要使用外币,企业要把外币折合为记账本位币;二是进口商品确定进项税额时的依据不是增值税专用发票而是海关出具的关税完税凭证。我国税法规定,纳税人进口货物,按照组成计税价格和规定的增值税税率计算应纳税额,不得抵扣任何税额(在计算进口环节的应纳增值税税额时,不得抵扣发生在我国境外的各种税金)。应纳税额=组成计税价格×税率。组成计税价格=关税完税价格+关税+消费税=(关税完税价格+关税)÷(1-消费税税率)。

【例2-2】 甲公司为增值税一般纳税人,报关进口一批商品,该批商品的到岸价格折合人民币为3 000万元(与关税完税价格相同),进口关税税率为20%。缴纳进口环节增值税后取得海关缴款书注明的增值税为468万元,以上税款已付,商品价款未付。

组成计税价格=3 000+3 000×20%=3 600(万元)

关税=3 000×20%=600(万元)

增值税=(3 000+600)×13%=468(万元)

借:库存商品 36 000 000

应交税费——应交增值税(进项税额) 4 680 000

贷:银行存款 10 680 000

应付账款 30 000 000

按照现行增值税制度规定,境外单位或个人在境内发生应税行为,在境内未设有经营机构的,以购买方为增值税扣缴义务人。扣缴义务人按下列公式计算应扣缴税额:应扣缴税额=购买方支付的价款÷(1+税率)×税率。境内一般纳税人购进服务、无形资产或不动产,按应计入相关成本费用或资产的金额,借记"生产成本""无形资产""固定资产""管理费用"等科目,按可抵扣的增值税额,借记"应交税费——应交增值税(进项税额)"科目(小规模纳税人应借记相关成本费用或资产科目),按应付或实际支付的金额,贷记"应付账款"等科目,按应代扣代缴的增值税额,贷记"应交税费——代扣代交增值税"科目。实际缴纳代扣代缴增值税时,借记"应交税费——代扣代交增值税"科目,贷记"银行存款"科目。

【例2-3】 某增值税一般纳税人从境外A公司购入产品设计服务,按规定扣缴税款并取得解缴税款完税凭证,注明的增值税额为3万元,不含税服务费金额折合人民币为50万元(款项尚未支付)。

借:管理费用 500 000

应交税费——应交增值税(进项税额) 30 000

```
贷:应付账款——设计服务费                           500 000
   应交税费——代扣代交增值税                       30 000
```

二、不予抵扣的进项税额

（1）用于简易计税方法计税项目、免征增值税项目、集体福利或者个人消费的购进货物、劳务、服务、固定资产、无形资产和不动产。个人消费包括纳税人的交际应酬消费。涉及的固定资产、无形资产、不动产，仅指专用于上述项目的固定资产、无形资产（不包括其他权益性无形资产）、不动产；发生兼用于上述项目的可以抵扣。

（2）非正常损失的购进货物，以及相关劳务和交通运输服务。

（3）非正常损失的在产品、产成品所耗用的购进货物（不包括固定资产）、劳务和交通运输服务。

（4）非正常损失的不动产，以及该不动产所耗用的购进货物、设计服务和建筑服务。

（5）非正常损失的不动产在建工程所耗用的购进货物、设计服务和建筑服务。非正常损失，指因管理不善造成货物被盗、丢失、霉烂变质，以及因违反法律法规造成货物或不动产被依法没收、销毁、拆除的情形。增值税税法的非正常损失不同于会计的非正常损失。非正常损失货物在增值税中不得扣除，需作进项税额转出处理；在企业所得税中，经批准准予作为财产损失扣除。因"不可抗力"造成的损失，其进项税额可以抵扣。

（6）购进的贷款服务、餐饮服务、居民日常服务和娱乐服务。

一般纳税人购进货物、加工修理修配劳务、服务、无形资产或不动产，用于简易计税方法计税项目、免征增值税项目、集体福利或个人消费等，其进项税额按照现行增值税制度规定不得从销项税额中抵扣的，取得增值税专用发票时，应借记相关成本费用或资产科目，借记"应交税费——待认证进项税额"科目，贷记"银行存款""应付账款"等科目，经税务机关认证后，转入"进项税额"专栏，借记"应交税费——应交增值税（进项税额）"科目，贷记"应交税费——待认证进项税额"科目；按现行增值税制度规定转出时，记入"进项税额转出"专栏，借记相关成本费用或资产科目，贷记"应交税费——应交增值税（进项税额转出）"科目。

属于购入货物时即能认定其进项税额不能抵扣的，进行会计处理时，其增值税专用发票上注明的增值税税额，计入购入货物及接受劳务的成本。属于购入货物时不能直接认定其进项税额能否抵扣的，增值税专用发票上注明的增值税额，按照增值税会计处理方法记入"应交税费——应交增值税（进项税额）"科目；如果这部分购入货物以后用于按规定不得抵扣进项税额项目的，应将原已计入进项税额并已支付的增值税转入有关的承担者予以承担，通过"应交税费——应交增值税（进项税额转出）"科目转入有关的"应付职工薪酬""待处理财产损溢"等科目。

【例2-4】 某企业为增值税一般纳税人，本期购入一批材料，增值税专用发票上注明的增值税额为19.5万元，材料价款为150万元，货款已经支付，折旧年限5年，两年后发生非正常损失。

（1）购进固定资产时：

```
借:固定资产                                    1 500 000
```

应交税费——应交增值税(进项税额)   195 000
　贷:银行存款   1 695 000

(2) 两年后发生非正常损失时:195 000×60%=117 000(元)。

借:固定资产清理   117 000
　贷:应交税费——应交增值税(进项税额转出)   117 000

购进固定资产、无形资产(不包括其他权益性无形资产)、不动产专用于简易计税方法计税项目、免征增值税项目进项税不可以抵扣,兼用于简易计税方法计税项目、免征增值税项目进项税全部可以抵扣。购进存货和其他专用于简易计税方法计税项目、免征增值税项目进项税不可以抵扣,兼用于简易计税方法计税项目、免征增值税项目进项税按销售额(房企按照建设规模)比例分摊抵扣。

已抵扣进项税额的固定资产、无形资产、不动产发生改变用途或非正常损失,而不得抵扣的进项税额,按固定资产、无形资产、不动产的净值为依据计税,即不得抵扣的进项税额=固定资产、无形资产、不动产净值×适用税率。不动产在建工程发生非正常损失的,其所耗用的购进货物、设计服务和建筑服务已抵扣的进项税额应于当期全部转出。

不得抵扣且未抵扣进项税额的固定资产、无形资产、不动产,发生用途改变,用于允许抵扣进项税额的应税项目,可在用途改变的次月按照下列公式计算可以抵扣的进项税额:可抵扣进项税额=增值税扣税凭证注明或计算的进项税额×不动产净值率=固定资产、无形资产、不动产净值÷(1+适用税率)×适用税率。上述抵扣的进项税额应取得合法有效的扣税凭证。

因发生非正常损失或改变用途等,原已计入进项税额或待认证进项税额,但按现行增值税制度规定不得从销项税额中抵扣的,借记“待处理财产损溢”“应付职工薪酬”“固定资产”“无形资产”等科目,贷记“应交税费——应交增值税(进项税额转出)”或“应交税费——待认证进项税额”科目;原不得抵扣且未抵扣进项税额的固定资产、无形资产等,因改变用途等用于允许抵扣进项税额的应税项目的,应按允许抵扣的进项税额,借记“应交税费——应交增值税(进项税额)”科目,贷记“固定资产”“无形资产”等科目。固定资产、无形资产等经上述调整后,应按调整后的账面价值在剩余尚可使用寿命内计提折旧或摊销。

【例2-5】　某企业为增值税一般纳税人。本期购入一批原材料,增值税专用发票注明的增值税额为26万元,材料价款为200万元,材料已入库,货款已经支付。

材料入库时:

借:原材料   2 000 000
　　应交税费——应交增值税(进项税额)   260 000
　贷:银行存款   2 260 000

该企业将该批材料用于发放职工福利时:

借:应付职工薪酬   2 260 000
　贷:应交税费——应交增值税(进项税额转出)   260 000
　　原材料   2 000 000

该企业将该批材料全部用于办公楼工程建设项目时:

借:在建工程　　　　　　　　　　　　　　　　　　　2 000 000
　　贷:原材料　　　　　　　　　　　　　　　　　　　　　2 000 000

营改增试点,原增值税一般纳税人应按不得从销售服务、无形资产或不动产的销项税额中抵扣的增值税留抵税额,借记"应交税费——增值税留抵税额"科目,贷记"应交税费——应交增值税(进项税额转出)"科目。待以后期间允许抵扣时,借记"应交税费——应交增值税(进项税额)"科目,贷记"应交税费——增值税留抵税额"科目。

三、增值税优惠政策

(一) 留抵税额退税

自 2019 年 4 月 1 日起,试行增值税期末留抵税额退税制度。允许退还的增量留抵税额＝增量留抵税额×进项构成比例×60％。纳税人出口货物劳务、发生跨境应税行为,适用免抵退税办法的,办理免抵退税后,仍符合规定条件的,可以申请退还留抵税额;适用免退税办法的,相关进项税额不得用于退还留抵税额。纳税人取得退还的留抵税额后,应相应调减当期留抵税额。

在收到退还增值税期末留抵税额时,借记"银行存款",贷记"应交税费——应交增值税(进项税额转出)"。

(二) 进项税额加计抵减

提供邮政服务、电信服务、现代服务取得的销售额占全部销售额的比重超过 50％ 的纳税人按照当期可抵扣进项税额加计 10％,抵减应纳税额;提供生活服务取得的销售额占全部销售额的比重超过 50％ 的纳税人按照当期可抵扣进项税额加计 15％,抵减应纳税额。

纳税人应按照当期可抵扣进项税额计提当期加计抵减额。纳税人可计提但未计提的加计抵减额,可在确定适用加计抵减政策当期一并计提。

$$\text{当期可抵减加计抵减额} = \text{上期末加计抵减额余额} + \text{当期计提加计抵减额} - \text{当期调减加计抵减额}$$

按照现行规定不得从销项税额中抵扣的进项税额,不得计提加计抵减额;已计提加计抵减额的进项税额,按规定做进项税额转出的,应在进项税额转出当期,相应调减加计抵减额。纳税人出口货物劳务、发生跨境应税行为不适用加计抵减政策,其对应的进项税额不得计提加计抵减额。加计抵减政策执行到期后,纳税人不再计提加计抵减额,结余的加计抵减额停止抵减。

实际缴纳增值税时,按应纳税额借记"应交税费——未交增值税"等科目,按实际纳税金额贷记"银行存款"科目,按加计抵减的金额贷记"其他收益"科目。

第三节 销售货物或提供服务

纳税人销售货物或提供应税劳务,销售服务、无形资产或者不动产,按照销售额和税法规定的税率计算并向购买方收取的增值税额为销项税额。纳税人销售货物,纳税义务发生时间为收讫销售款项或者取得索取销售款项凭据的当天;先开具发票的,纳税义务发生时间为开具发票的当天;销售应税劳务,纳税义务发生时间为提供劳务同时收讫销售款或者取得索取销售款的凭据的当天。进口货物,纳税义务发生时间为报关进口的当天。增值税扣缴义务发生时间为增值税纳税义务发生的当天。直接收款不论货物是否发出,纳税义务发生时间均为收到销售款或者取得索取销售款凭据的当天。托收承付和委托银行收款纳税义务发生时间为发出货物并办妥托收手续的当天。赊销和分期收款销售,纳税义务发生时间为书面合同约定的收款日期的当天,无书面合同的或者合同没有约定收款日期,纳税义务发生时间为货物发出的当天。预收货款纳税义务发生时间为货物发出的当天,但生产销售生产工期超过 12 个月的大型机械设备等货物,为收到预收款或者书面合同约定的收款日期的当天。委托他人代销货物纳税义务发生时间收到代销单位的代销清单、全部或者部分货款的当天,不超过发出代销货物满 180 天的当天。视同销售行为为货物移送的当天。纳税人发生应税行为并收讫销售款项或者取得索取销售款项凭据的当天;先开具发票的,为开具发票的当天。纳税人提供租赁服务采取预收款方式的,其纳税义务发生时间为收到预收款的当天。从事金融商品转让的,纳税义务发生时间为金融商品权属转移的当天。纳税人发生视同销售服务、无形资产或者不动产情形的,其纳税义务发生时间为服务、无形资产转让完成的当天或者不动产权属变更的当天。纳税义务发生时会计不一定确认收入。

一、一般销售

销售额为纳税人销售货物、提供应税劳务收取的全部价款和价外费用。价外费用,包括销售方在价外向购买方收取的手续费、补贴、基金、集资费、返还利润、奖励费、违约金、滞纳金、延期付款利息、赔偿金、代收款项、代垫款项、包装费、包装物租金、储备费、优质费、运输装卸费以及其他各种性质的价外收费。销售额不包括以下内容:向购买方收取的销项税额(增值税为价外税);受托加工应征消费税的货物,由受托方代收代缴的消费税;承运部门的运费发票开具给购买方,并且由纳税人将该项发票转交给购买方;符合条件的代为收取的政府性基金或者行政事业性收费;销售货物的同时代办保险等而向购买方收取的保险费,以及向购买方收取的代购买方缴纳的车辆购置税、车辆牌照费。价外费用会计不一定确认收入。价外费用视为含增值税的收入,必须换算为不含税收入再并入销售额,反映销项税额。

$$销售额＝含增值税销售额÷(1＋税率或征收率)$$

资管产品运营过程中发生的增值税应税行为,以资管产品管理人为增值税纳税人。暂适用简易计税方法,按照 3% 的征收率缴纳增值税。管理人接受投资者委托或信托对受托资产提供的管理服务以及管理人发生的其他增值税应税行为(称其他业务),按照现行规定缴纳增值税。

纳税人取得的财政补贴收入,与其销售货物、劳务、服务、无形资产、不动产的收入或者数量直接挂钩的,应按规定计算缴纳增值税。纳税人取得的其他情形的财政补贴收入,不属于增值税应税收入,不征收增值税。

企业销售货物、加工修理修配劳务、服务、无形资产或不动产,应当按应收或已收的金额,借记"应收账款""应收票据""银行存款"等科目,按不含税金额,贷记"主营业务收入""其他业务收入""固定资产清理""合同结算"等科目,按现行增值税制度规定计算的销项税额(或采用简易计税方法计算的应纳增值税额),贷记"应交税费——应交增值税(销项税额)"或"应交税费——简易计税"科目(小规模纳税人应贷记"应交税费——应交增值税"科目)。发生销售退回的,应根据按规定开具的红字增值税专用发票做相反的会计分录。

按照会计准则确认收入或利得的时点早于按照增值税制度确认增值税纳税义务发生时点的,应将相关销项税额计入"应交税费——待转销项税额"科目,待实际发生纳税义务时再转入"应交税费——应交增值税(销项税额)"或"应交税费——简易计税"科目。

按照增值税制度确认增值税纳税义务发生时点早于按照会计准则确认收入或利得的时点的,应将应纳增值税额,借记"应收账款"科目,贷记"应交税费——应交增值税(销项税额)"或"应交税费——简易计税"科目,按照会计准则确认收入或利得时,应按扣除增值税销项税额后的金额确认收入。

二、特殊销售

(1)折扣销售(商业折扣),一般指的是价格折扣,是由于促销而发生的。销售额和折扣额在同一张发票上的"金额"栏分别注明的,可按折扣后的销售额征收增值税。否则,折扣额不得从销售额中减除。实物折扣,视同销售,赠送折扣的物品也要缴纳增值税。

(2)销售折扣(现金折扣)不得从销售额中减除现金折扣额。

(3)销售折让,一般因产品质量问题发生的折让,税法承认。按规定开具红字发票,可以从销售额中减除折让额。

(4)以旧换新,一般按新货同期销售价格确定销售额,不得减除旧货收购价格,金银首饰以旧换新业务按销售方实际收到的不含增值税的全部价款征税。

(5)还本销售是企业销售货物后,在一定期限内将全部或部分销货款一次或分次无条件退还给购货方的一种销售方式,销售额就是货物的销售价格,不能扣除还本支出。

(6)以物易物,双方以各自发出货物(劳务、应税行为)核算销售额并计算销项税,双方是否能抵扣进项税还要看能否取得对方专用发票、是否是换入用于不得抵扣进项税项目等因素。

(7)包装物销售收入直接计入货物的销售额,包装物租金收入(销售货物时收取的)计入价外费用(含税),包装物押金收入(不包括啤酒、黄酒以外的其他酒类产品)1年以内且没有逾期的,不计税,逾期或超过1年的,并入销售额(含税),包装物押金收入(啤酒、黄酒以外的其他酒类产品),不看是否逾期或是否超过1年,收取时直接并入销售额(含税)。

包装物押金不含税收入＝包装物押金收入÷(1＋适用税率)。企业逾期未退还的包装物押金,按规定应缴纳的增值税,借记"其他应付款"等科目,贷记"其他业务收入""应交税费——应交增值税(销项税额)"科目。企业逾期未退还的加收的包装物押金,按规定应缴纳的增值税,借记"其他应付款"等科目,贷记"营业外收入""应交税费——应交增值税(销项税额)"科目。

(8) 直销企业,如果是"直销企业—直销员—消费者":销售额为向直销员收取的全部价款和价外费用;如果是"直销企业(直销员)—消费者":销售额为向消费者收取的全部价款和价外费用。

三、视同销售

(1) 将货物交付他人代销——代销中的委托方。收到代销单位的代销清单或者收到全部或者部分货款的当天;未收到代销清单及货款的,为发出代销货物满 180 天的当天,不能以扣除手续费后的款项作为销售收入(会计确认商品销售收入)。

(2) 销售代销货物——代销中的受托方。受托方销售时,按实际售价计算销项税额,取得委托方增值税专用发票,可以抵扣进项税额,手续费按"商务辅助——经纪代理服务"计税(会计确认手续费收入)。

(3) 设有两个以上机构并实行统一核算的纳税人,将货物从一个机构移送到其他机构用于销售,但相关机构设在同一县(市)的除外(所得税和会计不确认收入)。

(4) 将自产、委托加工的货物用于集体福利或个人消费(非货币性福利会计确认收入,外购的货物用于集体福利或个人消费,不能抵扣)。

(5) 将自产、委托加工或购进的货物作为投资,提供给其他单位或个体工商户(会计不一定确认收入,所得税视同销售)。

(6) 将自产、委托加工或购进的货物分配给股东或投资者(所得税和会计确认收入)。

(7) 将自产、委托加工或购进的货物无偿赠送给其他单位或者个人(会计不确认收入,所得税视同销售)。

(8) 单位或者个体工商户向其他单位或者个人无偿提供服务,但用于公益事业或者以社会公众为对象的除外。

(9) 单位或者个人向其他单位或者个人无偿转让无形资产或者不动产,但用于公益事业或者以社会公众为对象的除外。

(10) 财政部和国家税务总局规定的其他情形。

视同销售中无价款结算和价格明显偏低且无正当理由的,销售额核定顺序及方法如下:① 按纳税人最近时期同类货物、劳务、服务、无形资产或者不动产的平均价格确定。② 按其他纳税人最近时期销售同类货物、劳务、服务、无形资产或者不动产的平均价格确定。③ 组成计税价格确定销售额。发生固定资产视同销售行为,无法确定销售额的,以固定资产净值为销售额。组成计税价格＝成本×(1＋成本利润率),公式中成本利润率为10%。属于应征消费税的货物,组成计税价格中包括消费税税额,成本利润率按消费税法规定。组成计税价格＝成本×(1＋成本利润率)＋消费税税额＝成本×(1＋成本利润率)÷(1-消费税税率)。

企业发生视同销售的行为,应当按照企业会计准则相关规定进行相应的会计处理,并按照现行增值税制度规定计算的销项税额(或采用简易计税方法计算的应纳税额),借记"应付职工薪酬""利润分配"等科目,贷记"应交税费——应交增值税(销项税额)"或"应交税费——简易计税"科目(小规模纳税人应计入"应交税费——应交增值税"科目)。视同销售行为会计不一定确认收入。企业所得税的视同销售同增值税视同销售行为的范围是不同的。增值税的视同销售为抵扣进项并产生销项的链条终止,企业所得税的视同销售代表货物的权属发生转移。增值税以发生流转作为视同销售,不仅强调货物的用途而且强调货物的来源。所得税以所有权转移为前提,如果所有权未转移,则视为内部处置资产,所得税不视同销售。企业所得税明确规定,属于企业自制的资产,应按企业同类资产同期对外销售价格确定销售收入;属于外购的资产,可按购入时的价格确定销售收入。

【例2-6】 A公司委托B公司代销某商品100件,每件成本150元,商品已发给B公司。合同约定B公司商品每件售价为200元,A公司按不含税售价的10%向B公司支付手续费。B公司把代销商品已全部出售,开出的增值税专用发票上注明的销售价款为20 000元,增值税税额为2 600元,款项已经收到。A公司收到B公司开具的代销清单时,向B公司开具一张相同金额的增值税专用发票。手续费按服务业6%缴纳增值税,开具专用发票。

A公司的账务处理如下:

(1)发出商品时:

借:委托代销商品　　　　　　　　　　　　　　　15 000
　　贷:库存商品　　　　　　　　　　　　　　　　　　15 000

(2)收到代销清单,确认收入时:

借:应收账款　　　　　　　　　　　　　　　　　22 600
　　贷:主营业务收入　　　　　　　　　　　　　　　　20 000
　　　　应交税费——应交增值税(销项税额)　　　　　2 600

(3)结转成本时:

借:主营业务成本　　　　　　　　　　　　　　　15 000
　　贷:委托代销商品　　　　　　　　　　　　　　　　15 000

(4)结算手续费时:

借:销售费用　　　　　　　　　　　　　　　　　2 000
　　应交税费——应交增值税(进项税额)　　　　　　120
　　银行存款　　　　　　　　　　　　　　　　　20 480
　　贷:应收账款　　　　　　　　　　　　　　　　　　22 600

B公司的账务处理如下:

(1)收到代销商品时:

借:受托代销商品　　　　　　　　　　　　　　　20 000
　　贷:受托代销商品款　　　　　　　　　　　　　　　20 000

(2)对外销售时:

借:银行存款　　　　　　　　　　　　　　　　　22 600

贷:受托代销商品	20 000
应交税费——应交增值税(销项税额)	2 600

(3) 把代销清单交付A公司并取得A公司开具的增值税专用发票时:

借:受托代销商品款	20 000
应交税费——应交增值税(进项税额)	2 600
贷:应付账款	22 600

(4) 支付代销商品款并计算代销手续费时:

借:应付账款	22 600
贷:银行存款	20 480
其他业务收入	2 000
应交税费——应交增值税(销项税额)	120

【例2-7】 甲公司为一般纳税人,自产饮料的成本为80万元,销售价格为100万元。如果将自产的饮料作为春节福利发放给职工,则:

借:生产成本等	1 130 000
贷:应付职工薪酬——非货币性福利	1 130 000
借:应付职工薪酬——非货币性福利	1 130 000
贷:主营业务收入	1 000 000
应交税费——应交增值税(销项税额)	130 000
借:主营业务成本	800 000
贷:库存商品	800 000

如果将自产的饮料通过县政府无偿赠送给灾区。

借:营业外支出	930 000
贷:库存商品	800 000
应交税费——应交增值税(销项税额)	130 000

四、混合销售

一项销售行为(同一购买者、同一时间)既涉及货物又涉及服务,为混合销售。两项业务有从属关系,全部销售额从主业缴税。从事货物的生产、批发或者零售的单位和个体工商户的混合销售行为,按照销售货物缴纳增值税;其他单位和个体工商户的混合销售行为,按照销售服务缴纳增值税。纳税人销售活动板房、机器设备、钢结构件等自产货物的同时,提供建筑、安装服务,不属于混合销售,应分别核算销售货物和建筑服务的销售额。

五、兼营

兼营指纳税人的经营范围既包括销售货物和加工、修理修配劳务,又包括销售服务、无形资产或者不动产。但是,销售货物、加工修理修配劳务、服务、无形资产或者不动产不同时发生在同一项销售行为中,各业务没有从属关系,分别核算适用不同税率或者征收率的销售额;未分别核算销售额,从高适用税率或征收率征税。

首先要判断合同是否适用收入准则,再判断合同是否需要区分为多项履约义务,还要判断履约义务是一段时间内履行还是某一时点履行,继而判断交易价格是否应包括可变对价,以及交易价格如何在各项履约义务之间分摊。混合销售和兼营的根本区别在于:销售商品和提供劳务属于一项销售行为还是两项销售行为,也即合同包含了一个单项履约义务还是两个单项履约义务。

六、分期收款销售

合同中存在重大融资成分的,企业应当按照假定客户在取得商品控制权时即以现金支付的应付金额确定交易价格。该交易价格与合同对价之间的差额,应当在合同期间内采用实际利率法摊销。合同开始日,企业预计客户取得商品控制权与客户支付价款间隔不超过1年的,可以不考虑合同中存在的重大融资成分。

【例2-8】 汉江公司采用分期收款方式销售一大型设备给长江公司,合同不含税价格为4万元,分4年等额付款,每年年末支付1.13万元。该大型设备现销不含税价格为3万元,该设备实际成本2万元。实际利率为12.5%。合同约定的收款日期当天产生纳税义务。

```
借:长期应收款                              45 200
   贷:主营业务收入                              30 000
      未实现融资收益                            10 000
      应交税费——待转销项税额                     5 200
借:主营业务成本                            20 000
   贷:库存商品                                  20 000
借:银行存款                                11 300
   应交税费——待转销项税额                      1 300
   贷:长期应收款                                11 300
      应交税费——应交增值税(销项税额)              1 300
```

实际利息=期初本金×实际利率=30 000×12.5%=3 750(元)

```
借:未实现融资收益                           3 750
   贷:财务费用                                   3 750
```

第二年摊销金额=(30 000-10 000+3 750)×12.5%=2 968.75(元)

后两年以此类推,四年摊销完毕。

七、附有销售退回条款的销售

对于附有销售退回条款的销售,企业应当在客户取得相关商品控制权时,按照因向客户转让商品而预期有权收取的对价金额(即不包含预期因销售退回将退还的金额)确认收入,按照预期因销售退回将退还的金额确认负债;同时,按照预期将退回商品转让时的账面价值,扣除收回该商品预计发生的成本(包括退回商品的价值减损后)的余额,确认为一项资产,按照所转让商品转让时的账面价值,扣除上述资产成本的净额结转成本。

每一资产负债表日,企业应当重新估计未来销售退回情况,如有变化,应当作为会计估计变更进行会计处理。

【例2-9】 2021年11月1日,甲公司向乙公司销售5 000件健身器材,单位销售价格为 500 元,单位成本为 400 元,开出的增值税专用发票上注明的销售价格为 250 万元,增值税额为 32.5 万元。健身器材已经发出,但款项尚未收到。根据协议约定,乙公司应于 2021 年 12 月 31 日之前支付货款,在 2022 年 3 月 31 日之前有权退还健身器材。甲公司根据过去的经验,估计该批健身器材的退货率约为 20%。在 2021 年 12 月 31 日,甲公司对退货率进行了重新评估,认为只有 10% 的健身器材会被退回。甲公司为增值税一般纳税人,健身器材发出时纳税义务已经发生,实际发生退回时取得税务机关开具的红字增值税专用发票。假定健身器材发出时控制权转移给乙公司。甲公司的账务处理如下:

(1) 2021 年 11 月 1 日发出健身器材时:

借:应收账款　　　　　　　　　　　　　　　　　　2 825 000
　　贷:主营业务收入　　　　　　　　　　　　　　　　　2 000 000
　　　　预计负债(负债类科目)　　　　　　　　　　　　　　500 000
　　　　应交税费——应交增值税(销项税额)　　　　　　　　325 000
借:主营业务成本　　　　　　　　　　　　　　　　　1 600 000
　　应收退货成本(资产类科目)　　　　　　　　　　　　400 000
　　贷:库存商品　　　　　　　　　　　　　　　　　　2 000 000

(2) 2021 年 12 月 31 日前收到货款时:

借:银行存款　　　　　　　　　　　　　　　　　　2 825 000
　　贷:应收账款　　　　　　　　　　　　　　　　　　2 825 000

(3) 2021 年 12 月 31 日,甲公司对退货率重新评估:

借:预计负债——应付退货款　　　　　　　　　　　　250 000
　　贷:主营业务收入　　　　　　　　　　　　　　　　　250 000
借:主营业务成本　　　　　　　　　　　　　　　　　200 000
　　贷:应收退货成本　　　　　　　　　　　　　　　　　200 000

(4) 2022 年 3 月 31 日发生销售退回,实际退货量为 400 件,退货款项已经支付:

借:库存商品　　　　　　　　　　　　　　　　　　160 000
　　应交税费——应交增值税(销项税额)　　　　　　　　26 000
　　预计负债——应付退货款　　　　　　　　　　　　250 000
　　贷:应收退货成本　　　　　　　　　　　　　　　　　160 000
　　　　主营业务收入　　　　　　　　　　　　　　　　　50 000
　　　　银行存款　　　　　　　　　　　　　　　　　　226 000
借:主营业务成本　　　　　　　　　　　　　　　　　40 000
　　贷:应收退货成本　　　　　　　　　　　　　　　　　40 000

八、附有客户额外购买选择权的销售

额外购买选择权的情况包括销售激励、客户奖励积分、未来购买商品的折扣券以及合同续约选择权等。如果客户只有在订立了一项合同的前提下才取得了额外购买选择权,并且客户行使该选择权购买额外商品时,能够享受到超过该地区或该市场中其他同类客户所能够享有的折扣,则通常认为该选择权向客户提供了一项重大权利。该选择权向客户提供了重大权利的,应当作为单项履约义务。

【例2-10】　2022年1月1日5甲公司开始推行一项奖励积分计划。根据该计划,客户在甲公司每消费10元可获得1个积分,每个积分从次月开始在购物时可以抵减1元。截至2022年1月31日,客户共消费100 000元,可获得10 000个积分,根据历史经验,甲公司估计该积分的兑换率为95%。假定上述金额均不包含增值税。

本例中,甲公司认为其授予客户的积分为客户提供了一项重大权利,应当作为一项单独的履约义务。客户购买商品的单独售价合计为100 000元,考虑积分的兑换率,甲公司估计积分的单独售价为9 500元(=1×10 000×95%)。甲公司按照商品和积分单独售价的相对比例对交易价格进行分摊,具体如下:

分摊至商品的交易价格=[100 000÷(100 000+9 500)]×100 000=91 324(元)

分摊至积分的交易价格=[9 500÷(100 000+9 500)]×100 000=8 676(元)

因此,甲公司在商品的控制权转移时确认收入91 324元,同时确认合同负债8 676元。

借:银行存款　　　　　　　　　　　　　　　113 000

　　贷:主营业务收入　　　　　　　　　　　　　91 324

　　　合同负债　　　　　　　　　　　　　　　8 676

　　　应交税费——应交增值税(销项税额)　　13 000

截至2022年12月31日,客户共兑换了4 500个积分,甲公司对该积分的兑换率进行了重新估计,预计客户总共将会兑换8 000个积分。因此,甲公司以客户兑换的积分数占预期将兑换的积分总数的比例为基础确认收入。

积分应当确认的收入=4 500÷8 000×8 676=4 880(元);剩余未兑换的积分=8 676-4 880=3 796(元),仍然作为合同负债。

借:合同负债　　　　　　　　　　　　　　　4 880

　　贷:主营业务收入　　　　　　　　　　　　　4 880

九、预付卡

(一) 单用途商业预付卡

单用途商业预付卡仅限于在本企业、本企业所属集团或者同一品牌特许经营体系内兑付货物或者服务。该卡涉及发卡企业或售卡企业、持卡人、销售方之间的关系。

1. 发卡企业或售卡企业(预收款)

销售单用途卡,或者接受单用途卡持卡人充值取得的预收资金,不缴纳增值税,可以开具普通发票,不得开具增值税专用发票。

2. 售卡方(收佣金)

因发行或者销售单用途卡并办理相关资金收付结算业务取得的手续费、结算费、服务费、管理费等收入,应按照现行规定缴纳增值税(中介代理,税率6%)。

3. 销售方(提供服务)

持卡人使用单用途卡购买货物或服务,销售方应按照现行规定缴纳增值税,且不得向持卡人开具增值税发票。

4. 销售方（结算）

收到售卡方结算的销售款时，应向售卡方开具增值税普通发票，不得开具增值税专用发票。

（二）多用途卡

多用途卡，是指发卡机构以特定载体和形式发行的，可在发卡机构之外购买货物或服务的预付价值。该卡涉及有资质的支付机构、持卡（购卡、充值）人、特约商户之间的关系。

1. 支付机构

（1）（预收款）销售多用途卡、接受多用途卡充值，不缴纳增值税，不得开具增值税专用发票。

（2）（收佣金）支付机构因发行或者受理多用途卡并办理相关资金收付结算业务取得的手续费、结算费、服务费、管理费等收入，应按照规定缴纳增值税。

2. 特约商户

（1）（提供服务）持卡人使用多用途卡，特约商户应按照现行规定缴纳增值税，且不得向持卡人开具增值税发票。

（2）（结算）特约商户收到支付机构结算的销售款时，应向支付机构开具增值税普通发票。

十、差额征税

（一）经纪代理服务

以取得的全部价款和价外费用，扣除向委托方收取并代为支付的政府性基金或者行政事业性收费后的余额为销售额。向委托方收取的政府性基金或者行政事业性收费，不得开具增值税专用发票。

（二）融资租赁和融资性售后回租业务

经中国人民银行、商务部、银监会批准的融资租赁，以收取的全部价款和价外费用，扣除对外支付的借款利息、发行债券利息、车辆购置税后的余额为销售额（不扣本金）。出租人付出本金取得设备时，可从供货商处取得增值税专用发票，可以抵扣进项税，所以计算销项税额时，不能扣除本金。经中国人民银行、商务部、银监会批准的融资性售后回租，以收取的全部价款和价外费用（不含本金），扣除支付的借款利息、发行债券利息后的余额为销售额（扣本金）。承租方出售设备不做销售，相当于设备本金的部分只能取得普通发票，不能抵扣进项税额，所以计算销售额时可以扣本金。

（三）航空运输企业

航空运输企业的销售额，不包括代收的机场建设费和代售其他航空运输企业客票而代收转付的价款。

（四）客运场站服务

一般纳税人提供的客运场站服务，以其取得的全部价款和价外费用，扣除支付给承运方运费后的余额为销售额。

(五) 纳税人提供旅游服务

可以选择以取得的全部价款和价外费用,扣除向旅游服务购买方收取并支付给其他单位或者个人的住宿费、餐饮费、交通费、签证费、门票费和支付给其他接团旅游企业的旅游费用后的余额为销售额。向旅游服务购买方收取并支付的上述费用,不得开具专用发票。

(六) 劳务派遣服务

可以选择差额纳税,以取得的全部价款和价外费用,扣除代用工单位支付给劳务派遣员工的工资、福利、社保、住房公积金后的余额为销售额,按简易计税方法依5%征收率计算缴纳增值税。选择差额纳税的纳税人,向用工单位收取用于支付给劳务派遣员工工资、福利和为其办理社会保险及住房公积金的费用,不得开具增值税专用发票,可以开具普通发票。

(七) 人力资源外包

纳税人提供人力资源外包服务,按"经纪代理服务"缴纳增值税(6%),销售额不包括受客户单位委托代为向客户单位员工发放的工资和代理缴纳的社保、住房公积金。也可选择适用简易计税方法,依5%征收率计算缴纳增值税。无论是一般计税方法还是简易计税方法,人力资源外包均可享受差额征税政策。

(八) 纳税人提供建筑服务适用简易计税方法的,以取得的全部价款和价外费用扣除支付的分包款后的余额为销售额

房地产开发企业中的一般纳税人销售其开发的房地产项目(选择简易计税方法的房地产老项目除外):以取得的全部价款和价外费用,扣除受让土地时向政府部门支付的土地价款后的余额为销售额。纳税人转让非自建不动产老项目选择简易计税:以取得的全部价款和价外费用减去该项不动产购置原价或者取得不动产时的作价后的余额为销售额。

一般差额征税业务处理。按现行增值税制度规定企业发生相关成本费用允许扣减销售额的,发生成本费用时,按应付或实际支付的金额,借记"主营业务成本""合同履约成本"等科目,贷记"应付账款""应付票据""银行存款"等科目。待取得合规增值税扣税凭证且纳税义务发生时,按照允许抵扣的税额,借记"应交税费——应交增值税(销项税额抵减)"或"应交税费——简易计税"科目(小规模纳税人应借记"应交税费——应交增值税"科目),贷记"主营业务成本""合同履约成本"等科目。

【例2-11】 纳税人提供劳务派遣服务选择差额征税,含税销售额105万元,支付给劳务派遣员工工资、福利和为其办理社会保险及住房公积金的费用84万元。

借:银行存款	1 050 000	
贷:主营业务收入		1 000 000
应交税费——简易计税		50 000
借:主营业务成本	800 000	
应交税费——简易计税	40 000	
贷:银行存款		840 000

转让金融商品出现的正负差,按盈亏相抵后的余额为销售额。若相抵后出现负差,可结转下一纳税期与下期转让金融商品销售额相抵,但年末时仍出现负差的,不得转入下一个会计年度。金融商品的买入价,可以选择按照加权平均法或者移动加权平均法进行核算,选择后36个月内不得变更。金融商品转让,不得开具增值税专用发票。金融商品实际转让月末,如产生转让收益,则按应纳税额借记"投资收益"等科目,贷记"应交税费——转让金融商品应交增值税"科目;如产生转让损失,则按可结转下月抵扣税额,借记"应交税费——转让金融商品应交增值税"科目,贷记"投资收益"等科目。缴纳增值税时,应借记"应交税费——转让金融商品应交增值税"科目,贷记"银行存款"科目。年末,本科目如有借方余额,则借记"投资收益"等科目,贷记"应交税费——转让金融商品应交增值税"科目。纳税申报表中,转让金融商品应交的增值税计入销项税额。

【例 2-12】 某证券公司(一般纳税人)2022 年 8 月以 8 元/股的价格购进 A 股票 5 万股,购入过程中发生手续费用 800 元;12 月以 13.3 元/股的价格全部出售,发生税费 1 950 元。

$$50\,000 \times (13.3 - 8) \div (1 + 6\%) \times 6\% = 15\,000\,(元)$$

借:投资收益   15 000

 贷:应交税费——转让金融商品应交增值税   15 000

第四节　增值税的出口退税

出口货物退(免)税是指在国际贸易业务中,对我国报关出口的货物退还或免征其在国内各生产环节和流转环节按税法规定已缴纳的增值税和消费税,即对增值税出口货物实行零税率。基本政策:出口免税并退税(又免又退);出口免税不退税(只免不退);出口不免税也不退税(不免不退)。委托外贸企业代理出口的货物,一律在委托方退(免)税。生产企业委托外贸企业代理出口的自产货物和外贸企业委托外贸企业代理出口的货物可给予退(免)税,其他企业委托出口的货物不予退(免)税。除另有规定外,出口货物、劳务、应税服务,退税率为其适用税率。适用不同退税率的货物劳务服务,应分开报关、核算并申报退(免)税,未分开报关、核算或划分不清的,从低适用退税率。

一、增值税"免、抵、退"税的计算——生产企业

第一步,计算不得免征和抵扣的税额(剔税)。

$$\text{不得免征和抵扣税额} = \left(\text{当期出口货物离岸价格} - \text{免税购进原材料价格} \right) \times (\text{征税率} - \text{退税率})$$

第二步,计算当期应纳增值税额(抵税)。

$$\text{当期应纳税额} = \text{当期销项税额} - (\text{当期进项税额} - \text{剔税}) - \text{上期留抵税额}$$

第三步,计算免抵退税额。

$$\text{当期免抵退税额} = (\text{当期出口货物离岸价格} - \text{免税购进原材料价格}) \times \text{退税率}$$

第四步,比较,确定应退税额(退税)。

第二步绝对值(当期期末留抵税额)与第三步(负抵退税额)比较,退税取小。

若当期期末留抵税额≤当期免抵退税额(2≤3),则

$$当期应退税额＝当期期末留抵税额$$

$$当期免抵税额＝当期免抵退税额－当期应退税额$$

若当期期末留抵税额>当期免抵退税额(2>3),则

$$当期应退税额＝当期免抵退税额$$

此时,"2与3"的差额为下期留抵税额。

当期免抵税额＝0。

实行"免、抵、退"办法的一般纳税人出口货物,在结转产品销售成本时,按规定计算的退税额低于购进时取得的增值税专用发票上的增值税额的差额,借记"主营业务成本"科目,贷记"应交税费——应交增值税(进项税额转出)"科目;按规定计算的当期出口货物的进项税抵减内销产品的应纳税额,借记"应交税费——应交增值税(出口抵减内销产品应纳税额)"科目,贷记"应交税费——应交增值税(出口退税)"科目。在规定期限内,内销产品的应纳税额不足以抵减出口货物的进项税额,不足部分按有关税法规定给予退税的,应在实际收到退税款时,借记"银行存款"科目,贷记"应交税费——应交增值税(出口退税)"科目。

"出口退税"核算"当期免抵退税额",用于"抵减"内销应纳税额;"抵减"之后仍有余额,则退税。

【例2-13】 某自营出口生产企业是增值税一般纳税人,出口货物的征税率为13%,退税率为10%。2019年10月购进原材料一批,取得的增值税专用发票注明的价款200万元,增值税26万元,货已入库。上期期末留抵税额4万元。当月内销货物不含税销售额100万元,销项税额13万元。本月出口货物销售额折合人民币200万元。

不得免征和抵扣税额＝$200\times(13\%-10\%)=6$(万元)

应纳增值税额＝$100\times13\%-(26-6)-4=-11$(万元)

出口货物免抵退税额＝$200\times10\%=20$(万元)

当期期末留抵税额11万元小于当期免抵退税额20万元,故当期应退税额等于当期期末留抵税额11万元。

当期免抵税额＝$20-11=9$(万元)

(1)采购原材料时:

借:原材料	2 000 000	
应交税费——应交增值税(进项税额)	260 000	
贷:银行存款		2 260 000

(2)销售货物(内销)时:

借:银行存款	1 130 000	
贷:主营业务收入		1 000 000
应交税费——应交增值税(销项税额)		130 000

(3)销售货物(外销)时:

① 实现销售时,

借:应收账款 2 000 000
　　贷:主营业务收入 2 000 000

② 当期免抵退税不得免征和抵扣税额时,

借:主营业务成本 60 000
　　贷:应交税费——应交增值税(进项税额转出) 60 000

③ 收到主管税务机关"通知单"后,

借:应收出口退税款 110 000

　　应交税费——应交增值税(出口抵减内销产品应纳税额)

90 000

　　贷:应交税费——应交增值税(出口退税) 200 000

④ 收到出口退税款时,

借:银行存款 110 000
　　贷:应收出口退税款 110 000

　　如果当月内销货物不含税销售额为 300 万元,销项税额为 39 万元,其他条件不变,则应纳税额为正数,不退税,当期免抵税额为 20 万元。如果当月内销货物不含税销售额为 20 万元,销项税额为 2.6 万元,其他条件不变,当期期末留抵税额 21.4 万元小于当期免抵退税额 20 万元,当期应退税额为 20 万元。当期免抵税额 0。下期留抵税额 1.4 万元。

二、增值税"免、退"税的计算——外贸企业

　　应退税额=增值税专用发票注明的金额×出口货物退税率。未实行"免、抵、退"办法的一般纳税人出口货物按规定退税的,按规定计算的应收出口退税额,借记"应收出口退税款"科目,贷记"应交税费——应交增值税(出口退税)"科目,收到出口退税时,借记"银行存款"科目,贷记"应收出口退税款"科目;退税额低于购进时取得的增值税专用发票上的增值税额的差额,借记"主营业务成本"科目,贷记"应交税费——应交增值税(进项税额转出)"科目。

应退税额=增值税专用发票注明的金额×出口货物退税率

第五节　增值税的计算与缴纳

一、一般计税

　　一般计税方法,应纳增值税税额=销项税额－进项税额＋进项转出－留抵税额。

　　以 1 日、3 日、5 日、10 日或者 15 日为 1 个纳税期的,自期满之日起 5 日内预缴税款,于次月 1 日起 15 日内申报纳税并结清上月应纳税款。一般纳税人缴纳当月应交的增值税,借记"应交税费——应交增值税(已交税金)"科目,贷记"银行存款"科目。纳税期限为 1 个月,当月不预缴当月增值税。

　　月度终了,企业应当将当月应交未缴或多缴的增值税自"应交增值税"明细科目转入

"未交增值税"明细科目。对于当月应交未缴的增值税,借记"应交税费——应交增值税(转出未交增值税)"科目,贷记"应交税费——未交增值税"科目;对于当月多缴的增值税,借记"应交税费——未交增值税"科目,贷记"应交税费——应交增值税(转出多交增值税)"科目。经过结转后,月份终了,"应交税费——应交增值税"科目的余额,反映企业尚未抵扣的增值税。

纳税期限不足一个月,预缴增值税后分三种情况:

第一种情况,本期应纳税额大于零,即"本期销项税额+本期进项税额转出-本期进项税额-上期留抵税额>0",本期已交税金小于本期应纳税额,说明纳税人当期需补缴税款,月末,应以本期应纳税额与本期已缴税金之差作转出未交增值税。

借:应交税费——应交增值税(转出未交增值税)

　　贷:应交税费——未交增值税

此笔结转分录做完之后,"应交增值税"明细科目余额变为零,应补税额结转至"未交增值税"明细科目贷方。

第二种情况,本期应纳税额大于零,本期已交税金大于本期应纳税额,说明纳税人当期多缴了增值税,月末,应以本期已交税金与本期应纳税额之差作转出多交增值税。

借:应交税费——未交增值税

　　贷:应交税费——应交增值税(转出多交增值税)

此笔结转分录做完之后,"应交增值税"明细科目余额变为零,多缴的税额结转至"未交增值税"明细科目借方。

第三种情况,本期应纳税额小于零,即"本期销项税额+本期进项税额转出-本期进项税额-上期留抵税额<0",说明纳税人存在留抵税额,当期已交税金全部属于多缴增值税,月末,将本期已缴税金全部作转出多交增值税。

借:应交税费——未交增值税

　　贷:应交税费——应交增值税(转出多交增值税)

此笔结转分录做完之后,"应交增值税"明细科目为借方余额,反映的是留抵税额,"未交增值税"明细科目为借方余额,反映的是当期多缴增值税。

企业缴纳以前期间未缴的增值税,借记"应交税费——未交增值税"科目,贷记"银行存款"科目。

增值税税控系统专用设备和技术维护费用全额抵减增值税税额,其进项税额不得从销项税额中抵扣。增值税防伪税控系统专用设备包括金税卡、IC卡、读卡器或金税盘、报税盘,但不包括税控收款机,也不包括电脑、打印机等通用设备。企业初次购买增值税税控系统专用设备支付的费用以及缴纳的技术维护费,按应付或实际支付的金额,借记"管理费用"科目,贷记"应付账款""银行存款"等科目。企业初次购买增值税税控系统专用设备支付的费用以及缴纳的技术维护费允许在增值税应纳税额中全额抵减。按规定抵减的增值税应纳税额,借记"应交税费——应交增值税(减免税款)"科目(小规模纳税人应借记"应交税费——应交增值税"科目),贷记"管理费用"科目。在增值税应纳税额中全额抵减额是价税合计额,而不仅仅是税额,全额抵减后,增值税专用发票不作为增值税抵扣凭证,其进项税额不得从销项税额中抵扣。

对于当期直接减免的增值税,借记"应交税费——应交增值税(减免税款)"科目,贷记损益类相关科目。

二、简易计税

简易计税方法适用三种情形:第一种情形,小规模纳税人适用简易计税法计税;第二种情形,特定货物的销售行为,无论其从事者是一般纳税人还是小规模纳税人,一律比照小规模纳税人适用简易办法计算应纳税额;第三种情形,一般纳税人提供特定应税行为,可以选择使用简易计税方法计税,但一经选择,36个月内不得变更。

一般纳税人销售使用过的固定资产。销售未抵扣进项税额的固定资产,按简易办法:依3%征收率减按2%征收,也可放弃减税,依3%纳税,并开专票。增值税=含税售价÷(1+3%)×2%。销售购进当期已抵扣进项税额的固定资产,按正常销售货物适用税率征收增值税。

纳税人销售旧货,按照简易办法依照3%征收率减按2%征收增值税。所称旧货,是指进入二次流通的具有部分使用价值的货物(含旧汽车、旧摩托车和旧游艇),但不包括自己使用过的物品。应纳增值税=含税售价÷(1+3%)×2%。纳税人销售自己使用过的除固定资产以外的物品,正常征税。

小规模纳税人适用简易计税方法,其应纳税额指按照销售额和增值税征收率计算的增值税额。不能自行开具增值税专用发票的小规模纳税人,可以申请由主管税务机关代开增值税专用发票。小规模纳税企业的销售额不包括其应纳税额。采用销售额和应纳税额合并定价方法的,按照公式"销售额=含税销售额÷(1+征收率)"还原为不含税销售额计算。小规模纳税人在"应交税费"科目下设置"应交增值税""转让金融商品应交增值税""代扣代缴增值税"三个二级明细科目,分别核算纳税人除转让金融商品以外的应交增值税、转让金融商品发生的增值税额、购进在境内未设经营机构的境外单位或个人在境内的应税行为代扣代缴的增值税。小规模纳税企业"应交税费"明细账采用三栏式。

小规模纳税人购买物资、服务、无形资产或不动产,取得增值税专用发票上注明的增值税应计入相关成本费用或资产,不通过"应交税费——应交增值税"科目核算。

【例2-14】 某企业为小规模纳税人,本期购入原材料,增值税专用发票上记载的原材料价款为100万元,支付的增值税税额为13万元,企业开出承兑的商业汇票,材料已到达并验收入库。该企业本期销售产品销售价格总额为103万元(含税)。假定符合收入确认条件,货款尚未收到。根据上述经济业务,企业应做如下账务处理:

购进货物时:

借:原材料   1 130 000

    贷:应付票据   1 130 000

销售货物时:

不含税价格=103÷(1+3%)=100(万元),应交增值税:100×3%=3(万元)

借:应收账款   1 030 000

    贷:主营业务收入   1 000 000

应交税费——应交增值税	30 000

三、预缴增值税

纳税人转让不动产、异地提供不动产经营租赁服务、纳税人提供建筑服务取得预收款及异地提供建筑服务、采取预收款方式销售自行开发的房地产项目等四种情形,需要按照规定的方法在经营地预缴增值税,同时纳税人应以预缴的增值税税额为计税依据,就地计算缴纳附加税费,解决税款在时间或空间上分配不平衡的问题。

一般计税,企业预缴增值税时,借记"应交税费——预交增值税"科目,贷记"银行存款"科目。月末,企业应将"预交增值税"明细科目余额转入"未交增值税"明细科目,借记"应交税费——未交增值税"科目,贷记"应交税费——预交增值税"科目。房地产开发企业等在预缴增值税后,应直至纳税义务发生时方可从"应交税费——预交增值税"科目结转至"应交税费——未交增值税"科目。

"简易计税"明细科目核算一般纳税人采用简易计税方法发生的增值税计提、扣减、预缴、缴纳等业务。

小规模纳税人发生需要预缴税款的业务,预缴的税款及其抵减,通过"应交税费——应交增值税"明细科目核算。

(一)跨县(市、区)提供建筑服务增值税征收管理

适用于单位和个体工商户在其机构所在地以外的县(市、区)提供建筑服务;不适用于其他个人跨县(市、区)提供建筑服务。向建筑服务发生地预缴税款;向机构所在地申报纳税。纳税人在同一地级行政区范围内跨县(市、区)提供建筑服务不适用。

建筑工程承包合同注明的开工日期在 2016 年 4 月 30 日前的建筑工程项目,即老项目,可以选择简易计税方法。老项目、甲供、清包三项建筑服务可选简易计税方法计税。建筑总承包单位为房建主体提供工程服务,建设单位自行采购相关材料物资,适用简易计税方法计税。

纳税人提供建筑服务取得预收款,应在收到预收款时,以取得的预收款扣除支付的分包款后的余额,预缴增值税。适用一般计税方法计税的项目预征率为 2%,适用简易计税方法计税的项目预征率为 3%。

$$计税差额=全部价款和价外费用-支付的分包款$$

纳税人差额计税应取得的凭证:备注栏注明建筑服务发生地所在县(市、区)、项目名称的增值税发票。

一般计税,预缴增值税=差额$\div(1+9\%)\times2\%$,申报增值税=全额$\div(1+9\%)\times9\%$-进项税额-预缴税款。

简易计税,预缴增值税=差额$\div(1+3\%)\times3\%$,申报增值税=差额$\div(1+3\%)\times3\%$-预缴税款。

【例 2-15】 A 建筑公司为增值税一般纳税人,2022 年 8 月异地承包了一项工程项目,适用简易计税,当月收取 B 公司工程款 103 万元。同月,A 公司将其中 80 万元的建筑项目分包给具有相应资质的分包人 C 公司,支付 C 公司分包款 82.4 万元,工程完工后,项目最终结算价款为 103 万元,发生除分包以外的合同成本累计 5 万元。

(1) 完成合同成本：

借：合同履约成本　　　　　　　　　　　　　　　　　50 000

　　贷：原材料等　　　　　　　　　　　　　　　　　　　　50 000

(2) 收到总承包款时：

借：银行存款　　　　　　　　　　　　　　　　　1 030 000

　　贷：预收账款　　　　　　　　　　　　　　　　　　　1 030 000

收到预收款时向项目所在地预缴税款＝(103－82.4)÷(1＋3％)×3％＝0.6(万元)

借：应交税费——简易计税　　　　　　　　　　　　　6 000

　　贷：银行存款　　　　　　　　　　　　　　　　　　　　6 000

(3) 全额支付分包工程款时(差额征税)：

借：合同履约成本　　　　　　　　　　　　　　　　800 000

　　应交税费——简易计税　　　　　　　　　　　　240 000

　　贷：银行存款　　　　　　　　　　　　　　　　　　　824 000

(4) A公司开具发票,确认该项目收入与费用时：

借：合同结算　　　　　　　　　　　　　　　　　1 000 000

　　贷：主营业务收入　　　　　　　　　　　　　　　　　1 000 000

借：主营业务成本　　　　　　　　　　　　　　　　850 000

　　贷：合同履约成本　　　　　　　　　　　　　　　　　850 000

借：预收账款　　　　　　　　　　　　　　　　　1 030 000

　　贷：合同结算　　　　　　　　　　　　　　　　　　　1 000 000

　　　　应交税费——简易计税　　　　　　　　　　　　30 000

(二) 提供不动产经营租赁服务增值税征收管理

1. 一般纳税人(含房企)出租的不动产

(1) 一般计税方法。

异地预缴,3％预征率在不动产所在地预缴,在机构所在地申报(9％税率),应预缴税款＝含税销售额÷(1＋9％)×3％。应交增值税＝含税销售额÷(1＋9％)×9％－进项税额－预缴税款。同县(市、区),向机构所在地申报纳税(9％税率)。

(2) 简易计税方法。

2016年4月30日前取得的不动产可选择简易计税方法。异地预缴,5％预征率,在不动产所在地预缴,5％征收率在机构所在地申报,应交增值税＝含税销售额÷(1＋5％)×5％。同县(市、区),向机构所在地申报纳税(5％征收率,无预缴)。

2. 小规模纳税人出租不动产

出租住房,按照5％的征收率减按1.5％计算:应交税款＝含税销售额÷(1＋5％)×1.5％。出租非住房,5％的征收率:预缴税款＝含税销售额÷(1＋5％)×5％。

【例2-16】　公司为一般纳税人,将公司办公楼的一层出租,当月取得半年房租25.2万元。同时给对方开具了5％的增值税专用发票,进行了简易计税备案。每月折旧费用3万元。

(1) 取得收款并开具发票时(纳税义务发生)：

借:银行存款	252 000
贷:预收账款	240 000
应交税费——简易计税	12 000

（2）次月申报缴纳税款时：

| 借:应交税费——简易计税 | 12 000 |
| 贷:银行存款 | 12 000 |

（3）分期确认房租收入时：

| 借:预收账款 | 40 000 |
| 贷:其他业务收入 | 40 000 |

（4）结转成本时：

| 借:其他业务成本 | 30 000 |
| 贷:投资性房地产累计折旧（摊销） | 30 000 |

(三) 转让不动产

1. 简易计税方法

非自建:差额预缴5%,差额申报缴纳5%,申报增值税＝转让差额÷(1＋5%)×5%。

自建:全额预缴5%,全额申报缴纳5%,申报增值税＝出售全价÷(1＋5%)×5%。

2. 一般计税方法

非自建:差额预缴5%,预缴增值税＝转让差额÷(1＋5%)×5%,全额申报缴纳9%,申报增值税＝出售全价÷(1＋9%)×9%－进项税额－预缴税款。

自建:全额预缴5%,预缴增值税＝出售全价÷(1＋5%)×5%,全额申报缴纳9%,申报增值税＝出售全价÷(1＋9%)×9%－进项税额－预缴税款。

转让差额＝取得的全部价款和价外费用扣除不动产购置原价或者取得不动产时的作价,不能扣除相关税费。出售全价＝销售不动产取得的全部价款和价外费用。纳税人转让不动产,按照有关规定差额缴纳增值税的,如因丢失等原因无法提供取得不动产时的发票,可向税务机关提供其他能证明契税计税金额的完税凭证等资料,进行差额扣除。纳税人以契税计税金额进行差额扣除的,老项目先减除后分离;新项目先分离后减除。在确定不动产计税金额时发票优先。

【例2－17】 甲公司2022年4月将其一栋办公楼对外出售,取得出售价款1 090万元(含税),该办公楼系甲公司2017年8月购入,购置原价(入账价值)为775万元,已提折旧100万元,甲公司保留完整购入凭证。

（1）甲公司选择按一般计税方法处理。

向不动产所在地预缴税款＝(1 090－775)÷(1＋5%)×5%＝15(万元)

销售时会计处理为：

借:应交税费——预交增值税	150 000
贷:银行存款	150 000
借:固定资产清理	6 750 000
累计折旧	1 000 000
贷:固定资产	7 750 000

借:银行存款	10 900 000	
贷:固定资产清理		10 000 000
应交税费——应交增值税(销项税额)		900 000
借:固定资产清理	3 250 000	
贷:资产处置损益		3 250 000

假设当月进项税额合计 70 万元,其他销项税额合计 100 万元。则在机构所在地应纳增值税＝100＋90－70＝120(万元)。

月末会计处理为:

借:应交税费——未交增值税	150 000	
贷:应交税费——预交增值税		150 000
借:应交税费——应交增值税(转出未交增值税)	1 200 000	
贷:应交税费——未交增值税		1 200 000

实际缴纳时凭预缴完税凭证:120－15＝105(万元)

| 借:应交税费——未交增值税 | 1 050 000 | |
| 贷:银行存款 | | 1 050 000 |

(2) 甲公司选择按简易计税方法处理。

预缴税款时:

| 借:应交税费——简易计税 | 150 000 | |
| 贷:银行存款 | | 150 000 |

企业进行会计处理时(差额征税):

借:固定资产清理	6 750 000	
累计折旧	1 000 000	
贷:固定资产		7 750 000

简易计税:(1 090－775)÷(1＋5％)×5％＝15(万元)

借:银行存款	10 900 000	
贷:固定资产清理		10 750 000
应交税费——简易计税		150 000
借:固定资产清理	4 000 000	
贷:资产处置损益		4 000 000

(四) 房地产开发企业销售自行开发的房地产项目

1. 一般计税方法——差额计税(9％)

销售自行开发的房地产老项目可选择一般计税方法。销售自行开发的房地产新项目适用一般计税方法。销售额＝(全部价款和价外费用－当期允许扣除的土地价款)÷(1＋10％)。"支付的土地价款",是指向政府、土地管理部门或受政府委托收取土地价款的单位直接支付的土地价款。

只有一般计税,才能差额计税,允许扣除土地价款仅限于房地产开发企业适用。允许扣除的土地价款包括土地受让人向政府部门支付的征地和拆迁补偿费用、土地前期开发费用和土地出让收益、向其他单位或个人支付的拆迁补偿费用。不是在支付土地价款时差额计税,而是在销售开发产品时才可以差额计税。

$$当期允许扣除的 = \frac{当期销售房地产项目建筑面积}{房地产项目可供销售建筑面积} \times \frac{支付的}{土地价款}$$

差额计税需要取得省级以上(含省级)财政部门监制的财政票据。应在收到预收款时,按照3%的预征率预缴增值税。

$$应预缴税款 = 预收款 \div (1 + 9\%) \times 3\%$$

$$申报增值税 = 含税销售额 \div (1 + 9\%) \times 9\% - 进项税额 - 预缴税款$$

2. 简易计税方法——全额计税(5%)

一般纳税人销售房地产老项目可选择简易计税方法;小规模纳税人适用简易计税方法。销售额为取得的全部价款和价外费用,不得扣除对应的土地价款。应在收到预收款时,按照3%的预征率预缴增值税。

$$应预缴税款 = 预收款 \div (1 + 5\%) \times 3\%$$

$$申报增值税 = 含税销售额 \div (1 + 5\%) \times 5\% - 预缴税款$$

【例2-18】　某房地产开发公司,适用一般计税方法。收到预收款1 308万元,房款总计2 180万元,当期允许抵扣的土地价款为327万元,开发成本1 500万元。假设可抵扣的进项税额为100万元。

(1) 收到预收款时:

借:银行存款　　　　　　　　　　　　　　　　　　13 080 000
　　贷:预收账款　　　　　　　　　　　　　　　　　13 08000

(2) 预缴增值税 = 1 308 ÷ (1 + 9%) × 3% = 36(万元):

借:应交税费——预交增值税　　　　　　　　　　　360 000
　　贷:银行存款　　　　　　　　　　　　　　　　　360 000

(3) 竣工交房时,结转当月收入并补齐房款差额872万元:

借:开发产品　　　　　　　　　　　　　　　　　　15 000 000
　　贷:开发成本　　　　　　　　　　　　　　　　　15 000 000

借:银行存款　　　　　　　　　　　　　　　　　　8 720 000
　　预收账款　　　　　　　　　　　　　　　　　　13 080 000
　　贷:主营业务收入　　　　　　　　　　　　　　　20 000 000
　　　　应交税费——应交增值税(销项税额)　　　　1 800 000

借:主营业务成本　　　　　　　　　　　　　　　　15 000 000
　　贷:开发产品　　　　　　　　　　　　　　　　　15 000 000

(4) 本期允许扣除的土地价款为327万元,相应的抵扣额 = 327 ÷ (1 + 9%) × 9% = 27(万元),同时将预交增值税结转至未交增值税:

借:应交税费——应交增值税(销项税额抵减)　　　270 000
　　贷:主营业务成本　　　　　　　　　　　　　　　270 000

借:应交增值税——未交增值税　　　　　　　　　　360 000
　　贷:应交增值税——预交增值税　　　　　　　　　360 000

(5) 转出的未交增值税 = 180 - 27 - 100 = 53(万元):

借:应交税费——应交增值税(转出未交增值税)　　530 000

　　贷:应交税费——未交增值税　　　　　　　　　　　　530 000

(6)扣减预交增值税 36 万元,应纳税额＝53－36＝17(万元):

借:应交税费——未交增值税　　　　　　　　　　170 000

　　贷:银行存款　　　　　　　　　　　　　　　　　　170 000

"应交税费——预交增值税"和"应交税费——应交增值税(已交税金)"科目,都适用于增值税一般纳税人。"应交增值税"专栏是用来预缴当月增值税额,一般适用于一个月内需分次预缴的情形。"预交增值税"科目适用于四类特殊业务的会计处理,即核算一般纳税人转让不动产、提供不动产经营租赁服务、提供建筑服务和采用预收款方式销售自行开发的房地产项目等业务。房地产企业"预交增值税"科目期末余额,在纳税义务发生前不能结转至"未交增值税",其他三类特殊业务月末均可转至"未交增值税"。预缴的增值税税款,可以在当期增值税应纳税额中抵减;抵减不完的,结转下期继续抵减。

第六节　增值税的纳税申报

一、纳税申报表

增值税及附加税费申报表(一般纳税人适用),如表 2-1 所示。

表 2-1　增值税及附加税费申报表(一般纳税人适用)

	项　目	栏　次	一般项目		即征即退项目	
			本月数	本年累计	本月数	本年累计
销售额	(一)按适用税率计税销售额	1				
	其中:应税货物销售额	2				
	应税劳务销售额	3				
	纳税检查调整的销售额	4				
	(二)按简易办法计税销售额	5				
	其中:纳税检查调整的销售额	6				
	(三)免、抵、退办法出口销售额	7				
	(四)免税销售额	8				
	其中:免税货物销售额	9				
	免税劳务销售额	10				

续 表

项 目		栏 次	一般项目		即征即退项目	
			本月数	本年累计	本月数	本年累计
税款计算	销项税额	11				
	进项税额	12				
	上期留抵税额	13				
	进项税额转出	14				
	免、抵、退应退税额	15				
	按适用税率计算的纳税检查应补缴税额	16				
	应抵扣税额合计	$17=12+13-14-15+16$				
	实际抵扣税额	18(如17<11,则为17,否则为11)				
	应纳税额	$19=11-18$				
	期末留抵税额	$20=17-18$				
	简易计税办法计算的应纳税额	21				
	按简易计税办法计算的纳税检查应补缴税额	22				
	应纳税额减征额	23				
	应纳税额合计	$24=19+21-23$				
税款缴纳	期初未缴税额(多缴为负数)	25				
	实收出口开具专用缴款书退税额	26				
	本期已缴税额	$27=28+29+30+31$				
	① 分次预缴税额	28				
	② 出口开具专用缴款书预缴税额	29				
	③ 本期缴纳上期应纳税额	30				
	④ 本期缴纳欠缴税额	31				
	期末未缴税额(多缴为负数)	$32=24+25+26-27$				
	其中:欠缴税额(≥0)	$33=25+26-27$				
	本期应补(退)税额	$34=24-28-29$				
	即征即退实际退税额	35				
	期初未缴查补税额	36				
	本期入库查补税额	37				
	期末未缴查补税额	$38=16+22+36-37$				

项　目		栏　次	一般项目		即征即退项目	
			本月数	本年累计	本月数	本年累计
附加税费	城市维护建设税本期应补(退)税额	39				
	教育费附加本期应补(退)费额	40				
	地方教育附加本期应补(退)费额	41				

《增值税纳税申报表(一般纳税人适用)》填写说明：

"即征即退项目"填写纳税人按规定享受增值税即征即退政策的货物、劳务和服务、不动产、无形资产的征(退)税数据。"一般项目"填写除享受增值税即征即退政策以外的货物、劳务和服务、不动产、无形资产的征(免)税数据。

第1栏"(一) 按适用税率计税销售额"：填写纳税人本期按一般计税方法计算缴纳增值税的销售额,包含：在财务上不作销售但按税法规定应缴纳增值税的视同销售和价外费用的销售额；外贸企业作价销售进料加工复出口货物的销售额；税务、财政、审计部门检查后按一般计税方法计算调整的销售额。营业税改征增值税的纳税人,服务、不动产和无形资产有扣除项目的,本栏应填写扣除之前的不含税销售额。

第2栏"其中：应税货物销售额"：填写纳税人本期按适用税率计算增值税的应税货物的销售额,包含在财务上不作销售但按税法规定应缴纳增值税的视同销售货物和价外费用的销售额,以及外贸企业作价销售进料加工复出口货物的销售额。

第3栏"应税劳务销售额"：填写纳税人本期按适用税率计算增值税的应税劳务的销售额。

第4栏"纳税检查调整的销售额"：填写纳税人因税务、财政、审计部门检查,并按一般计税方法在本期计算调整的销售额。但享受增值税即征即退政策的货物、劳务和服务、不动产、无形资产,经纳税检查属于偷税的,不填入"即征即退项目"列,而应填入"一般项目"列。营业税改征增值税的纳税人,服务、不动产和无形资产有扣除项目的,本栏应填写扣除之前的不含税销售额。

第5栏"(二) 按简易办法计税销售额"：填写纳税人本期按简易计税方法计算增值税的销售额,包含纳税检查调整按简易计税方法计算增值税的销售额。营业税改征增值税的纳税人,服务、不动产和无形资产有扣除项目的,本栏应填写扣除之前的不含税销售额；服务、不动产和无形资产按规定汇总计算缴纳增值税的分支机构,其当期按预征率计算缴纳增值税的销售额也填入本栏。

第6栏"其中：纳税检查调整的销售额"：填写纳税人因税务、财政、审计部门检查,并按简易计税方法在本期计算调整的销售额。但享受增值税即征即退政策的货物、劳务和服务、不动产、无形资产,经纳税检查属于偷税的,不填入"即征即退项目"列,而应填入"一般项目"列。营业税改征增值税的纳税人,服务、不动产和无形资产有扣除项目的,本栏应填写扣除之前的不含税销售额。

第7栏"(三) 免、抵、退办法出口销售额"：填写纳税人本期适用免、抵、退税办法的出口货物、劳务和服务、无形资产的销售额。营业税改征增值税的纳税人，服务、无形资产有扣除项目的，本栏应填写扣除之前的销售额。

第8栏"（四）免税销售额"：填写纳税人本期按照税法规定免征增值税的销售额和适用零税率的销售额，但零税率的销售额中不包括适用免、抵、退税办法的销售额。营业税改征增值税的纳税人，服务、不动产和无形资产有扣除项目的，本栏应填写扣除之前的免税销售额。

第9栏"其中：免税货物销售额"：填写纳税人本期按照税法规定免征增值税的货物销售额及适用零税率的货物销售额，但零税率的销售额中不包括适用免、抵、退税办法出口货物的销售额。

第10栏"免税劳务销售额"：填写纳税人本期按照税法规定免征增值税的劳务销售额及适用零税率的劳务销售额，但零税率的销售额中不包括适用免、抵、退税办法的劳务的销售额。

第11栏"销项税额"：填写纳税人本期按一般计税方法计税的货物、劳务和服务、不动产、无形资产的销项税额。营业税改征增值税的纳税人，服务、不动产和无形资产有扣除项目的，本栏应填写扣除之后的销项税额。

第12栏"进项税额"：填写纳税人本期申报抵扣的进项税额。

第13栏"上期留抵税额""本月数"：按上一税款所属期申报表第20栏"期末留抵税额""本月数"填写。本栏"一般项目"列"本年累计"不填写。

第14栏"进项税额转出"：填写纳税人已经抵扣，但按税法规定本期应转出的进项税额。

第15栏"免、抵、退应退税额"：反映税务机关退税部门按照出口货物、劳务和服务、无形资产免、抵、退办法审批的增值税应退税额。

第16栏"按适用税率计算的纳税检查应补缴税额"：填写税务、财政、审计部门检查，按一般计税方法计算的纳税检查应补缴的增值税税额。

第17栏"应抵扣税额合计"：填写纳税人本期应抵扣进项税额的合计数。按表中所列公式计算填写。

第18栏"实际抵扣税额"："本月数"按表中所列公式计算填写。本栏"一般项目"列"本年累计"不填写。

第19栏"应纳税额"：反映纳税人本期按一般计税方法计算并应交纳的增值税额。适用加计抵减政策的纳税人，按以下公式填写："本月数"＝第11栏"销项税额""本月数"－第18栏"实际抵扣税额""本月数"－"实际抵扣额"。其他纳税人按表中所列公式填写。

第20栏"期末留抵税额"："本月数"按表中所列公式计算填写。本栏"一般项目"列"本年累计"不填写。

第21栏"简易计税办法计算的应纳税额"：反映纳税人本期按简易计税方法计算并应缴纳的增值税额，但不包括按简易计税方法计算的纳税检查应补缴税额。营业税改征增值税的纳税人，服务、不动产和无形资产按规定汇总计算缴纳增值税的分支机构，应将预征增值税额填入本栏。预征增值税额＝应预征增值税的销售额×预征率。

第22栏"按简易计税办法计算的纳税检查应补缴税额"：填写纳税人本期因税务、财政、审计部门检查并按简易计税方法计算的纳税检查应补缴税额。

第23栏"应纳税额减征额"：填写纳税人本期按照税法规定减征的增值税应纳税额。包含按照规定可在增值税应纳税额中全额抵减的增值税税控系统专用设备费用以及技术维护费。当本期减征额小于或等于第19栏"应纳税额"与第21栏"简易计税办法计算的应纳税额"之和时，按本期减征额实际填写；当本期减征额大于第19栏"应纳税额"与第21栏"简易计税办法计算的应纳税额"之和时，按本期第19栏与第21栏之和填写。本期减征额不足抵减部分结转下期继续抵减。

第24栏"应纳税额合计"：反映纳税人本期应交增值税的合计数。按表中所列公式计算填写。

第25栏"期初未缴税额（多缴为负数）"："本月数"按上一税款所属期申报表第32栏"期末未缴税额（多缴为负数）""本月数"填写。"本年累计"按上年度最后一个税款所属期申报表第32栏"期末未缴税额（多缴为负数）""本年累计"填写。

第26栏"实收出口开具专用缴款书退税额"：本栏不填写。

第27栏"本期已缴税额"：反映纳税人本期实际缴纳的增值税额，但不包括本期入库的查补税款。按表中所列公式计算填写。

第28栏"①分次预缴税额"：填写纳税人本期已缴纳的准予在本期增值税应纳税额中抵减的税额。服务、不动产和无形资产按规定汇总计算缴纳增值税的总机构，销售建筑服务、销售不动产、出租不动产并按规定预缴增值税的纳税人，其可以从本期增值税应纳税额中抵减的已缴纳的税款，按当期实际可抵减数填入本栏，不足抵减部分结转下期继续抵减。

第29栏"②出口开具专用缴款书预缴税额"：本栏不填写。

第30栏"③本期缴纳上期应纳税额"：填写纳税人本期缴纳上一税款所属期应交未缴的增值税额。

第31栏"④本期缴纳欠缴税额"：反映纳税人本期实际缴纳和留抵税额抵减的增值税欠税额，但不包括缴纳入库的查补增值税额。

第32栏"期末未缴税额（多缴为负数）"："本月数"反映纳税人本期期末应交未缴的增值税额，但不包括纳税检查应交未缴的税额。按表中所列公式计算填写。"本年累计"与"本月数"相同。

第33栏"其中：欠缴税额（≥0）"：反映纳税人按照税法规定已形成欠税的增值税额。按表中所列公式计算填写。

第34栏"本期应补（退）税额"：反映纳税人本期应纳税额中应补缴或应退回的数额。按表中所列公式计算填写。

第35栏"即征即退实际退税额"：反映纳税人本期因符合增值税即征即退政策规定，而实际收到的税务机关退回的增值税额。

第36栏"期初未缴查补税额"："本月数"按上一税款所属期申报表第38栏"期末未缴查补税额""本月数"填写。"本年累计"按上年度最后一个税款所属期申报表第38栏"期末未缴查补税额""本年累计"填写。

第37栏"本期入库查补税额"：反映纳税人本期因税务、财政、审计部门检查而实际入库的增值税额，包括按一般计税方法计算并实际缴纳的查补增值税额和按简易计税方法计算并实际缴纳的查补增值税额。

第38栏"期末未缴查补税额"："本月数"反映纳税人接受纳税检查后应在本期期末缴纳而未缴纳的查补增值税额。按表中所列公式计算填写，"本年累计"与"本月数"相同。

本期销售情况明细如表2-2所示。

表2-2 本期销售情况明细

项目及栏次			开具增值税专用发票		开具其他发票		未开具发票		纳税检查调整		合 计			服务、不动产和无形资产扣除项目本期实际扣除金额	扣除后	
			销售额	销项（应纳）税额	销售额	销项（应纳）税额	销售额	销项（应纳）税额	销售额	销项（应纳）税额	销售额	销项（应纳）税额	价税合计		含税（免税）销售额	销项（应纳）税额
			1	2	3	4	5	6	7	8	$9=1+3+5+7$	$10=2+4+6+8$	$11=9+10$	12	$13=11-12$	$14=13÷(100\%+税率或征收率)×税率或征收率$
一、一般计税方法计税	全部征税项目	13%税率的货物及加工修理修配劳务 1											—	—	—	—
		13%税率的服务、不动产和无形资产 2														
		9%税率的货物及加工修理修配劳务 3														
		9%税率的服务、不动产和无形资产 4														
		6%税率 5														
	其中：即征即退项目	即征即退货物及加工修理修配劳务 6	—	—	—	—	—	—							—	—
		即征即退服务、不动产和无形资产 7														
二、简易计税方法计税	全部征税项目	6%征收率 8														
		5%征收率的货物及加工修理修配劳务 9a														
		5%征收率的服务、不动产和无形资产 9b						—	—								
		4%征收率 10						—	—					—		—	—
		3%征收率的货物及加工修理修配劳务 11						—	—					—		—	—

续　表

项目及栏次	开具增值税专用发票		开具其他发票		未开具发票		纳税检查调整		合　计			服务、不动产和无形资产扣除项目本期实际扣除金额	扣除后	
	销售额	销项(应纳)税额	销售额	销项(应纳)税额	销售额	销项(应纳)税额	销售额	销项(应纳)税额	销售额	销项(应纳)税额	价税合计	含税(免税)销售额		销项(应纳)税额
	1	2	3	4	5	6	7	8	9=1+3+5+7	10=2+4+6+8	11=9+10	12	13=11-12	14=13÷(100%+税率或征收率)×税率或征收率
3%征收率的服务、不动产和无形资产　12							—	—						
预征率　%　13a							—	—						
预征率　%　13b							—	—						
预征率　%　13c							—	—						
其中：即征即退项目　即征即退货物及加工修理修配劳务　14		—	—	—	—	—	—	—				—	—	—
即征即退服务、不动产和无形资产　15	—	—	—	—	—	—	—	—						—
三、免抵退税　货物及加工修理修配劳务　16							—	—				—	—	—
服务、不动产和无形资产　17	—	—	—	—	—	—	—	—				—		—
四、免税　货物及加工修理修配劳务　18							—	—				—	—	—
服务、不动产和无形资产　19	—	—	—	—	—	—	—	—				—		—

本期进项税额明细如表 2-3 所示。

表 2-3　本期进项税额明细

一、申报抵扣的进项税额				
项　　目	栏　次	份　数	金　额	税　额
（一）认证相符的增值税专用发票	1=2+3			
其中：本期认证相符且本期申报抵扣	2			
前期认证相符且本期申报抵扣	3			
（二）其他扣税凭证	4=5+6+7+8a+8b			

项　目	栏　次	税　额
其中:海关进口增值税专用缴款书	5	
农产品收购发票或者销售发票	6	
— 代扣代缴税收缴款凭证	7	
— 加计扣除农产品进项税额	8a	—
其他	8b	
(三)本期用于购建不动产的扣税凭证	9	
(四)本期用于抵扣的旅客运输服务扣税凭证	10	—
(五)外贸企业进项税额抵扣证明	11	—
当期申报抵扣进项税额合计	12＝1+4+11	

二、进项税额转出额

项　目	栏　次	税　额
本期进项税额转出额	13＝14至23之和	
其中:免税项目用	14	
集体福利、个人消费	15	
非正常损失	16	
简易计税方法征税项目用	17	
免抵退税办法不得抵扣的进项税额	18	
纳税检查调减进项税额	19	
红字专用发票信息表注明的进项税额	20	
上期留抵税额抵减欠税	21	
上期留抵税额退税	22	
异常凭证转出进项税额	23a	
其他应作进项税额转出的情形	23b	

三、待抵扣进项税额

项　目	栏　次	份　数	金　额	税　额
(一)认证相符的增值税专用发票	24	—	—	—
期初已认证相符但未申报抵扣	25			
本期认证相符且本期未申报抵扣	26			
期末已认证相符但未申报抵扣	27			
其中:按照税法规定不允许抵扣	28			

续 表

项 目	栏 次	税 额
(二)其他扣税凭证	29＝30至33之和	
其中:海关进口增值税专用缴款书	30	
农产品收购发票或者销售发票	31	
代扣代缴税收缴款凭证	32	
其他	33	
	34	

四、其 他

项 目	栏 次	份 数	金 额	税 额
本期认证相符的增值税专用发票	35			
代扣代缴税额	36	—	—	

服务、不动产和无形资产扣除项目明细如表2-4所示。

表2-4 服务、不动产和无形资产扣除项目明细

项目及栏次		本期服务、不动产和无形资产价税合计额(免税销售额)	服务、不动产和无形资产扣除项目				
			期初余额	本期发生额	本期应扣除金额	本期实际扣除金额	期末余额
		1	2	3	4＝2＋3	5(5≤1且5≤4)	6＝4-5
13%税率的项目	1						
9%税率的项目	2						
6%税率的项目(不含金融商品转让)	3						
6%税率的金融商品转让项目	4						
5%征收率的项目	5						
3%征收率的项目	6						
免抵退税的项目	7						
免税的项目	8						

税额抵减情况表如表2-5所示。

表 2−5 税额抵减情况表

		期初余额	本期发生额	本期应抵减税额	本期实际抵减税额	期末余额
序 号	抵减项目	1	2	3＝1＋2	4≤3	5＝3−4
1	增值税税控系统专用设备费及技术维护费					
2	分支机构预征缴纳税款					
3	建筑服务预征缴纳税款					
4	销售不动产预征缴纳税款					
5	出租不动产预征缴纳税款					
6	一般项目加计抵减额计算					
7	即征即退项目加计抵减额计算					
8	合 计					

一、税额抵减情况

表 2−6 附加税费情况表

税（费）种		计税（费）依据			税（费）率（%）	本期应纳税（费）额	本期减免税（费）额		试点建设培育产教融合型企业		本期已缴税（费）额	本期应补（退）税（费）额
		增值税税额	增值税免抵税额	留抵退税本期扣除额			减免性质代码	减免税（费）额	减免性质代码	本期抵免金额		
		1	2	3	4	5＝(1+2−3)×4	6	7	8	9	10	11＝5−7−9−10
城市维护建设税	1								—			
教育费附加	2								—			
地方教育附加	3								—			
合 计	4	—	—	—	—			—		—		

本期是否适用试点建设培育产教融合型企业抵免政策	□是 □否	当期新增投资额	5	
		上期留抵可抵免金额	6	
		结转下期可抵免金额	7	
可用于扣除的增值税留抵退税额使用情况		当期新增可用于扣除的留抵退税额	8	
		上期结存可用于扣除的留抵退税额	9	
		结转下期可用于扣除的留抵退税额	10	

增值税减免税申报明细表如表 2-7 所示。

表 2-7　增值税减免税申报明细表

一、减税项目						
减税性质代码 及名称	栏次	期初余额	本期发生额	本期应 抵减税额	本期实际 抵减税额	期末余额
		1	2	3＝1＋2	4≤3	5＝3－4
合　计	1					
	2					
	3					
二、免税项目						
免税性质代码 及名称	栏次	免征增值税 项目销售额	免税销售额 扣除项目本期 实际扣除金额	扣除后免税 销售额	免税销售额 对应的 进项税额	免税额
		1	2	3＝1－2	4	5
合　计	4					
出口免税	5		—	—	—	—
其中:跨境服务	6		—	—	—	—
	7					
	8					

增值税预缴税款表如表 2-8 所示。

表 2-8　增值税预缴税款表

预征项目和栏次		销售额	扣除金额	预征率	预征税额
		1	2	3	4
建筑服务	1				
销售不动产	2				
出租不动产	3				
	4				
	5				
合　计	6				

小规模纳税人适用增值税及附加税费申报表(小规模纳税人适用)、附列资料(一)(服务、不动产和无形资产扣除项目明细)、附列资料(二)(附加税费情况表)。

二、一般纳税人填写顺序

(一)销售情况的填写

第一步:填写本期销售情况明细第 1 至 11 列;第二步:填写服务、不动产和无形资产扣除项目明细,有差额扣除项目的纳税人填写;第三步:填写本期销售情况明细第12至14列,有差额扣除项目的纳税人填写;第四步:填写增值税减免税申报明细表,有减免税业务的纳税人填写。

(二) 进项税额的填写

第五步,填写本期进项税额明细。

(三) 税额抵减的填写

第六步,填写增值税预缴税款表。第七步,填写税额抵减情况表,有税额抵减业务的纳税人填写。

(四) 主表的填写

第八步,填写增值税纳税申报表(一般纳税人适用)。根据附表数据填写主表。先填附表,再填主表。填完附表后主表会自动生成,不会自动生成的地方手工填写。

【例2-19】　某市一公司(一般纳税人)年底纳税情况检查发现,"其他应付款"科目中有3 390万元(含税)属于销售款,尚未结转成本2 000万元,没有按规定进行纳税。

3 390÷1.13＝3 000(万元)

借:其他应付款	33 900 000
贷:主营业务收入	30 000 000
应交税费——增值税检查调整	3 900 000
借:主营业务成本	20 000 000
贷:库存商品	20 000 000

390×12％＝46.8(万元)

(1 000－46.8)×25％＝238.3(万元)

借:税金及附加	468 000
所得税费用	2 383 000
贷:应交税费——应交城建税和附加	468 000
——应交所得税	2 383 000

【例2-20】　甲房地产企业,有两个开发项目,A项目(一般计税)、B项目(简易计税),A项目建设规模和总建筑面积均为6万平方米,支付的土地款为8 720万元,B项目建设规模和总建筑面积均为4万平方米,支付的土地款为3 000万元。1月份发生如下业务:

(1) 当月收到的A项目预收房款218万元,B项目预收的房款105万元,预交了增值税税款。支付税控系统技术维护费用820元。A项目预征税额＝218÷(1+9％)×3％＝6(万元);B项目预征税额＝105÷(1+5％)×3％＝3(万元)。

增值税减免税申报明细表填写820元,税额抵减情况表填写90 820元(＝820＋90 000),增值税预缴税款表填写90 000元(＝60 000＋30 000)。

(2) A项目当月实现销售收入(含税)2 616万元,销售面积为3 000平方米。其中872万元开具增值税专用发票,1 744万元开具增值税普通发票。当期允许扣除的土地价款＝3 000÷60 000×8 720＝436(万元),A项目当期销售收入的销项税额＝(2 616－436)÷(1+9％)×9％＝180(万元)。

（3）B项目当月实现销售收入1 050（含税）万元，销售面积为2 000平方米，开具增值税专用发票。B项目的应纳税额＝1 050÷（1＋5％）×5％＝50（万元）。

（4）出租A项目门面（一般计税），含税租金109万元，开具增值税普通发票。出租B项目门面，含税租金525万元（符合简易计税条件且已备案），开具增值税专用发票，A项目的销项税额＝109÷（1＋9％）×9％＝9（万元）；B项目的应纳税额＝525÷（1＋5％）×5％＝25（万元）。

一般计税方法下，专用发票的金额＝872÷（1＋9％）＝800（万元），普通发票金额＝（1 744＋109）÷（1＋9％）＝1 700（万元）。简易计税方法下，专用发票的金额＝（1 050＋525）÷（1＋5％）＝1 500（万元）。

销售情况明细：一般计税含税销售额＝2 616＋109＝2 725（万元）；简易计税含税销售额＝1 050＋525＝1 575（万元）。

扣除项目明细：含税销售2 289万元（＝2 616＋109－436），税额189万元（＝180＋9）。

（5）取得船闸通行费发票1.26万元，进项税额＝1.26÷（1＋5％）×5％＝600（元），可以全部抵扣。

（6）购进钢材一批入库，取得增值税专用发票金额为100万元，其中A项目领用50万元，修建职工食堂领用50万元。进项税额转出：50×13％＝6.5（万元）。

（7）企业当月取得供电局开具的增值税专用发票金额为50万元，取得自来水公司开具的增值税专用发票金额为1万元（税率3％），购买办公用品取得增值税专用发票金额为10万元，无法在A项目、B项目中准确划分。不得抵扣的进项税额＝（50×13％＋1×3％＋10×13％）×[40 000÷（40 000＋60 000）]＝7.83×0.4＝3.132（万元）。可以抵扣的进项税额＝7.83×0.6＝4.698（万元）。

（8）取得A项目的建安服务增值税专用发票金额为1 000万元，税率为9％，可以抵扣；取得B项目的建安服务发票增值税专用发票金额为1 000万元，税率为3％，不能抵扣。购买礼品赠送给客户，取得增值税专用发票金额为20万元，税率为13％，不能抵扣。

（9）购进装载机一台，用于工地建设，取得增值税专用发票金额为300万元，税率为13％，可以全部抵扣。

（10）取得A项目设计服务增值税专用发票金额为20万元；取得A项目广告费增值税专用发票金额为30万元。可抵扣进项税额＝20×6％＋30×6％＝3（万元）。

进项税额明细：专用发票税额为：100×13％＋50×13％＋1×3％＋10×13％＋1 000×9％＋300×13％＋20×6％＋30×6％＝152.83（万元）。通行费发票的进项税额为0.06万元。进项税额转出：6.5＋3.132＝9.632（万元），实际抵扣进项税额＝6.5＋4.698＋90＋39＋3＋0.06＝143.258（万元）。

一般计税应纳税额＝189－143.258＝45.742（万元），

简易计税应纳税额＝50＋25＝75（万元），

应纳税额＝45.742＋75－9.082＝111.66（万元）。

练 习 题

一、单项选择题

1. 关于应交增值税,下列说法不正确的是(　　)。

　　A. "未交增值税"核算企业缴纳以前期间未缴增值税

　　B. "预交增值税"余额应转入"未交增值税"

　　C. 购进不动产或不动产在建工程的进项税额不再分年抵扣

　　D. 月末应交未缴的增值税不用结转

2. 企业缴纳上月应交未缴的增值税时,应借记(　　)科目。

　　A. 应交税费——应交增值税(转出未交增值税)

　　B. 应交税费——未交增值税

　　C. 应交税费——应交增值税(转出多交增值税)

　　D. 应交税费——应交增值税(已交税金)

3. 下列各项中属于增值税视同销售行为的是(　　)。

　　A. 将购买的货物用于个人消费

　　B. 将购买的货物投入生产

　　C. 将购买的货物无偿赠送他人

　　D. 将购买的货物用于集体福利

4. 下列业务不属于增值税视同销售的是(　　)。

　　A. 单位以自建的房产抵偿建筑材料款

　　B. 单位无偿为关联企业提供建筑服务

　　C. 单位无偿为公益事业提供建筑服务

　　D. 单位无偿向其他企业提供建筑服务

5. "当期应退税额"通过(　　)核算。

　　A. 进项税额转出　　　　　　　　B. 出口抵减内销产品应纳税额

　　C. 出口退税　　　　　　　　　　D. 其他应收款

6. 下列二级科目要结转"应交税费——未交增值税"的是(　　)。

　　A. 应交税费——待认证进项税额

　　B. 应交税费——待转销项税额

　　C. 应交税费——预交增值税

　　D. 应交税费——简易计税

7. 下列各项中,不应计入存货采购成本的是(　　)。

　　A. 小规模纳税人购入存货时支付的增值税

　　B. 进口商品应支付的关税

　　C. 运输途中合理损耗

　　D. 采购人员差旅费

8. 企业盘盈的固定资产,批准后应转入(　　)账户。

A. 营业外收入　　　　　　　B. 资本公积

C. 以前年度损益调整　　　　D. 待处理财产损溢

9. 企业出售固定资产而产生的处置利得或损失计入(　　)账户。

A. 营业外收支　　　　　　　B. 资产处置损益

C. 其他收益　　　　　　　　D. 资产处置收益

10. 下列说法错误的是(　　)。

A. 一般纳税人缴纳当月应交的增值税,借记"应交税费——应交增值税(已交税金)"科目

B. 小规模纳税人缴纳应交的增值税,借记"应交税费——简易计税"科目

C. 一般纳税人缴纳以前期间未缴的增值税,借记"应交税费——未交增值税"科目

D. 一般纳税人预缴增值税,借记"应交税费——预交增值税"科目

二、多项选择题

1. 下列说法正确的有(　　)。

A. 在转让建筑物或者构筑物时一并转让使用权的,按照销售不动产缴纳增值税

B. 空调经销企业销售空调并负责安装,属于混合销售,按货物缴税

C. 百货广场既销售商品,又提供餐饮服务,属于兼营,分别按照货物和服务缴税

D. 开具红字专用发票的,需要填开并上传《开具红字增值税专用发票信息表》

2. 下列说法正确的有(　　)。

A. 按简易计税办法不得抵扣进项税额,但特殊业务可差额计税

B. 对一些特定的经营行为,一般纳税人可适用简易办法征税

C. 因逾期未收回的包装物不再退还的或者已收取的时间超过 12 个月的押金,应并入销售额中征税

D. 合同折扣,是指合同中各单项履约义务所承诺商品的单独售价之和高于合同交易价格的金额

3. 下列业务属于增值税混合销售的有(　　)。

A. 手机制造商销售手机,出租仓库

B. 软件经销商销售软件并同时收取安装费、培训费

C. 房地产开发公司销售房产,转让自用过的二手车

D. 服装厂为航空公司设计并销售工作服

4. 下列各项中,属于增值税价外费用的有(　　)。

A. 销项税额　　　B. 违约金　　　C. 包装物租金

D. 受托加工应征消费税消费品所代收代缴消费税

5. 根据增值税法律制度的规定,一般纳税人购进下列服务所负担的进项税额,不得抵扣的有(　　)。

A. 贷款服务　　　B. 餐饮服务　　　C. 建筑服务　　　D. 娱乐服务

6. 下列业务的会计核算中,需要通过"应交税费——应交增值税(进项税额转出)"科目核算的有(　　)。

A. 一般纳税人将外购货物改变用途用于集体福利

B. 一般纳税人将自产产品用于对外捐赠

C. 一般纳税人将自产产品用于股东分配

D. 一般纳税人的产成品发生了非正常损失

7. 下列各项,一般纳税人设置的应交税费二级科目有(　　　)。

A. 已交税金　　　B. 未交增值税　　C. 预交增值税　　D. 简易计税

8. 计入"应交税费——应交增值税"借方的有(　　　)。

A. 进项税额　　　B. 已交税金　　　C. 进项税额转出　D. 转出多交增值税

三、计算或核算题

1. 某企业外销产品的离岸价为人民币 10 000 元,增值税退税率为 13%。当期免抵退税额＝10 000×13%＝1 300(元)。期末"应交增值税"明细账余额有以下两种情况:① 期末应交增值税明细账余额为借方 1 000 元;② 期末应交增值税明细账余额为贷方 1 000 元。

要求:分别做会计处理。

2. 位于市区的某企业(增值税一般纳税人)以预收款方式销售商品一批,成本 80 万元,合同约定价款为 100 万元(不含税),商品发出并经对方验收合格。但年底未确认收入、结转成本,同时未进行相关税务处理。如果在次年 5 月份所得税汇算清缴时发现该问题,不考虑滞纳金及罚款,该企业不存在增值税留抵税额。增值税税率为 13%。城建税税率及附加征收率合计为 12%。企业所得税税率为 25%。

要求:进行调账处理。

3. 甲公司为增值税一般纳税人,年底前发现:① 因仓库管理不善导致一批原材料丢失,已抵扣进项税额,原材料账面成本为 4 000 元。借:管理费用 4 000;贷:原材料 4 000。② 向购买方收取所欠货款的利息 22.6 万元,借:银行存款 226 000;贷:财务费用 226 000。

要求:进行调账处理。

4. 某公司,4 月 21 日,经主管税局检查,发现上月购进的甲材料用于集体福利,企业仅以账面金额 10 000 元(不含税价格)结转至"应付职工薪酬"科目核算。另有 5 000 元的乙材料采购业务取得的增值税专用发票不符合规定,相应税金 650 元已于上月抵扣。

要求:编制企业本月调账并补交税款的会计分录。

5. 某自营出口的生产企业为增值税一般纳税人,出口货物的征税税率为 13%,退税税率为 10%。有关经营业务为:购原材料一批,取得的增值税专用发票注明的价款 400 万元,外购货物准予抵扣的进项税额 52 万元通过认证。上期末留抵税款 3 万元。本月内销货物不含税销售额 100 万元,收款 113 万元存入银行。本月出口货物的销售额折合人民币 200 万元。

要求:计算该企业当期的"免、抵、退"相关指标。

6. 某公司本月月初上缴上月增值税 20 万元,地方税及附加 2.4 万元。本月购进材料价款 200 万元,进项税额 26 万元,货款已经支付,本月销售商品价款 500 万元,销项税额 65 万元,货款已经收到,月末结转未交增值税 39 万元;城建税 7%;教育费附加 3%,地方教育附加 2%。月末计算税金及附加 4.68 万元。

要求:编制与税金有关的会计分录。

7. 某食品加工企业为增值税一般纳税人,本期发生以下业务:① 对外销售产品,取得不含税价款 1 000 万元;不含税售价为 250 万元的产品作为股利发放给股东。增值税税率 13%。② 购入生产原料一批,取得增值税专用发票,发票上注明税额 79.17 万元。③ 购进一辆小汽车作为销售部门公用车,取得机动车销售统一发票,发票上注明税额2.6万元。④ 在某市购入 200 平方米写字楼作为办公用房,取得增值税专用发票,发票上注明金额为 270 万元(增值税税率 9%)。⑤ 支付某广告公司广告设计费,取得该广告公司开具的增值税专用发票,发票上注明金额为 5 万元。⑥ 上月购进的免税农产品(未纳入核定扣除,假定农产品扣除率 9%)因保管不善发生损失,已知产品的账面成本为 2.82 万元(含运费 1 万元,取得增值税专用发票),该批产品上月已申报抵扣进项税额。本月取得的相关票据均符合税法规定并在本月认证抵扣。

要求:计算应交增值税。

8. 某生产企业为增值税一般纳税人,适用增值税税率 13%,本期有关生产经营业务如下:① 销售甲产品给某大商场,开具增值税专用发票,取得不含税销售额 180 万元;取得销售甲产品的送货运输费收入 5.65 万元(含税价格)。② 销售乙产品,开具普通发票,取得含税销售额 33.9 万元。增值税税率 13%。③ 进口货物一批。该批货物在国外的买价为 60 万元,另该批货物运抵我国海关前发生的包装费、运输费、保险费等共计 20 万元。缴纳进口环节的增值税并取得了海关开具的完税凭证。关税税率 15%。消费税税率8%。④ 国内购进货物取得增值税专用发票,注明支付的货款 67 万元,进项税额8.71 万元,另外支付购货的运输费用 6 万元(不含税价、税率 9%),取得运输公司开具的增值税专用发票。

要求:计算应交增值税、消费税。

第三章　消费税会计

学习目标

学习本章,熟悉消费税的基本要素;理解消费税的视同销售;掌握消费税的计算、核算和纳税申报。

第一节　消费税的基本内容

一、纳税人

消费税是对我国境内从事生产、委托加工和进口应税消费品的单位和个人就其销售额或销售数量,在特定环节征收的一种税。消费税的特点:征税项目选择性、征税环节单一性、征收方法多样性、税收调节特殊性、税收负担转嫁性。

消费税的纳税人包括在中华人民共和国境内生产、委托加工和进口应税消费品的单位和个人。所称单位,是指企业、行政单位、事业单位、军事单位、社会团体及其他单位。所称个人,是指个体经营者及其他个人。所称在中华人民共和国境内,是指生产、委托加工和进口属于应当缴纳消费税的消费品的起运地或者所在地在中华人民共和国境内。

价内税是由销售方承担税款,税款由销售款来承担并从中扣除。消费税是价内税。增值税属于中性税种,一般不承担调节职能,而消费税承担着调节职能。

二、税目和税率

十五类应税消费品包括烟(卷烟、雪茄烟、烟丝)、酒(白酒、黄酒、啤酒、其他酒)、高档化妆品、高档手表、贵重首饰及珠宝玉石、高尔夫球及球具、游艇、鞭炮焰火、成品油、摩托车、小汽车、木制一次性筷子、实木地板、电池、涂料。

卷烟、白酒复合计税;啤酒、黄酒、成品油从量定额;其他应税消费品从价定率。

兼营不同税率应税消费品,分别核算,分别计税;未分别核算,从高计税。将不同税率应税消费品或应税消费品与非应税消费品组成成套消费品销售从高计税(分别核算也从高适用税率)。

三、纳税环节

生产环节、委托加工、进口环节、零售环节(金银首饰、超豪华小汽车加征)、批发环节(卷烟加征)。

金银首饰、铂金首饰、钻石及钻石饰品只在零售环节征收消费税。金银首饰连同包装物销售的,无论包装物是否单独计价,也无论会计上如何核算,均应并入金银首饰的销售额,计征消费税。以旧换新(含翻新改制)销售金银首饰:按实际收取的不含增值税的全部价款确定计税依据征收消费税,此时金银首饰增值税计税依据也照此计算。经营单位进口金银首饰,进口环节不缴纳消费税,改为零售环节征收;出口金银首饰不退消费税。经营单位兼营生产、加工、批发、零售业务的,应分别核算销售额;未分别核算销售额或者划分不清的,一律视同零售,征收消费税。

卷烟批发环节的消费税。税率11%,250元/箱。卷烟批发企业销售给批发企业以外的单位和个人的卷烟于销售时纳税,卷烟批发企业之间销售的卷烟不缴纳消费税。批发企业在计算纳税时不得扣除已含的生产环节的消费税税款。

超豪华小汽车零售环节征收消费税的规定。税率10%。超豪华小汽车(不含增值税零售价130万元以上)是在生产(进口)环节按现行税率征收消费税基础上,零售环节加征消费税。国内汽车生产企业直接销售给消费者的超豪华小汽车,消费税税率按照生产环节税率和零售环节税率加总计算。

四、应纳税额的计算

按照现行消费税法的基本规定,消费税应纳税额的计算方法分为从价定率、从量定额和复合计税三种计算方法。

(一)从价定率

$$应纳税额＝销售额×比例税率$$

纳税人的销售行为分为销售和视同销售。有偿转让应税消费品所有权的行为,包括消费品直接出售,用消费品换取生产资料和消费资料等。纳税人自产自用的应税消费品用于其他方面(用于连续生产应税消费品的不纳税)。

销售额为纳税人销售应税消费品向购买方收取的全部价款和价外费用,不包括向购买方收取的增值税税额。全部价款中包含消费税税额,但不包括增值税税额;价外费用的内容与增值税规定相同。价外费用会计不一定确认收入,视为含增值税收入。一般情形下,计算消费税的销售额与计算增值税的销售额是一致的。

$$销售额＝含增值税的销售额÷(1＋税率或征收率)$$

销售额不包括下列项目:

(1)同时符合两个条件的代垫运输费用:承运部门的运输费用发票开具给购买方的;纳税人将该项发票转交给购买方的。

(2)同时符合三个条件代为收取的政府性基金或者行政事业性收费:由国务院或者财政部批准设立的政府性基金,由国务院或者省级人民政府及其财政、价格主管部门批准设立的行政事业性收费;收取时开具省级以上财政部门印制的财政票据;所收款项全额上缴财政(即经批准、有票据、全上缴)。

(二)从量定额(啤酒、黄酒、成品油)

$$应纳税额＝销售数量×单位税额$$

销售数量的规定:销售应税消费品,为应税消费品的销售数量。自产自用应税消费品,为移送使用应税消费品的数量。委托加工应税消费品,为纳税人收回应税消费品的数量。进口的应税消费品,为海关核定的应税消费品的进口征税数量。

(三) 复合计税(白酒、卷烟)

$$应纳税额=销售额×比例税率+销售数量×定额税率$$

一般情况下复合计税,直接使用定额税率和比例税率。进口卷烟消费税复合计税,需要三步确定应纳税额。

1. 确定税率

$$每标准条进口卷烟价格 A=\frac{关税完税价格+关税+消费税定额税}{1-消费税税率}÷卷烟的条数$$

定额税率为每标准条(200 支)0.6 元,150 元/箱,比例税率固定为 36%。

2. 计算组成计税价格

$$进口卷烟消费税组成计税价格 B=\frac{关税完税价格+关税+消费税定额税}{1-进口卷烟消费税适用比例税率}$$

如果 A≥70 元,此公式中消费税比例税率适用 56%(甲类卷烟);如果 A<70 元,则此公式中消费税比例税率适用 36%(乙类卷烟)。

3. 计算应纳税额

$$\frac{应纳消费税}{税额}=\frac{进口卷烟消费税}{组成计税价格 B}×\frac{进口卷烟消费}{税适用比例税率}+\frac{消费税}{定额税}$$

【例3-1】 有进出口经营权的某外贸公司,7 月从国外进口卷烟 320 箱(每箱 250 条,每条 200 支),支付价款 200 万元,支付到达我国海关前的运输费用 12 万元,保险费用 8 万元。进口卷烟的关税税率为 20%,计算卷烟进口环节应缴纳的消费税。

(1) $每标准条进口卷烟价格 A=\frac{关税完税价格+关税+消费税定额税}{1-消费税税率}÷卷烟条数$

$=[(2\,000\,000+120\,000+80\,000)×(1+20\%)+320×150]÷(1-36\%)÷(320×250)$

$=52.5(元)$

52.5 元<70 元,则在计算组成计税价格公式中消费税比例税率适用 36%。

(2) $进口卷烟消费税组成计税价格=\frac{关税完税价格+关税+消费税定额税}{1-进口卷烟消费税适用比例税率}$

$=[(2\,000\,000+120\,000+80\,000)×(1+20\%)+320×150]÷(1-36\%)$

$=4\,200\,000(元)$

(3) 应纳消费税税额=进口卷烟消费税组成计税价格×进口卷烟消费税适用比例税率+消费税定额税

$=4\,200\,000×36\%+320×150=1\,560\,000(元)$

第二节 消费税的计算与核算

为了反映消费税的应交、已缴及欠缴、多缴消费税的情况,按规定需要缴纳消费税的企业,应在"应交税费"科目下增设"应交消费税"明细科目进行会计核算。借方反映企业实际缴纳的消费税和待扣的消费税;贷方反映按规定应缴纳的消费税;期末贷方余额,表示尚未缴纳的消费税,期末借方余额,表示多缴的消费税。消费税是价内税,企业缴纳的消费税计入销售税金抵减销售收入,企业正常销售应税消费品时,按规定缴纳的消费税,借记"税金及附加",贷记"应交税费——应交消费税"科目。

一、直接生产应税消费品

(1)白酒生产企业向商业销售单位收取的"品牌使用费"属于应税白酒销售价款的组成部分,均应并入白酒的销售额中缴纳消费税。白酒生产企业销售给销售单位的白酒,生产企业消费税计税价格低于销售单位对外销售价格(不含增值税)70%以下的,税务机关应核定消费税最低计税价格,按孰高原则确定计税销售额。

(2)啤酒生产企业销售的啤酒,不得以向其关联的啤酒销售公司销售的价格作为确定消费税税额的标准,应当以其关联的啤酒销售公司对外的销售价格(含包装物及包装物押金)作为确定消费税税额的标准,并依此确定该啤酒消费税单位税额。

(3)卷烟最低计税价格的核定。国家税务总局按照卷烟批发环节销售价格扣除卷烟批发环节批发毛利核定并发布计税价格。卷烟计税价格=批发环节销售价格×(1-适用批发毛利率)。实际销售价格高于核定计税价格的卷烟,按实际销售价格征收消费税;反之,按计税价格征税。

(4)自设非独立核算门市部计税的规定。纳税人通过自设非独立核算门市部销售的自产应税消费品,应按门市部对外销售额或者销售数量征收消费税。

(5)包装物的规定。作价随同销售并入销售额中征收消费税、增值税。一般消费品包装物押金(非酒类)未逾期且未超过1年,不征收消费税、增值税。逾期未退还或1年以上,征收消费税、增值税。酒类产品包装物押金(啤酒、黄酒除外),无论押金是否返还及会计上如何核算,均应并入酒类产品销售额中征收消费税、增值税。啤酒、黄酒(从量计征,与价格无关)未逾期且未超过1年,不征收消费税、增值税,逾期未退还或1年以上,征收增值税,不征消费税。啤酒的包装物押金不计算消费税,但是它影响啤酒适用税率的判断(是否高于3 000元/吨)。消费税从量计征时,无论包装物逾期与否,均不计征消费税。

【例3-2】 某卷烟生产企业的A牌号卷烟出厂价格为每标准条60元(不含增值税),税务机关采集其批发环节销售价格为每标准条110元,国家税务总局核定的该类烟的批发毛利率为30%。该企业当期出厂销售A牌卷烟300标准箱。

A牌卷烟计税价格=110×(1-30%)=77(元/条),77元>60元,按77元计算缴纳消费税,属于甲类卷烟。

该企业当期应纳消费税=300×150+77×300×250×56%=45 000+3 234 000=

3 279 000(元)

【**例 3 - 3**】 某酒厂为增值税一般纳税人,销售粮食白酒 5 吨,取得不含税收入 500 000 元,包装物押金 22 600 元。税率为 20%＋0.5 元/500 克。酒厂应纳消费税＝ [500 000＋22 600÷(1＋13%)]×20%＋5×2 000×0.5＝109 000(元)。

借:银行存款	565 000	
贷:主营业务收入		500 000
应交税费——应交增值税(销项税额)		65 000

500 000×20%＋5 000＝105 000(元)

借:税金及附加	105 000	
贷:应交税费——应交消费税		105 000
借:银行存款	22 600	
贷:其他应付款——存入保证金		22 600
借:其他应付款——存入保证金	6 600	
贷:应交税费——应交消费税		4 000
应交税费——应交增值税(销项税额)		2 600

没收押金:

借:其他应付款——存入保证金	16 000	
贷:其他业务收入		16 000

返还押金:

借:其他应付款——存入保证金	16 000	
销售费用	6 600	
贷:银行存款		22 600

【**例 3 - 4**】 某化妆品厂(一般纳税人)本月向 A 商场销售一批高档化妆品,开具的增值税专用发票上注明的销售额 100 000 元、增值税额 13 000 元,价税合计 113 000 元。该批化妆品的实际成本为 50 000 元。化妆品已发出,月末尚未收到货款。消费税率为 15%。

(1)企业根据开具的增值税专用发票:

借:应收账款	113 000	
贷:主营业务收入		100 000
应交税费——应交增值税(销项税额)		13 000

(2)月末结转商品销售成本:

借:主营业务成本	50 000	
贷:库存商品		50 000

(3)计提消费税＝100 000×15%＝15 000(元):

借:税金及附加	15 000	
贷:应交税费——应交消费税		15 000

二、外购已税消费品生产应税消费品

（一）准予扣除的项目

用外购已税消费品或进口应税消费品连续生产应税消费品销售时，按当期生产领用数量计算准予扣除外购应税消费品已纳的消费税税款。

(1) 外购已税烟丝生产的卷烟；

(2) 外购已税高档化妆品生产的高档化妆品；

(3) 外购已税珠宝玉石生产的贵重首饰及珠宝玉石；

(4) 外购已税鞭炮焰火生产的鞭炮焰火；

(5) 外购已税杆头、杆身和握把生产的高尔夫球杆；

(6) 外购已税木制一次性筷子生产的木制一次性筷子；

(7) 外购已税实木地板生产的实木地板；

(8) 外购已税汽油、柴油、石脑油、燃料油、润滑油连续生产的应税成品油；

(9) 外购已税摩托车生产的应税摩托车。

在零售环节纳税的金银、铂金首饰、钻石、钻石饰品不得抵扣外购珠宝玉石的已纳税款，批发环节销售的卷烟也不得抵扣外购卷烟的已纳税款。

（二）抵扣税款的计算方法

$$\begin{array}{c}当期准予扣除的外购应税\\消费品已纳税款\end{array}=\begin{array}{c}当期准予扣除的外购\\应税消费品买价或数量\end{array}\times\begin{array}{c}外购应税消费品的\\适用税率\end{array}$$

$$\begin{array}{c}当期准予扣除的外购应税\\消费品买价或数量\end{array}=\begin{array}{c}期初库存的\\买价或数量\end{array}+\begin{array}{c}当期购进的\\买价或数量\end{array}-\begin{array}{c}期末库存的\\买价或数量\end{array}$$

$$应纳税额=销售额\times税率-外购应税消费品已纳税额$$

增值税采用购进扣税法，消费税采用实耗扣税法。外购已税消费品的买价是指外购已税消费品增值税专用发票上注明的销售额（不包括增值税税额）；如果是取得普通发票，不可以抵扣消费税（增值税也不可以抵扣）。

当期投入生产的原材料可抵扣的已纳消费税大于当期应纳消费税不足抵扣的部分，可以在下期继续抵扣。

外购应税消费品用于生产应税消费品，按所含税额，借："应交税费——应交消费税"科目，贷："银行存款"等科目；用于其他方面或直接对外销售的，不得抵扣，其消费税计入成本。

【例3-5】 某卷烟厂购进一批已税烟丝用于生产甲类卷烟，买价为100 000元，增值税税额为13 000元，已验收入库并付款。假设当月销售2箱卷烟取得不含税销售收入400 000元，款项已收。期初库存外购烟丝买价为50 000元，期末库存外购烟丝买价为70 000元。烟丝税率为30%，甲类卷烟税率为56%+150元/箱。

100 000-30 000=70 000（元）

借：原材料——烟丝	70 000
应交税费——应交增值税（进项税额）	13 000

　　　　　　——应交消费税　　　　　　　　　　　　30 000
　　　贷:银行存款　　　　　　　　　　　　　　　　　113 000
　　借:银行存款　　　　　　　　　　　　　452 000
　　　贷:主营业务收入　　　　　　　　　　　　　　　400 000
　　　　应交税费——应交增值税(销项税额)　　　　　52 000
　　计提消费税=400 000×56%+2×150=224 300(元)
　　借:税金及附加　　　　　　　　　　　　224 300
　　　贷:应交税费——应交消费税　　　　　　　　　　224 300
　　补缴消费税=224 300-(50 000+100 000-70 000)×30%=200 300(元)
　　借:应交税费——应交消费税　　　　　　200 300
　　　贷:银行存款　　　　　　　　　　　　　　　　　200 300

三、自产自用应税消费品

　　纳税人自产自用的应税消费品,用于连续生产应税消费品的,不纳税;用于其他方面的,于移送使用时纳税。其他方面是指纳税人将自产自用应税消费品用于生产非应税消费品、在建工程、管理部门、非生产机构,提供劳务,对外用于馈赠、赞助、集资、广告、样品、职工福利、奖励等方面。

　　消费税的视同销售不同于增值税的视同销售。用于连续生产应税消费品,增值税和消费税均不视同销售;用于连续生产非应税消费品,增值税不视同销售,消费税视同销售;用于本企业在建工程,增值税不视同销售,消费税视同销售;用于馈赠、赞助、集资、广告、样品、职工福利、奖励等,增值税和消费税均视同销售。用于换取生产资料或消费资料,用于投资入股、抵偿债务,增值税视同销售(按同类平均价征税),消费税视同销售(按同类最高价征税)。

　　【例3-6】　某酒厂(一般纳税人)将自制的保健酒以福利形式分给本厂职工。该保健酒的实际成本50 000元,按出厂单价(不含税)计算的售价金额为70 000元;消费税税率为10%。

　　增值税销项税额=70 000×13%=9 100(元)
　　应纳消费税税额=70 000×10%=7 000(元)
　　借:应付职工薪酬　　　　　　　　　　　79 100
　　　贷:主营业务收入　　　　　　　　　　　　　　　70 000
　　　　应交税费——应交增值税(销项税额)　　　　　9 100
　　借:主营业务成本　　　　　　　　　　　50 000
　　　贷:库存商品　　　　　　　　　　　　　　　　　50 000
　　借:税金及附加　　　　　　　　　　　　7 000
　　　贷:应交税费——应交消费税　　　　　　　　　　7 000

　　【例3-7】　某企业将所生产的应税消费品用于对外投资,占30%股份,该产品的成本价为200 000元,计税价格为300 000元。消费税税率为5%。该业务具有商业实质。

　　应交增值税=300 000×13%=39 000(元)

应交消费税＝300 000×5%＝15 000(元)

借:长期股权投资 339 000
　　贷:主营业务收入 300 000
　　　　应交税费——应交增值税(销项税额) 39 000
借:主营业务成本 200 000
　　贷:库存商品 200 000
借:税金及附加 15 000
　　贷:应交税费——应交消费税 15 000

纳税人自产自用的应税消费品,用于其他方面的,会计不确认收入的,按应税消费品的账面成本和按规定计算应缴纳的消费税,借记"在建工程"等科目,按应税消费品的账面成本,贷记"库存成品"科目,按规定计算应缴纳的消费税,贷记"应交税费——应交消费税"科目。会计确认收入的,按规定缴纳的消费税,计入"税金及附加"科目。

有同类消费品的销售价格的,按照纳税人生产的同类消费品的销售价格计算纳税。如果当月同类消费品各期销售价格高低不同,应按销售数量加权平均计算。如果当月无销售或者当月未完结,应按照同类消费品上月或者最近月份的销售价格计算纳税。没有同类消费品的销售价格的,按照组成计税价格计算纳税。

(1) 实行从价定率办法计算纳税的组成计税价格计算公式:

$$组成计税价格＝(成本＋利润)÷(1－消费税比例税率)$$
$$＝[成本×(1＋成本利润率)]÷(1－消费税比例税率)$$

(2) 实行复合计税办法计算纳税的组成计税价格计算公式:

$$组成计税价格＝(成本＋利润＋自产自用数量×定额税率)÷(1－比例税率)$$
$$＝\frac{成本×(1＋成本利润率)＋自产自用数量×定额税率}{1－比例税率}$$

【例3-8】 某酒厂为某企业特制一批白酒800斤,无同类白酒的销售价格,白酒生产成本为240元/斤。白酒的成本利润率为10%。试计算企业该批白酒应纳的消费税和销项税额。

(1) 应缴纳的消费税＝(240×800×1.1＋800×0.5)÷(1－20%)×20%＋800×0.5
＝53 300(元)

(2) 销项税额＝(240×800×1.1＋800×0.5)÷(1－20%)×13%
＝34 385(元)

四、委托加工应税消费品

委托加工应税消费品是指委托方提供原料和主要材料,受托方只收取加工费和代垫部分辅助材料加工的应税消费品。

不属于委托加工的情形:① 由受托方提供原材料生产的消费品;② 受托方先将原材料卖给委托方,再接受加工消费品;③ 由受托方以委托方名义购进原材料生产的消费品。

受托方加工完毕向委托方交货时代收代缴消费税。如果受托方是个人,委托方须在收回加工应税消费品后向委托方所在地主管税务机关缴纳消费税。受托方未代收代缴消费税,受托方受到行政处罚,委托方要补税。

委托方收回应税消费品后,委托方以不高于受托方的计税价格出售,不再缴纳消费税。委托方以高于受托方的计税价格出售,需按照规定申报缴纳消费税,在计税时准予扣除受托方已代收代缴的消费税。

受托方代收代缴消费税的计税依据:按受托方同类消费品的售价计算纳税;没有同类价格的,按照组成计税价格计算纳税。

其组价公式为:

从价定率:

$$组成计税价格＝(材料成本＋加工费)÷(1－消费税比例税率)$$

复合计税:

$$组成计税价格＝\left(材料成本＋加工费＋委托加工数量\times定额税率\right)÷\left(1－消费税比例税率\right)$$

"材料成本"是指委托方所提供加工材料的实际成本。"加工费"是指受托方加工应税消费品向委托方所收取的全部费用(包括代垫辅助材料的实际成本),但不包括随加工费收取的销项税,这样组成的价格才是不含增值税但含消费税的价格。

纳税人用外购或委托加工收回的已税消费品连续生产应税消费品,允许按生产领用数量计算扣除外购或委托加工收回的已纳消费税,除卷烟、超豪华小汽车外,实行一次课征制。

对委托加工收回消费品已纳的消费税,可按当期生产领用数量从当期应纳消费税税额中扣除,这种扣税方法与外购已税消费品连续生产应税消费品的扣税方法、扣税环节相同,但是范围增加:以委托加工收回的已税电池连续生产应税电池。

$$应纳税额＝销售额\times税率－委托加工应税消费品已纳税额$$

需要缴纳消费税的委托加工应税消费品,于委托方提货时,由受托方代扣代缴税款。受托方按应扣税款金额,借记"应收账款""银行存款"等科目,贷记"应交税费——应交消费税"科目。委托加工应税消费品收回后,直接用于销售的,委托方应将代扣代缴的消费税计入委托加工的应税消费品成本,借记"委托加工物资""生产成本""自制半成品"科目,贷记"应付账款""银行存款"等科目;委托加工的应税消费品收回后用于连续生产应税消费品按规定准予抵扣的,委托方应按代扣代缴的消费税款,借记"应交税费——应交消费税"科目,贷记"应付账款""银行存款"等科目。

受托方代收代缴消费税的同时,必须同时代收代缴城建设税和教育费附加,而且城建税的税率为扣缴义务人所在地税率。

【例3-9】　某烟草公司发出烟叶成本35万元,委托加工支付加工费70 000元,增值税9 100元,收回后全部用于当月生产甲类卷烟,本月实现5箱卷烟收入100万元。烟丝消费税税率为30%,甲类卷烟消费税税率56%＋150元/箱。

(1)借:委托加工物资　　　　　　　　　　　　　　　　350 000

　　　贷:原材料——烟叶　　　　　　　　　　　　　　　　350 000

组成计税价格＝(350 000＋70 000)÷(1－30%)＝600 000(元)

(2)借:委托加工物资　　　　　　　　　　　　　　　　70 000

　　　应交税费——应交消费税　　　　　　　　　　　　180 000

	——应交增值税(进项税额)	9 100
	贷:银行存款	259 100

如果收回用于直接销售,则:

70 000+180 000=250 000(元)

	借:委托加工物资	250 000
	应交税费——应交增值税(进项税额)	9 100
	贷:银行存款	259 100
(3)	借:原材料——烟丝	420 000
	贷:委托加工物资	420 000
(4)	借:银行存款	1 130 000
	贷:主营业务收入	1 000 000
	应交税费——应交增值税(销项税额)	130 000

1 000 000×56%+150×5=560 750(元)

(5)	借:税金及附加	560 750
	贷:应交税费——应交消费税	560 750
(6)	借:应交税费——应交消费税	380 750
	贷:银行存款	380 750

五、进口应税消费品

进口或代理进口应税消费品的单位和个人,为进口应税消费品消费税的纳税义务人。进口商品总值包括到岸价格、关税和消费税三部分。以进口商品总值为课税对象,可使进口应税消费品与国内生产的同种应税消费品的征税依据一致,税负基本平衡。纳税人进口应税消费品,应当自海关填发海关进口消费税专用缴款书之日起 15 日内缴纳税款。

从价定率:

$$应纳税额=组成计税价格×消费税税率$$

$$组成计税价格=(关税完税价格+关税)÷(1-消费税税率)$$

从量定额:

$$应纳税额=应税消费品数量×消费税单位税额$$

复合计税:

$$应纳税额=应税消费品数量×消费税单位税额+组成计税价格×消费税税率$$

$$组成计税价格=(关税完税价格+关税+进口数量×消费税定额税率)÷(1-比例税率)$$

进口的应税消费品,由进口者缴纳关税、增值税和消费税,关税和消费税应计入进口应税消费品的成本。企业进口的应税消费品可能是固定资产、原材料或商品流通企业的商品,因此在进口时,应按应税消费品的组成计税价格,借记"固定资产""材料采购""在途物资"等科目,按增值税借记"应交税费——应交增值税(进项税额)",按关税完税价格,贷记"应付账款""银行存款"等科目,按缴纳的关税、增值税和消费税,贷记"银行存款"等科目。

六、出口应税消费品

有出口经营权的外贸企业购进应税消费品直接出口,以及外贸企业受其他外贸企业委托代理出口应税消费品,免税并退税。

$$应退消费税 = 购进应税消费品不含增值税价格 \times 退税率$$

自营出口应税消费品的外贸企业,应在应税消费品报关出口后申请出口退税时,借记"应收出口退税款"科目,贷记"主营业务成本"科目。实际收到出口应税消费品退回的税金,借记"银行存款"科目,贷记"应收出口退税款"科目。发生退关或退货而补缴已退的消费税,做相反的会计分录。

有出口经营权的生产性企业自营出口或生产企业委托外贸企业代理出口自产的应税消费品,免税但不退税。

除生产企业、外贸企业外的其他企业(指一般商贸企业),委托外贸企业代理出口应税消费品一律不予退(免)税,不免税也不退税。

第三节　消费税的纳税申报

一、纳税义务发生时间

消费税的纳税义务发生时间同增值税基本一致。赊销和分期收款结算方式下,纳税义务发生时间为销售合同规定的收款日期的当天,书面合同没有约定收款日期或者无书面合同的,为发出应税消费品的当天。预收货款结算方式下,纳税义务发生时间为发出应税消费品的当天。托收承付和委托银行收款方式下,纳税义务发生时间为发出应税消费品并办妥托收手续的当天。委托加工的应税消费品,纳税义务发生时间为纳税人提货的当天。

二、纳税期限

消费税的纳税期限分别为 1 日、3 日、5 日、10 日、15 日、1 个月或者 1 个季度。纳税人的具体纳税期限,由主管税务机关根据纳税人应纳税额的大小分别核定;不能按照固定期限纳税的,可以按次纳税。纳税人以 1 个月或者 1 个季度为 1 个纳税期的,自期满之日起 15 日内申报纳税;以 1 日、3 日、5 日、10 日或者 15 日为 1 个纳税期的,自期满之日起 5 日内预缴税款,于次月 1 日起 15 日内申报纳税并结清上月应纳税款。纳税人进口应税消费品,应当自海关填发海关进口消费税专用缴款书之日起 15 日内缴纳税款。消费税的纳税期限同增值税。

三、纳税地点

销售及自产自用应税消费品,机构所在地或者居住地的主管税务机关纳税申报;委托加工应税消费品,受托方所在地主管税务机关(受托方为个人除外)纳税申报,委托个人加工的应税消费品,由委托方向其机构所在地或者居住地主管税务机关申报纳税;进口应税消费品,由进口人或代理人向报关地海关纳税;纳税人总、分机构不在同一县市但在同一省的,分别向各自机构所在地主管税务机关申报纳税,经批准,可以由总机构汇总向总机构所在地的主管税务机关申报缴纳消费税。

【例3-10】 某公司为增值税一般纳税人,进口一批高级香水精,关税完税价格21.25万元。高级香水精关税税率为20%,消费税组成计税价格30万元[=(21.25+21.25×20%)÷(1-15%)],国内购进高级香水精等原材料,增值税专用发票上注明金额20万元、增值税额2.6万元,购进的高级香水精用于生产高级化妆品。销售给商场的高级化妆品,不含税总价款100万元。月初库存外购香水精买价2万元,月末库存外购香水精买价12万元。月初应交消费税8万元,本月上缴上月消费税8万元。

当期准予扣除的外购应税消费品已纳税款=(期初库存外购应税消费品买价+当期购进应税消费品买价-期末库存外购应税消费品买价)×外购应税消费品适用税率=(2+50-12)×15%=6(万元)

本期应补(退)税额=应纳税额(合计栏金额)-本期准予扣除税额-本期减(免)税额-本期预缴税额
=100×15%-6=9(万元)

期末未缴税额=期初未缴税额+本期应补(退)税额-本期缴纳前期应纳税额
=8+9-8=9(万元)

四、纳税申报表

不同应税消费品纳税申报表不同。消费税及附加税费申报表如表3-1所示。

表3-1 消费税及附加税费申报表

应税消费品名称项目	适用税率		计量单位	本期销售数量	本期销售额	本期应纳税额
	定额税率	比例税率				
	1	2	3	4	5	6=1×4+2×5
合计	—	—	—			

	栏次	本期税费额
本期减(免)税额	7	
期初留抵税额	8	
本期准予扣除税额	9	
本期应扣除税额	10=8+9	
本期实际扣除税额	11[如10<(6-7),则为10,否则为6-7]	

续 表

	栏次	本期税费额
期末留抵税额	12＝10－11	
本期预缴税额	13	
本期应补(退)税额	14＝6－7－11－13	
城市维护建设税本期应补(退)税额	15	
教育费附加本期应补(退)费额	16	
地方教育附加本期应补(退)费额	17	
声明:此表是根据国家税收法律法规及相关规定填写的,本人(单位)对填报内容(及附带资料)的真实性、可靠性、完整性负责。 纳税人(签章): 年 月 日		

消费税及附加税费申报表附表包括以下各表:

1－7 本期准予扣除税额计算表;1－2 本期准予扣除税额计算表(成品油消费税纳税人适用);2 本期减(免)税额明细表;3 本期委托加工收回情况报告表;4 卷烟批发企业月份销售明细清单(卷烟批发环节消费税纳税人适用);5 卷烟生产企业合作生产卷烟消费税情况报告表(卷烟生产环节消费税纳税人适用);6 消费税附加税费计算表。

练 习 题

一、单项选择题

1. 甲卷烟厂购进烟丝,取得增值税专用发票,注明价款 16 万元、增值税 2.08 万元,将烟丝运往丙企业委托加工雪茄烟(消费税率 36％),取得丙企业开具的增值税专用发票,注明加工费 1.8 万元、代垫的辅助材料 0.2 万元、增值税 0.26 万元,丙企业应代收代缴消费税( )万元。

    A. 4.2   B. 8.9   C. 9   D. 9.15

2. 某卷烟批发企业,批发销售给卷烟零售企业卷烟 6 标准箱,取得含税收入 120 万元。税率为 11％＋250 元/箱,该企业当月应纳消费税( )万元。

    A. 11.68   B. 11.52   C. 11.43   D. 11.83

3. 某酒厂为增值税一般纳税人,发放 1 吨自制白酒作为职工福利,同类白酒不含税售价 50 000 元/吨。税率为 20％＋0.5 元/500 克,该酒厂上述业务应纳消费税( )元。

    A. 7 700   B. 8 700   C. 10 000   D. 11 000

4. 下列消费品中,应缴纳消费税的是( )。

    A. 零售的高档化妆品   B. 零售的白酒

    C. 进口的服装   D. 进口的卷烟

5. 某化妆品厂为增值税一般纳税人,2019 年 1 月发生以下业务:8 日销售高档化妆品 400 箱,每箱不含税价 6 000 元;15 日销售同类化妆品 500 箱,每箱不含税价 6 500 元。

当月以 200 箱同类化妆品与某公司换取高档精油。该厂当月应纳消费税(　　)万元。

  A. 102.75　　　　B. 103.58　　　　C. 104.25　　　　D. 108.5

  6. 下列关于委托加工业务消费税处理的说法,正确的是(　　)。

   A. 将委托加工收回的已税消费品加价销售的,不征收消费税

   B. 纳税人委托个体经营者加工应税消费品,由委托方收回后在委托方所在地缴纳消费税

   C. 委托加工应税消费品的,若委托方未提供原材料成本,由委托方所在地主管税务机关核定其材料成本

   D. 委托方委托加工应税消费品,受托方没有代收代缴税款的,一律由受托方补税

  7. 某烟花厂受托加工一批烟花,委托方提供原材料成本 30 000 元,该厂收取加工费 10 000 元、代垫辅助材料款 5 000 元,没有同类烟花销售价格。该厂应代收代缴消费税(　　)元。(以上款项均不含增值税,焰火消费税税率为 15%。)

  A. 6 000　　　　B. 6 750　　　　C. 7 941.18　　　　D. 20 250

  8. 某公司进口小轿车,关税完税价格为 21.25 万元,关税税率为 20%,消费税税率为 15%,则进口应纳消费税(　　)万元。

  A. 3.187 5　　　　B. 4.5　　　　C. 3.825　　　　D. 3.75

二、多项选择题

  1. 关于卷烟在批发环节征收消费税的说法,正确的有(　　)。

   A. 零售商销售卷烟不征收消费税

   B. 卷烟批发公司向卷烟零售商销售卷烟,应缴纳消费税

   C. 卷烟批发公司向卷烟批发商销售卷烟,应缴纳消费税

   D. 卷烟批发公司向卷烟零售商销售卷烟,可将已缴纳的生产环节的消费税从应纳消费税中扣除

  2. 企业生产销售白酒取得的下列款项中,应并入销售额计征消费税的有(　　)。

   A. 优质费　　　　B. 包装物租金　　　　C. 品牌使用费　　　　D. 包装物押金

  3. 下列消费品的生产经营环节中,既征收增值税又征收消费税的有(　　)。

   A. 高档手表的生产销售环节

   B. 超豪华小汽车的零售环节

   C. 卷烟的零售环节

   D. 鞭炮焰火的批发环节

  4. 下列各项中,应当征收消费税的是(　　)。

   A. 用于本企业连续生产应税消费品的自产应税消费品

   B. 用于奖励代理商销售业绩的自产应税消费品

   C. 用于本企业生产性基建工程的自产应税消费品

   D. 用于捐助国家指定的慈善机构的自产应税消费品

  5. 下列说法正确的有(　　)。

   A. 纳税人(批发商)之间销售的卷烟不缴纳消费税

   B. 卷烟消费税在生产和批发两个环节征收后,批发企业在计算纳税时不得扣除

已含的生产环节的消费税税款

  C. 自 2016 年 4 月 8 日起,跨境电子商务零售进口商品按照货物征收关税和进口环节增值税、消费税

  D. 有出口经营权的生产性企业自营出口或生产企业委托外贸企业代理出口自产的应税消费品,免税但不退税

6. 下列说法正确的有(　　　　)。

  A. 实际销售价格高于核定计税价格的卷烟,按实际销售价格征收消费税;反之,按计税价格征税

  B. 消费税复合计税中的组成计税价格应该考虑从量计征的消费税税额

  C. 消费税实行多环节课征制度

  D. 从价定率征收消费税的应税消费品,其销售额含消费税税额,但不包括增值税税额

三、计算题

1. 某卷烟厂为增值税一般纳税人。发生如下业务:① 进口一批烟丝,支付货价 310 万元,该批烟丝运抵我国输入地点起卸前发生运费及保险费共计 12 万元。② 进口烟丝的 80% 用于生产卷烟。按 60 元/条的调拨价格(不含税)销售 600 标准箱卷烟给某卷烟批发公司。关税税率为 10%;烟丝的消费税税率为 30%;乙类卷烟的消费税税率为 36%+0.6 元/条;每标准箱等于 250 标准条。

  要求:计算进口烟丝消费税和国内环节消费税。

2. 甲公司委托乙公司加工一批焰火,甲公司提供原料成本 37.5 万元,当月乙公司将加工完毕的焰火交付甲公司,开具增值税专用发票,注明收取加工费 5 万元。委托加工收回的焰火 60% 用于销售,取得不含税销售额 38 万元。焰火消费税税率为 15%。

  要求:计算乙公司代收代缴的消费税和甲公司应缴纳的消费税。

3. 某酒厂为增值税一般纳税人。本月销售粮食白酒 60 000 斤,取得不含税销售收入 105 000 元;另外,收取粮食白酒品牌使用费 4 520 元;本月销售粮食白酒收取包装物押金 9 040 元。以自产特制粮食白酒 2 000 斤于春节前夕发放职工,每斤白酒成本 12 元,无同类产品售价。白酒消费税成本利润率为 10%。

  要求::计算应纳消费税和增值税。

第四章　资源税会计

学习目标

学习本章,熟悉资源税的基本要素;理解资源税的视同销售;掌握资源税的计算、核算和纳税申报。

第一节　资源税的基本内容

一、纳税人

在中华人民共和国领域和中华人民共和国管辖的其他海域开发应税资源的单位和个人,为资源税的纳税人,应当按规定缴纳资源税。

资源税属于价内税。税款包含在销售款中并从中扣除。企业缴纳资源税的同时缴纳增值税。

资源税强调应税矿产品在境内开采或生产,进口不征,出口不退。资源税一次性征收。

二、税目

资源税设置5个以及税目,17个二级税目,具体税目164个。能源矿产包括原油,天然气、页岩气、天然气水合物,煤,煤成气,铀、钍,油页岩、油砂、天然沥青、石煤,地热等。金属矿产包括黑色金属和有色金属。非金属矿产包括矿物类、岩石类和宝玉石类。水气矿产包括二氧化碳气、硫化氢气、氦气、氡气,矿泉水。盐包括钠盐、钾盐、镁盐、锂盐,天然卤水和海盐。

国务院根据国民经济和社会发展需要,对取用地表水或者地下水的单位和个人试点征收水资源税。征收水资源税的,停止征收水资源费。水资源税根据当地水资源状况、取用水类型和经济发展等情况实行差别税率。

征税对象为原矿或者选矿的,应当分别确定具体适用税率。一般选矿税率低于原矿。原油,天然气、页岩气、天然气水合物,煤成气,铀、钍,地热,二氧化碳气、硫化氢气、氦气、氡气,矿泉水和天然卤水征税对象为原矿。钨,钼,轻稀土,中重稀土,钠盐、钾盐、镁盐、锂盐的征税对象为选矿。

纳税人以自采原矿直接销售,或者自用于应当缴纳资源税情形的,在资源税税目税率中选择适用的原矿税率,按照原矿申报缴纳资源税。纳税人以自采原矿洗选加工为选矿产品销售,或者将选矿自用于应当缴纳资源税情形的,在资源税税目税率中选择适用的选矿税率,按照选矿申报缴纳资源税。对于无法区分原生岩石矿种的粒级成型砂石颗粒,按照砂石税目征收资源税。

三、税收优惠

纳税人的免税、减税项目,应当单独核算销售额或者销售数量;未单独核算或者不能准确提供销售额或者销售数量的,不予免税或者减税。

有下列情形之一的,免征资源税:① 开采原油以及在油田范围内运输原油过程中用于加热的原油、天然气;② 煤炭开采企业因安全生产需要抽采的煤成(层)气。

有下列情形之一的,减征资源税:① 从低丰度油气田开采的原油、天然气,减征 20% 资源税;② 高含硫天然气、三次采油和从深水油气田开采的原油、天然气,减征 30% 资源税;③ 稠油、高凝油减征 40% 资源税;④ 从衰竭期矿山开采的矿产品,减征 30% 资源税。

第二节　资源税的计算与核算

资源税实行从价计征或者从量计征。税率包括固定和幅度两种税率。实行幅度税率的,其具体适用税率由省、自治区、直辖市人民政府提出,报同级人民代表大会常务委员会决定,并报全国人民代表大会常务委员会和国务院备案。可以选择实行从价计征或者从量计征的(地热、石灰岩、其他黏土、砂石、矿泉水、天然卤水等 6 个税目),具体计征方式由省、自治区、直辖市人民政府提出,报同级人民代表大会常务委员会决定,并报全国人民代表大会常务委员会和国务院备案。多数资源实施从价计征,少数资源实施从量计征。多数资源实施幅度税率,少数资源实施固定税率。

实行从价计征的,应纳税额按照应税产品的销售额乘以具体适用税率计算。实行从量计征的,应纳税额按照应税产品的销售数量乘以具体适用税率计算。

纳税人开采或者生产不同税目应税产品的,应当分别核算不同税目应税产品的销售额或者销售数量;未分别核算或者不能准确提供不同税目应税产品的销售额或者销售数量的,从高适用税率。纳税人开采或者生产同一税目下适用不同税率应税产品的,应当分别核算不同税率应税产品的销售额或者销售数量;未分别核算或者不能准确提供不同税率应税产品的销售额或者销售数量的,从高适用税率。

纳税人开采或者生产应税产品自用的,应当缴纳资源税;但是,自用于连续生产应税产品的,不缴纳资源税。

纳税人与其关联企业之间的业务往来,应当按照独立企业之间的业务往来收取或者支付价款、费用;否则,税务机关可以进行合理调整。

纳税人开采应税产品由其关联单位对外销售,按关联单位销售额征收资源税。纳税人既有对外销售,又有将应税产品用于除连续生产应税产品以外的其他方面,对自用的这部分应税产品按对外平均售价征收资源税。纳税人将其开采的应税产品直接出口,按离岸价格(不含增值税)征收资源税。

资源税应纳税额按照应税产品的计税销售额或者销售数量乘以适用税率计算。计税销售额或者销售数量,包括应税产品实际销售和视同销售两部分。资源税视同销售的行为与消费税视同销售行为基本一致。

一、从价定率

$$应纳税额＝(不含增值税)销售额×适用税率$$

应税矿产品,包括原矿和选矿产品。征税对象为原矿或者选矿,应当分别确定具体适用税率。

计税销售额是指纳税人销售应税产品向购买方收取的全部价款和价外费用,不包括增值税和运杂费用。计入销售额的价外费用,包括价外向购买方收取的手续费、补贴、基金、集资费、返还利润、奖励费、违约金、延期付款利息、储备费、优质费等,同增值税规定。不计入销售额的运杂费用,是指应税产品从坑口或洗选(加工)地到车站、码头或购买方指定地点的运输费用、建设基金以及随运销产生的装卸、仓储、港杂费用。包含在应税产品销售收入中、与计税销售额分别进行核算、取得相关运杂费用发票或者其他合法有效凭据、属于纳税人销售应税产品环节发生的运杂费用,纳税人在计算应税产品计税销售额时,可予以扣减。凡未取得相应凭据或不能与销售额分别核算的,应当一并计征资源税。资源税的销售额不包括同时符合两项条件的代垫运费,不包括同时符合三项条件的代为收取的政府性基金、行政事业性收费。

二、从量定额

$$应纳税额＝课税数量×单位税额$$

计税销售数量是指从量计征的应税产品销售数量。纳税人开采或生产应税产品的实际销售数量和视同销售的自用数量。水资源税实行从量计征,计税依据是实际取用水量,水力发电和火力发电贯流式(不含循环式)冷却取用水按照实际发电量确定。

企业计算出销售的应税产品应缴纳的资源税,借记"税金及附加"等科目,贷记"应交税费——应交资源税"科目;上缴资源税时,借记"应交税费——应交资源税"科目,贷记"银行存款"科目。

【例4-1】 某煤矿销售原煤不含税价格60万元,销售自用原煤加工的洗选煤不含税价格100万元,洗煤资源税税率为8%,原煤资源税税率为10%。

对外销售原煤应纳税额＝600 000×10%＝60 000(元)

借:税金及附加	60 000
贷:应交税费——应交资源税	60 000

加工选煤销售应纳税额＝1 000 000×8%＝80 000(元)

借:税金及附加	80 000
贷:应交税费——应交资源税	80 000

缴纳资源税时:

借:应交税费——应交资源税	140 000

贷：银行存款　　　　　　　　　　　　　　　　　　140 000

【例4-2】　某稀土矿开采企业为增值税一般纳税人，开采稀土原矿550吨，本月对外销售稀土原矿200吨，每吨不含税价格0.5万元。将开采的部分稀土原矿连续加工为精矿，本月对外销售稀土精矿100吨，每吨不含税价格1.5万元，另向购买方一并收取从矿区到指定运达地运费1万元。原矿与精矿换算比为2，稀土精矿资源税税率为11.5%。

原矿应缴纳资源税=200×0.5×2×11.5%=23（万元）

精矿应缴纳资源税=100×1.5×11.5%=17.25（万元）

三、准予扣减外购应税产品的购进金额或购进数量

纳税人外购应税产品与自采应税产品混合销售或者混合加工为应税产品销售的，在计算应税产品销售额或者销售数量时，准予扣减外购应税产品的购进金额或者购进数量；当期不足扣减的，可结转下期扣减。

纳税人应当准确核算外购应税产品的购进金额或者购进数量，未准确核算的，一并计算缴纳资源税。纳税人核算并扣减当期外购应税产品购进金额、购进数量，应当依据外购应税产品的增值税发票、海关进口增值税专用缴款书或者其他合法有效凭据。

纳税人以外购原矿与自采原矿混合为原矿销售，或者以外购选矿产品与自产选矿产品混合为选矿产品销售的，在计算应税产品销售额或者销售数量时，直接扣减外购原矿或者外购选矿产品的购进金额或者购进数量。

纳税人以外购原矿与自采原矿混合洗选加工为选矿产品销售的，在计算应税产品销售额或者销售数量时，按照下列方法进行扣减：准予扣减的外购应税产品购进金额（数量）=外购原矿购进金额（数量）×（本地区原矿适用税率÷本地区选矿产品适用税率）

不能按照上述方法计算扣减的，按照主管税务机关确定的其他合理方法进行扣减。

资源税属于价内税，计算应纳税额时因扣减购进金额或数量而抵减的税款应冲减主营业务成本。借记"应交税费——应交资源税"科目，贷记"主营业务成本"科目。

【例4-3】　某煤矿将外购原煤和自采原煤按照1∶1的比例混合在一起销售，本月销售混合原煤600吨，取得不含增值税销售额30万元，经计算确认，外购原煤单价450元/吨（不含增值税），该煤矿原煤资源税税率为8%。

原煤的购进金额=600×1/2×450÷10 000=13.5（万元）

应税原煤计税依据=30-13.5=16.5（万元）

应纳资源税=16.5×8%=1.32（万元）

【例4-4】　某煤炭企业将外购100万元原煤与自采200万元原煤混合洗选加工为选煤销售，选煤销售额为450万元。当地原煤税率为3%，选煤税率为2%。

准予扣减的外购应税产品购进金额=外购原煤购进金额×（本地区原煤适用税率÷本地区选煤适用税率）=100×（3%÷2%）=150（万元）

应纳资源税税额=（选煤销售额-准予扣减的外购应税产品购进金额）×选煤税率=（450-150）×2%=6（万元）。

四、视同销售行为

纳税人开采或者生产应税产品,自用于连续生产应税产品的,不缴纳资源税;自用于其他方面的,视同销售,缴纳资源税。视同销售包括以下情形:① 纳税人以自采原矿直接加工为非应税产品的,视同销售原矿;② 纳税人以自采原矿洗选(加工)后的精矿连续生产非应税产品的,视同销售精矿;③ 以应税产品投资、分配、抵债、赠予、以物易物等,视同销售应税产品。

纳税人视同销售无销价,或者无正当理由申报的售价明显偏低,税务机关应按下列顺序确定其应税产品计税价格:① 按纳税人最近时期同类产品的平均销售价格确定。② 按其他纳税人最近时期同类产品的平均销售价格确定。③ 按应税产品组成计税价格确定。组成计税价格=成本×(1+成本利润率)÷(1−资源税税率)。④ 按后续加工非应税产品销售价格,减去后续加工环节的成本利润后确定。⑤ 按其他合理方法确定。

资源税视同销售,会计确认收入的,按规定缴纳的资源税,借记"税金及附加"科目,贷记"应交税率——应交资源税"科目。会计不确认收入的,企业计算出自产自用的应税产品应缴纳的资源税,借记"生产成本""营业外支出"等科目,贷记"应交税费——应交资源税"科目。

【例 4 - 5】 某油田本月生产原油 640 吨,当月销售 600 吨,对外赠送 5 吨,另有 2 吨在运输稠油过程中用于加热,每吨原油的不含增值税销售价格为 5 000 元。当地规定原油的资源税税率为 8%。

对外销售原油应纳税额=600×5 000×8%=240 000(元)

借:税金及附加 240 000
　　贷:应交税费——应交资源税 240 000

对外赠送原油应纳税额=5×5 000×8%=2 000(元)

借:营业外支出 2 000
　　贷:应交税费——应交资源税 2 000

下月上缴资源税:

借:应交税费——应交资源税 242 000
　　贷:银行存款 242 000

第三节　资源税的纳税申报

一、纳税义务发生时间、纳税地点和纳税期限

纳税人销售应税产品,纳税义务发生时间为收讫销售款或者取得索取销售款凭据的当日;自用应税产品的,纳税义务发生时间为移送应税产品的当日。

纳税人应当向应税产品开采地或者生产地的税务机关申报缴纳资源税;扣缴义务人,向收购地主管税务机关缴纳。水资源税一般是向生产经营所在地的税务机关申报缴纳。

资源税按月或者按季申报缴纳;不能按固定期限计算缴纳的,可以按次申报缴纳。纳税人按月或者按季申报缴纳的,应当自月度或者季度终了之日起 15 日内,向税务机关办理纳税申报并缴纳税款;按次申报缴纳的,应当自纳税义务发生之日起 15 日内,向税务机关办理纳税申报并缴纳税款。

二、纳税期限

资源税的纳税期限为 1 日、3 日、5 日、10 日、15 日或者 1 个月,由主管税务机关根据实际情况具体核定。不能按固定期限计算纳税的,可以按次计算纳税。纳税人以 1 个月为一期纳税的,自期满之日起 10 日内申报纳税;以 1 日、3 日、5 日、10 日或者 15 日为一期纳税的,自期满之日起 5 日内预缴税款,于次月 1 日起 10 日内申报纳税并结清上月税款。扣缴义务人的解缴税款期限,比照前两款的规定执行。

三、纳税申报表

【例 4-6】 某煤炭开采企业,为增值税一般纳税人,销售给电力公司 20 万吨原煤,不含税售价为 0.07 万元/吨;销售给能源公司甲型洗选煤 8 万吨,含税售价为 0.113 万元/吨,另收取洗选煤厂到购买方的运输费 113 万元,将乙型洗选煤 9.3 万吨用于连续生产焦炭,乙型洗选煤无市场同类可比售价,其成本为 0.08 万元/吨,成本利润率为 10%。增值税税率为 13%,原煤的资源税率为 8%。洗选煤资源税税率为 7%。纳税期限为 1 个月。

销售原煤应缴纳的资源税 $=200\,000\times0.07\times8\%=1\,120$(元)

销售甲型洗选煤应缴纳资源税 $=80\,000\times0.113\div(1+13\%)\times7\%=560$(元)

自用乙型洗选煤应缴纳资源税 $=93\,000\times0.08\times(1+10\%)\div(1-7\%)\times7\%$
$$=616(元)$$

本期应纳税额 $=1120+560+616=2\,296$(元)

本期应补(退)税额 $=$ 本期应纳税额 $-$ 本期减免税额 $-$ 本期已缴税额
$$=2\,296-0-0=2\,296(元)$$

资源税纳税申报表如表 4-1 所示。

表 4-1 资源税税源明细表

序号	申报计算明细									
	税目	子目	计量单位	销售数量	准予扣减的外购应税产品购进数量	计税销售数量	销售额	准予扣除的运杂费	准予扣减的外购应税产品购进金额	计税销售额
	1	2	3	4	5	6=4-5	7	8	9	10=7-8-9
1										
2										
合计										

续　表

序号	税目	子目	减免性质代码和项目名称	计量单位	减免税销售数量	减免税销售额	适用税率	减征比例	本期减免税额
	1	2	3	4	5	6	7	8	9①＝5×7×8
									9②＝6×7×8
1									
2									
合计									

练 习 题

一、单项选择题

1. 下列关于稀土矿征收资源税的说法中,错误的是(　　)。

　A. 将自采原矿加工为精矿销售的,在销售时缴纳资源税

　B. 以自采未税原矿和外购已税原矿加工精矿,未分别核算的,一律视同以未税原矿加工精矿,计算缴纳资源税

　C. 将自采原矿加工的精矿用于抵债的,视同销售精矿缴纳资源税

　D. 以自采原矿加工精矿的,在原矿移送使用时缴纳资源税

2. 下列企业既是增值税纳税人又是资源税纳税人的是(　　)。

　A. 销售有色金属矿产品的贸易公司　　B. 进口有色金属矿产品的企业

　C. 在境内开采有色金属矿产品的企业　D. 在境外开采有色金属矿产品的企业

3. 某煤炭开采企业销售洗选煤5万吨,开具增值税专用发票注明金额5 000万元,另取得从洗煤厂到码头不含增值税的运费收入50万元。假设洗选煤的资源税税率为8%,该企业销售洗选煤应缴纳的资源税为(　　)万元。

　A. 400　　　　　B. 404　　　　　C. 505　　　　　D. 625

4. 某矿山开采企业为增值税一般纳税人,以精矿为征税对象。本月对外销售原矿200吨,每吨不含税价格0.5万元,同时向购买方一并收取从矿区到指定运达地的运费1万元。该精矿资源税税率为10%。该企业本月应缴纳资源税(　　)万元。

　A. 5　　　　　B. 5.05　　　　　C. 8.55　　　　　D. 10

二、多项选择题

1. 关于资源税,下列说法正确的有(　　)。

　A. 征税对象为原矿,计税依据是原矿不含增值税的销售额

　B. 征税对象为选矿,计税依据是选矿不含增值税的销售额

　C. 纳税人开采或者生产应税产品,自用于连续生产应税产品的,不缴纳资源税

D. 纳税人开采或者生产应税产品,自用于其他方面的,视同销售,缴纳资源税

2. 下列关于煤炭资源税的说法,正确的有( )。

A. 将开采的原煤加工为洗选煤销售的,以洗选煤销售额计算缴纳资源税

B. 将开采的原煤自用于连续生产洗选煤的,在移送使用时不缴纳资源税

C. 原煤的销售额应包括从坑口到车站、码头等的运输费用

D. 将开采的原煤直接对外销售的,以原煤的销售价格作为资源税的计税依据

3. 对同时符合以下( )条件的运杂费用,纳税人在计算应税产品计税销售额时,可予以扣减。

A. 包含在应税产品销售收入中

B. 属于纳税人销售应税产品环节发生的运杂费用

C. 取得相关运杂费用发票或者其他合法有效凭据

D. 将运杂费用与计税销售额分别进行核算

4. 某油田本月共计开采原油 8 000 吨,当月销售原油 6 000 吨,取得不含税销售收入 1 800 万元。下列各项中应并入销售额计征资源税的有( )。

A. 收取的违约金　　　　　　B. 单独收取的运输费
C. 收取的优质费　　　　　　D. 收取的增值税

三、计算题

某煤炭开采企业 2022 年 4 月销售洗选煤 5 万吨,开具增值税专用发票注明金额 5 000 万元,另取得从洗煤厂到码头不含增值税的运费收入 80 万元。假设洗选煤的资源税税率为 8%。

要求:计算资源税和销项税额。

第五章 土地增值税会计

学习目标

学习本章,熟悉土地增值税的基本要素;理解土地增值税的视同销售;掌握土地增值税的计算、核算和纳税申报。

第一节 土地增值税的基本内容

土地增值税是对有偿转让国有土地使用权及地上建筑物和其他附着物产权并取得增值性收入的单位和个人所征收的一种税。土地增值税以转让房地产取得的增值额为征税对象,征税面比较广,采用扣除法和评估法计算增值额,实行超率累进税率。

按照税收与价格的关系为标准进行分类。价外税由消费者负担,价内税由销售方负担。土地增值税是价内税,由房地产企业负担。

一、纳税人

土地增值税的纳税义务人是转让国有土地使用权及地上建筑物及其附着物产权(以下简称转让房地产),并取得收入的单位和个人。土地增值税的纳税义务人包括各类企业、事业单位、部队、国家机关、社会团体、个体工商户及国内其他单位和个人,还包括外商投资企业、外国企业、外国驻华机构、外国公民以及海外华侨、港澳台同胞等。

二、征税范围

土地增值税的课税对象是有偿转让国有土地使用权及地上建筑物和其他附着物产权所取得的增值额。对出让国有土地、转让非国有土地的行为不征税。对未转让土地使用权、房产产权的行为不征税。对以继承、赠予等方式无偿转让的房地产,不予征税。继承是指房产的原产权所有人、依照法律规定取得土地使用权的土地使用人死亡以后,由其继承人依法承受死者房产产权和土地使用权的民事法律行为。不征收土地增值税的房地产赠予行为只包括以下两种情况:房产所有人、土地使用权所有人将房屋产权、土地使用权赠予直系亲属或承担直接赡养义务人的行为;房产所有人、土地使用权所有人通过中国境内非营利的社会团体、国家机关将房屋产权、土地使用权赠予教育、民政和其他社会福利、公益事业的行为。

合作建房,建成后按比例分房自用的,暂免征收土地增值税;建成后转让的,应征收土地增值税。交换房地产,征税(个人之间互换自有居住用房,经当地税务机关核实免税)。房地产抵押,抵押期间不征税;抵押期满后看产权是否转移,以房地产抵债的,征税。房地产出租,权属不变更的,不征税。房地产评估增值,产权未转移,房屋产权所有人、土地使用权所有人也未取得收入的,不征税。国家收回国有土地使用权、征用地上建筑物及附着物,权属已变更,原房地产所有人也取得了收入,但按照规定,免税。代建房行为,产权未转移,不征税。

三、税率

土地增值税税率表如表 5-1 所示。

表 5-1 土地增值税税率表

级 数	增值额与扣除项目金额的比率	税率(%)	速算扣除系数(%)
1	不超过 50%的部分	30	0
2	超过 50%~100%的部分	40	5
3	超过 100%~200%部分	50	15
4	超过 200%的部分	60	35

四、应纳税额的计算

第一步,计算土地增值额。

增值额＝转让房地产取得的收入－扣除项目金额

第二步,计算增值率。

增值率＝土地增值额÷扣除项目金额×100%

第三步,根据增值率确定适用税率的档次和速算扣除系数。

第四步,计算税额。

应纳税额＝增值额×税率－扣除项目金额×速算扣除系数

比如,某公司房地产转让收入 1 100 万元,扣除项目 400 万元 增值额 700 万元,增值率为 175%,税率为 50%,速算扣除系数为 15%。

应纳税额＝700×50%－400×15%＝290(万元)

五、土地增值税应税收入

纳税人转让房地产所取得的收入,是指包括货币收入、实物收入和其他收入在内的全部价款及有关的经济利益,不允许从中减除任何成本费用。纳税人转让房地产的土地增值税应税收入不含增值税。代收的各项费用,如计入房价向购买方一并收取的,作计税收入,作扣除项目,但不作为加计 20%扣除基数;如未计入房价,在房价之外单独收取的,不作计税收入,不作扣除项目。

房地产开发企业将开发产品用于职工福利、奖励、对外投资、分配给股东或投资人、抵偿债务、换取其他单位和个人的非货币性资产等,发生所有权转移时应视同销售房地产。房地产企业用建造的该项目房地产安置回迁户的,安置用房视同销售处理。其收入按下列方法和顺序确认:① 按本企业在同一地区、同一年度销售的同类房地产的平均价格确定;② 由主管税务机关参照当地当年、同类房地产的市场价格或评估价值确定。

纳税人转让房地产的土地增值税应税收入不含增值税。适用增值税一般计税方法的纳税人,其转让房地产的土地增值税应税收入不含增值税销项税额;适用简易计税方法的纳税人,其转让房地产的土地增值税应税收入不含增值税应纳税额。

全额征税,三大税种和会计收入相等。差额征税,导致了三大税种和会计收入的不一致。地产公司一般计税差额征税,转让非自建不动产简易计税差额征税,调增收入。

土地增值税的核定征收。纳税人符合下列条件之一的,应该按照核定征收率不低于5%对房地产项目进行清算:① 依照法律、行政法规的规定应当设置但未设置账簿的;② 擅自销毁账簿或者拒不提供纳税资料的;③ 虽设置账簿,但账目混乱或者成本资料、收入凭证、费用凭证残缺不全,难以确定转让收入或扣除项目金额的;④ 符合土地增值税清算条件,未按照规定的期限办理清算手续,经税务机关责令限期清算,逾期仍不清算的;⑤ 申报的计税依据明显偏低,又无正当理由的。

第二节　土地增值税的计算与核算

企业应当在"应交税费"科目下设"应交土地增值税"明细科目,核算土地增值税的发生和缴纳情况,贷方反映企业计算出的应交土地增值税,借方反映企业实际缴纳的土地增值税,余额在贷方反映企业应交未缴的土地增值税。

一、企业销售自行开发的房地产项目

房地产开发企业转让新房的扣除项目金额＝取得土地使用权所支付的金额＋房地产开发成本＋房地产开发费用＋与转让房地产有关的税金＋其他扣除项目。

非房地产企业转让新房的扣除项目金额＝取得土地使用权所支付的金额＋房地产开发成本＋房地产开发费用＋与转让房地产有关的税金。

企业转让未开发的土地使用权的扣除项目金额＝取得土地使用权所支付的金额＋与转让房地产有关的税金。

(1) 取得土地使用权所支付的金额。取得土地使用权支付的地价款(以出让方式取得,为土地出让金;以行政划拨方式取得,为补缴的土地出让金;以转让方式取得,为实际支付的地价款),缴纳的有关税费,如契税、登记、过户手续费。

(2) 房地产开发成本。包括土地征用及拆迁补偿费(含耕地占用税)、前期工程费、建筑安装工程费、基础设施费、公共配套设施费、开发间接费用。不包括资本化的利息支出,含装修费用。

营改增后,土地增值税纳税人接受建筑安装服务取得的增值税发票,应在发票的备注栏注明建筑服务发生地县(市、区)名称及项目名称,否则不得计入土地增值税扣除项目金额。

(3) 房地产开发费用。与房地产有关的销售费用、管理费用、财务费用。能分摊利息支出并提供证明的,房地产开发费用＝利息＋[(1)＋(2)]×5%以内;不能分摊利息支出或不能提供证明的,房地产开发费用＝[(1)＋(2)]×10%以内。

利息最高不能超过按商业银行同类同期贷款利率计算的金额;利息的上浮幅度按国

家的有关规定执行,超过上浮幅度的部分不允许扣除;对于超过贷款期限的利息部分和加罚的利息不允许扣除。开发费用不是按照纳税人实际发生额进行扣除,而是按税法的标准计算扣除。土地增值税清算时,已经计入房地产开发成本的利息支出,应调整至财务费用中计算扣除。

(4)与转让房地产有关的税金。房地产开发企业实际缴纳的城市维护建设税、教育费附加和地方教育附加,凡能够按清算项目准确计算的,允许据实扣除。凡不能按清算项目准确计算的,则按该清算项目预缴增值税时实际缴纳的城市维护建设税、教育费附加和地方教育附加扣除。房地产开发企业不能扣除印花税(将来可能修改),非房地产开发企业可以扣除印花税。

(5)财政部规定的其他扣除项目。加计扣除,房地产开发企业(1+2)×20%。需要说明的是,本规定只适用于从事房地产开发的纳税人,非房地产开发企业不适用本规定,不可加计扣除费用。从事房地产开发的纳税人,如果取得土地使用权后未进行任何开发与投入就转让,不允许扣除20%加计费用。

企业在项目全部竣工结算前转让房地产取得的收入,收到房款时,借记"银行存款"科目,贷记"预收账款"科目;按税法规定预缴土地增值税,借记"应交税费——应交土地增值税"科目,贷记"银行存款"等科目;待该房地产营业收入实现时,借记"预收账款"科目,贷记"主营业务收入"科目,同时结转开发产品成本,借记"主营业务成本"科目,贷记"开发产品"科目,计提税金,借记"税金及附加"科目,贷记"应交税费——应交土地增值税"科目;清算收到退回多缴的土地增值税,借记"银行存款"等科目,贷记"应交税费——应交土地增值税"科目,补缴的土地增值税做相反的会计分录。

【例5-1】　某房地产开发公司适用一般计税方法。收到预收款1 308万元,竣工交房时再取得房款872万元,当期允许抵扣的土地价款为327万元,假设可抵扣的进项税额为53万元。房地产开发成本773万元,城建税和两个附加合计12%,按不含税价0.5‰缴纳印花税,土地增值税预征率1.5%。

(1)收到预收款时:

借:银行存款	13 080 000
贷:预收账款	13 080 000

预缴增值税=1 308÷(1+9%)×3%=36(万元),附加税费4.32万元。

预缴土地增值税=(1 308-36)×1.5%=19.08(万元)

借:应交税费——预交增值税	360 000
——应交城建税及附加	43 200
——预交土地增值税	190 800
贷:银行存款	594 000

(2)竣工交房时,结转当月收入并补齐房款差额872万元。

借:银行存款	8 720 000
预收账款	13 080 000
贷:主营业务收入	20 000 000
应交税费——应交增值税(销项税额)	1 800 000

(3) 本期允许扣除的土地价款为 327 万元,相应的抵扣额＝327÷(1＋9％)×9％＝27(万元),同时将预交增值税结转。

借:应交税费——应交增值税(销项税额抵扣)　　　　270 000
　　贷:主营业务成本　　　　　　　　　　　　　　　　　270 000
借:应交增值税——未交增值税　　　　　　　　　　360 000
　　贷:应交增值税——预交增值税　　　　　　　　　　　360 000

(4) 计提印花税、城建税和附加＝(180−27−53)×12％＋2 180÷(1＋9％)×0.5‰
　　　　　　　　　　　　　＝13(万元)

借:税金及附加　　　　　　　　　　　　　　　　　130 000
　　贷:应交税费——应交印花税、城建税和附加　　　　　130 000

(5) 计提土地增值税。

扣除项目金额＝(327＋773)×1.3＋12＝1 442(万元)

增值额＝(2 180−153)−1 442＝585(万元)

增值率＝585÷1 442×100％＝40％

应缴纳土地增值税＝585×30％＝175.5(万元)

借:税金及附加　　　　　　　　　　　　　　　　　1 755 000
　　贷:应交税费——应交土地增值税　　　　　　　　　　1 755 000

【例 5−2】　某市一房地产开发公司,通过竞拍取得一宗土地使用权,支付价款税费合计 6 000 万元,本年度占用 80％土地开发写字楼。发生开发成本 4 000 万元。将写字楼总面积的 3/5 直接销售,销售合同记载取得不含税收入 12 000 万元。开发写字楼的 1/5 抵偿材料价款。剩余的 1/5 公司转为固定资产自用。开发费用扣除的比例为 10％。增值税适用简易计税方法计税。

销售收入＝12 000÷3×4＝16 000(万元)

土地使用权＝6 000×80％×4÷5＝3 840(万元)

开发成本＝4 000×4÷5＝3 200(万元)

税金及附加＝16 000×5％×12％＝96(万元)

扣除项目金额总计＝(3 840＋3 200)×1.3＋96＝9 248(万元)

增值额＝16 000−9 248＝6 752(万元)

增值率＝6 752÷9 248×100％＝73％

应缴纳土地增值税＝6 752×40％−9 248×5％＝2 238.4(万元)

二、纳税人转让其取得的不动产

企业转让存量房的扣除项目金额＝取得土地使用权所支付的金额＋与转让房地产有关的税金＋房屋及建筑物的评估价格。

(1) 取得土地使用权所支付的地价款和按国家统一规定缴纳的有关费用。取得土地使用权时未支付地价款或不能提供已支付的地价款凭据的,不允许扣除。

(2) 转让环节缴纳的税金(印花税、城建税、教育费附加和地方教育附加)。契税在计算土地增值税时扣除的不同情形:取得土地使用权时支付的契税,视同"按国家统一规定缴纳的有关费用"，计入"取得土地使用权所支付的金额"中扣除。纳税人转让有评估价格的存量房，其原购入环节缴纳的契税，已经包含在旧房及建筑物的评估价格之中，故计征土地增值税时，不另作为与转让房地产有关的税金予以扣除。转让无评估价格但能提供购房发票的存量房，凡能提供契税完税凭证的，准予作为"与转让房地产有关的税金"予以扣除，但不作为加计 5% 的基数。

（3）房屋及建筑物的评估价格。评估价格须经当地税务机关确认。因纳税需要，支付的评估费用允许扣除，但纳税人因隐瞒、虚报房地产成交价格所发生的评估费用，不允许扣除。评估价格＝重置成本价×成新度折扣率

重置成本价的含义是：对旧房及建筑物，按转让时的建材价格及人工费用计算，建造同样面积、同样层次、同样结构、同样建设标准的新房及建筑物所需花费的成本费用。

凡不能取得评估价格但能提供购房发票，旧房及建筑物的评估价格，可按发票所载金额并从购买年度起至转让年度止每年加计 5% 计算扣除。评估价格＝购房发票所载金额×（1＋5%×购买年限）。计算扣除项目时"每年"按购房发票所载日期起至售房发票开具之日止，每满 12 个月计 1 年；超过 1 年，未满 12 个月但超过 6 个月的，可以视同为 1 年。① 营改增前取得的营业税发票：发票所载金额（不扣减营业税）；② 营改增后取得的增值税普通发票：发票所载价税合计金额；③ 营改增后取得的增值税专用发票：发票所载不含增值税金额加上不允许抵扣的增值税进项税额之和。土地增值税扣除项目涉及的增值税进项税额，允许在销项税额中抵扣的，不计入扣除项目，不允许在销项税额中抵扣的，可以计入扣除项目。

企业转让作为固定资产的不动产，通过"固定资产清理"科目核算，最终计入"资产处理损益"科目。投资性房地产的出售，通过"税金及附加"科目核算。

【例 5-3】 甲公司 2022 年 4 月转让一栋办公楼，取得价款 1 090 万元（含税），该办公楼系甲公司 2017 年 8 月购入，购置原价（入账价值）为 775 万元，已提折旧 100 万元，甲公司保留完整购入凭证。城建税和附加合计 10%，按 0.5‰ 缴纳印花税，评估价格为 798 万元。选择一般计税方法。

预缴增值税＝（1 090－775）÷（1＋5%）×5%＝15（万元）

应交印花税、城建税和附加＝1 090÷（1＋9%）×0.5‰＋15×10%＝2（万元）

应交土地增值税＝（1 000－798－2）×30%＝60（万元）

借：固定资产清理	6 750 000
累计折旧	1 000 000
贷：固定资产	7 750 000
借：银行存款［10 900 000÷（1＋9%）］	10 900 000
贷：固定资产清理	10 000 000
应交税费——应交增值税（销项税额）	900 000
借：固定资产清理	600 000
贷：应交税费——应交土地增值税	60 000
借：固定资产清理	2 650 000
贷：资产处置损益	2 650 000

【例 5-4】 位于县城的某商贸公司（增值税一般纳税人）2022 年 12 月销售一栋旧办

公楼,取得含增值税收入 1 050 万元,缴纳印花税 0.5 万元。因无法取得评估价格,公司提供了购房发票,该办公楼购于 2017 年 1 月,购价为 630 万元,缴纳契税 18.9 万元(能提供契税完税凭证)。选择简易计税办法计算增值税。

旧房购置价及按每年加计 5% 的扣除 = 630 × (1 + 5% × 4) = 756(万元)

购买契税 18.9 万元;交易印花税 0.5 万元。

城建税和两个附加 = (1 050 - 630) ÷ (1 + 5%) × 5% × (5% + 3% + 2%) = 2(万元)

可扣除项目金额合计 = 756 + 18.9 + 0.5 + 2 = 777.4(万元)

增值额 = (1 050 - 20) - 777.4 = 252.6(万元)

应纳土地增值税 = 252.6 × 30% = 75.78(万元)

三、土地增值税的清算管理

取得预售收入时,按照预征率预缴土地增值税;达到清算条件进行清算,以国家有关部门审批的房地产开发项目为单位进行清算,对于分期开发的项目,以分期项目为单位清算。除保障性住房外,东部地区省份土地增值税预征率不得低于 2%,中部和东北地区不得低于 1.5%,西部地区不得低于 1%。

房地产企业在收到预收款时要预缴土地增值税;可以选择用不含税收入乘以预征率计算出应该预缴的土地增值税;也可以用预收款减去应预缴的增值税作为计税依据乘以预征率计算应该预缴的土地增值税。简化计算预缴的税款比正常计算要多。

$$预交土地增值税 = 预收款 ÷ (1 + 适用税率或征收率) × 土地增值税预征率$$

$$预交土地增值税 = \left[预收款 - 预收款 ÷ \left(1 + \frac{适用税率或}{征收率} \right) × 3\% \right] × 土地增值税预征率$$

(1) 纳税人应当进行土地增值税清算的情形:① 房地产开发项目全部竣工、完成销售的;② 整体转让未竣工决算房地产开发项目的;③ 直接转让土地使用权的。

(2) 主管税务机关要求纳税人进行土地增值税清算的情形:① 已竣工验收的房地产开发项目,已转让的房地产建筑面积占整个项目可售建筑面积的比例在 85% 以上,或未超 85%,但剩余可售建筑面积已经出租或自用;② 取得销售(预售)许可证满三年仍未销售完毕的;③ 纳税人申请注销税务登记但未办理土地增值税清算手续的;④ 省税务机关规定的其他情况。

(3) 土地增值税清算收入的确认:① 已全额开具商品房销售发票,按照发票所载金额确认收入;② 未开具发票或未全额开具发票,以交易双方签订的销售合同所载的售房金额及其他收益确认收入。

(4) 扣留的质保金,建筑安装施工企业开具发票,按发票所载金额予以扣除;扣留的质保金,未开具发票的,扣留的质保金不得计算扣除。房地产企业逾期开发缴纳的土地闲置费不得扣除。拆迁安置按照规定计入拆迁补偿费(属于开发成本)。房地产开发企业销售已装修的房屋,装修费用可以计入房地产开发成本。预提费用除另有规定外,不得扣除。在主管税务机关规定的期限内清算补缴土地增值税的,不加收滞纳金。

(5) 房地产开发企业将开发的部分房地产转为企业自用或用于出租等商业用途时,如果产权未发生转移,不征收土地增值税,在税款清算时不列收入,不扣除相应的成本和费用。

（6）房地产开发企业开发建造的与清算项目配套的居委会和派出所用房、会所、停车场(库)、物业管理场所、变电站、热力站、水厂、文体场馆、学校、幼儿园、托儿所、医院、邮电通信等公共设施,建成后产权属于全体业主所有的,成本、费用可以扣除。建成后无偿移交给政府、公用事业单位用于非营利性社会公共事业的,成本、费用可以扣除。建成后有偿转让的,应计算收入,并准予扣除成本、费用。

（7）在土地增值税清算时未转让的房地产,清算后销售或有偿转让的,纳税人应按规定进行土地增值税的纳税申报,扣除项目金额按清算时的单位建筑面积成本费用乘以销售或转让面积计算。单位建筑面积成本费用＝清算时的扣除项目总金额÷清算的总建筑面积。

（8）纳税人成片受让土地使用权后,分期分批开发、转让房地产的,对允许扣除项目的金额可按转让土地使用权的面积占总面积的比例计算分摊。若按此办法难以计算或明显不合理,也可按建筑面积或税务机关确认的其他方式计算分摊。扣除项目金额＝扣除项目总金额×（转让土地使用权的面积或建筑面积÷受让土地使用权的总面积）。

第三节　土地增值税的纳税申报

一、税收优惠

（1）建造普通标准住宅出售,其增值额未超过扣除项目金额之和 20％的,予以免税。超过 20％的,应就其全部增值额按规定计税。转让旧房作为保障性住房且增值额未超过扣除项目金额 20％的免税。转让旧房作为公共租赁住房房源,且增值额未超过扣除项目金额 20％的,免税。

（2）因国家建设需要免征土地增值税。因国家建设需要而被政府征用、收回的房地产,免税;因城市实施规划、国家建设需要而搬迁,纳税人自行转让房地产,免税。

（3）个人销售住房,暂免征收土地增值税。

（4）对企业改制、资产整合过程中涉及的土地增值税,予以免征。

二、纳税申报

土地增值税纳税义务发生时间为房地产转让合同签订之日。纳税人应在转让房地产合同签订后的 7 日内,到房地产所在地主管税务机关办理纳税申报,并向税务机关提交房屋及建筑物产权、土地使用权证书,土地转让、房产买卖合同,房地产评估报告及其他与转让房地产有关的资料。纳税人因经常发生房地产转让而难以在每次转让后申报的,经税务机关审核同意后,可以定期进行纳税申报,具体期限由税务机关根据情况确定。

对于符合规定应进行土地增值税清算的项目,纳税人应当在满足条件之日起 90 日内到主管税务机关办理清算手续。对于按规定税务机关可要求纳税人进行土地增值税清算的项目,由主管税务机关确定是否进行清算,税务机关确定应进行清算的项目,纳税人应当在收到税务机关下达的清算通知之日起 90 日内办理清算手续。由房地产所在地的税务机关负责征收。

【例 5-5】 某企业转让其位于县城的一栋办公楼,取得不含增值税销售收入 12 000 万元。以前建造该办公楼时,为取得土地使用权支付金额 3 010 万元,发生建造成本 4 000 万元。该办公楼的重置成本价为 8 040 万元;成新度折扣率为 60%。产权转移书据印花税税率 0.5‰,增值税采用简易计税。要求:计算应缴纳的土地增值税。

评估价格＝8 040×60%＝4 824(万元)

应纳增值税＝12 000×5%＝600(万元)

城建税和附加＝600×(5%＋3%＋2%)＝60(万元)

应纳印花税＝12 000×0.5‰＝6(万元)

扣除项目金额的合计数＝4 824＋3 010＋66＝7 900(万元)

转让办公楼的增值额＝12 000－7 900＝4 100(万元)

增值率＝4 100÷7 900×100%＝52%

应纳土地增值税＝4 100×40%－7 900×5%＝1 245(万元)

【例 5-6】 位于市区的甲房地产公司,开发建设一栋办公楼,销售给乙企业。价税合计 3 150 万元。土地价款 800 万元、契税 40 万元、开发成本 360 万元,利息支出 82 万元。增值税采用简易计税。要求:计算应缴纳的土地增值税。

应缴纳增值税＝3 150÷(1＋5%)×5%＝150(万元)

附加税费＝150×(7%＋3%＋2%)＝18(万元)

印花税＝3 150÷(1＋5%)×0.05%＝1.5(万元)

扣除项目合计＝(840＋360)×1.25＋82＋18＝1 600(万元)

增值额＝3 000－1 600＝1 400(万元)

增值率＝1 400÷1 600×100%＝87.5%,

应交纳土地增值税＝1 400×40%－1 600×5%＝480(万元)

土地增值税税源明细表如表 5-2 所示。

表 5-2 土地增值税税源明细表

土地增值税项目登记表(从事房地产开发的纳税人适用)				
项目名称			项目地址	
土地使用权受让(行政划拨)合同号			受让(行政划拨)时间	
建设项目起讫时间		总预算成本	单位预算成本	
项目详细坐落地点				
开发土地总面积		开发建筑总面积	房地产转让合同名称	
转让次序	转让土地面积(按次填写)	转让建筑面积(按次填写)	转让合同签订日期(按次填写)	
第1次				

续 表

转让次序	转让土地面积(按次填写)	转让建筑面积(按次填写)	转让合同签订日期(按次填写)
第2次			
……			
备注			

土地增值税申报计算及减免信息

申报类型:

1. 从事房地产开发的纳税人预缴适用 □

2. 从事房地产开发的纳税人清算适用 □

3. 从事房地产开发的纳税人按核定征收方式清算适用 □

4. 纳税人整体转让在建工程适用 □

5. 从事房地产开发的纳税人清算后尾盘销售适用 □

6. 转让旧房及建筑物的纳税人适用 □

7. 转让旧房及建筑物的纳税人核定征收适用 □

项目名称			项目编码			
项目地址						
项目总可售面积			自用和出租面积			
已售面积		其中:普通住宅已售面积		其中:非普通住宅已售面积		其中:其他类型房地产已售面积
清算时已售面积			清算后剩余可售面积			

申报类型	项 目	序 号	金 额			
			普通住宅	非普通住宅	其他类型房地产	总额
1. 从事房地产开发的纳税人预缴适用	一、房产类型子目	1				—
	二、应税收入	2＝3＋4＋5				
	1. 货币收入	3				
	2. 实物收入及其他收入	4				
	3. 视同销售收入	5				
	三、预征率(%)	6				—

申报类型	项目	序号	金额			总额
			普通住宅	非普通住宅	其他类型房地产	
	一、转让房地产收入总额	1＝2＋3＋4				
	1. 货币收入	2				
	2. 实物收入及其他收入	3				
	3. 视同销售收入	4				
	二、扣除项目金额合计	5＝6＋7＋14＋17＋21＋22				
	1. 取得土地使用权所支付的金额	6				
	2. 房地产开发成本	7＝8＋9＋10＋11＋12＋13				
2. 从事房地产开发的纳税人清算适用	其中:土地征用及拆迁补偿费	8				
	前期工程费	9				
	建筑安装工程费	10				
	基础设施费	11				
	公共配套设施费	12				
	开发间接费用	13				
3. 从事房地产开发的纳税人按核定征收方式清算适用	3. 房地产开发费用	14＝15＋16				
	其中:利息支出	15				
	其他房地产开发费用	16				
4. 纳税人整体转让在建工程适用	4. 与转让房地产有关的税金等	17＝18＋19＋20				
	其中:营业税	18				
	城市维护建设税	19				
	教育费附加	20				
	5. 财政部规定的其他扣除项目	21				
	6. 代收费用 (纳税人整体转让在建工程不填此项)	22				
	三、增值额	23＝1－5				
	四、增值额与扣除项目金额之比(%)	24＝23÷5				
	五、适用税率(核定征收率)(%)	25				
	六、速算扣除系数(%)	26				
	七、减免税额	27＝29＋31＋33				

申报类型	项目		序号	金额			
				普通住宅	非普通住宅	其他类型房地产	总额
	其中：减免税(1)	减免性质代码和项目名称(1)	28				
		减免税额(1)	29				
	减免税(2)	减免性质代码和项目名称(2)	30				
		减免税额(2)	31				
	减免税(3)	减免性质代码和项目名称(3)	32				
		减免税额(3)	33				
5. 从事房地产开发的纳税人清算后尾盘销售适用	一、转让房地产收入总额		1＝2＋3＋4				
	1. 货币收入		2				
	2. 实物收入及其他收入		3				
	3. 视同销售收入		4				
	二、扣除项目金额合计		5＝6×7＋8				
	1. 本次清算后尾盘销售的销售面积		6				
	2. 单位成本费用		7				
	3. 本次与转让房地产有关的税金		8＝9＋10＋11				
	其中：营业税		9				
	城市维护建设税		10				
	教育费附加		11				
	三、增值额		12＝1－5				
	四、增值额与扣除项目金额之比(%)		13＝12÷5				
	五、适用税率(核定征收率)(%)		14				
	六、速算扣除系数(%)		15				
	七、减免税额		16＝18＋20＋22				
	其中：减免税(1)	减免性质代码和项目名称(1)	17				
		减免税额(1)	18				
	减免税(2)	减免性质代码和项目名称(2)	19				
		减免税额(2)	20				
	减免税(3)	减免性质代码和项目名称(3)	21				
		减免税额(3)	22				

申报类型	项目	序号	金额			
			普通住宅	非普通住宅	其他类型房地产	总额
6. 转让旧房及建筑物的纳税人适用 7. 转让旧房及建筑物的纳税人核定征收适用	一、转让房地产收入总额	1＝2＋3＋4				
	1. 货币收入	2				
	2. 实物收入	3				
	3. 其他收入	4				
	二、扣除项目金额合计	(1) 5＝6＋7＋ 10＋15 (2) 5＝11＋12＋ 14＋15				
	(1) 提供评估价格					
	1. 取得土地使用权所支付的金额	6				
	2. 旧房及建筑物的评估价格	7＝8×9				
	其中:旧房及建筑物的重置成本价	8				
	成新度折扣率	9				
	3. 评估费用	10				
	(2) 提供购房发票					
	1. 购房发票金额	11				
	2. 发票加计扣除金额	12＝11×5%×13				
	其中:房产实际持有年数	13				
	3. 购房契税	14				
	4. 与转让房地产有关的税金等	15＝16＋17＋ 18＋19				
	其中:营业税	16				
	城市维护建设税	17				
	印花税	18				
	教育费附加	19				
	三、增值额	20＝1－5				
	四、增值额与扣除项目金额之比(%)	21＝20÷5				
	五、适用税率(核定征收率)(%)	22				
	六、速算扣除系数(%)	23				
	七、减免税额	24＝26＋28＋30				

续　表

申报类型	项目		序号	金额			
				普通住宅	非普通住宅	其他类型房地产	总额
其中：减免税(1)	减免性质代码和项目名称(1)		25				
	减免税额(2)		26				
减免税(2)	减免性质代码和项目名称(2)		27				
	减免税额(2)		28				
减免税(3)	减免性质代码和项目名称(3)		29				
	减免税额(3)		30				

练 习 题

一、单项选择题

1. 清算土地增值税时,房地产开发企业开发建造的与清算项目配套的会所等公共设施,其成本费用可以扣除的情形是(　　)。

　　A. 建成后开发企业转为自用的　　　　B. 建成后开发企业用于出租的

　　C. 建成后直接赠予其他企业的　　　　D. 建成后产权属于全体业主的

2. 某有限公司转让商品楼取得不含税收入 1 000 万元,计算土地增值额准予扣除项目金额 200 万元,则适用税率为(　　)。

　　A. 30%　　　　　B. 40%　　　　　C. 50%　　　　　D. 60%

3. 某企业转让一栋六成新的仓库,取得不含税收入 2 000 万元,可扣除的相关税费共计 25 万元。该仓库重置成本价 1 500 万元。该企业应缴纳土地增值税(　　)万元。

　　A. 415　　　　　B. 296　　　　　C. 398.75　　　　　D. 476.25

4. 某企业销售一栋以前自建的办公楼,取得不含增值税销售收入 1 200 万元。该办公楼的重置成本为 1 400 万元,成新度折扣率为五成,城建和附加共计 7.2 万元,印花税 0.6 万元。该企业应缴纳土地增值税(　　)万元。

　　A. 128.4　　　　　B. 161.49　　　　　C. 146.8　　　　　D. 171.2

5. 某房地产开发公司销售其新建商品房一幢,取得不含增值税销售收入 1.4 亿元,该公司支付与商品房相关的土地使用权费及开发成本合计为 4 800 万元;开发费用扣除比例为 10%;城建及附加 70 万元。该公司应缴纳的土地增值税为(　　)万元。

　　A. 2 256.5　　　　　B. 2 445.5　　　　　C. 3 070.5　　　　　D. 2 898.5

6. 有关建造普通标准住宅的土地增值税税收优惠的表述错误的是(　　)。

    A. 增值率未超过20%的,免税

    B. 增值率超过20%的,超过部分按规定计税

    C. 增值率超过20%的,全部增值额按规定计税

    D. 增值额占扣除项目金额比率为增值率

二、多项选择题

1. 下列单位中,属于土地增值税纳税人的有(　　　　)。

    A. 建造房屋的施工单位   B. 中外合资房地产开发公司

    C. 转让国有土地的事业单位   D. 房地产管理的物业公司

2. 下列项目中,属于房地产开发成本的有(　　　　)。

    A. 土地出让金   B. 耕地占用税

    C. 公共配套设施费   D. 广告费用

3. 下列说法正确的有(　　　　)。

    A. 土地增值税只对转让国有土地使用权的行为课税,对转让非国有土地和出让国有土地的行为均不征税

    B. 土地增值税的计算方法有两种:一是超率累进税率法;二是速算扣除法

    C. 土地增值税清算时,资本化的利息支出,应调整至财务费用中计算扣除

    D. 商品房销售合同按照产权转移书据0.5‰征收印花税

4. 房地产开发企业进行土地增值税清算时,下列各项中,不能扣除的是(　　　　)。

    A. 加罚的利息   B. 已售精装修房屋的装修费用

    C. 逾期开发的土地闲置费   D. 扣留的未开票的质保金

三、计算题

1. 某公司于2018年1月购入位于县城的办公用房,购房发票上金额为84万元。2022年11月转让,取得不含增值税的售房款210万元,能够提供购房发票和契税完税凭证,当地契税税率为5%,增值税选择简易计税。

要求:计算应缴纳的土地增值税。

2. 某县税务机关拟对辖区内某房地产开发企业开发的房地产项目进行土地增值税清算。以21 800万元购买一宗土地。发生开发成本9 246万元,该项目销售共计取得含税收入63 220万元。该企业已按照2%的预征率预缴土地增值税1 160万元。进项税额为420万元,契税税率为3%。

要求:计算应补缴的土地增值税。

3. 甲公司转让一栋自建的办公楼,取得不含税收入9 000万元,该办公楼造价为800万元,其中包含为取得土地使用权支付的金额320万元。办公楼评估价格为6 000万元。选择简易征收方式,印花税税率为0.5‰。城建税和附加合计为12%。

要求:计算应缴纳的土地增值税。

4. 某企业几年前在市区购置一栋办公楼,支付含税价款8 400万元。现在将其转让,取得含增值税收入10 500万元,该企业增值税选择简易计税。办公楼经税务机关认定的重置成本价为12 005万元,成新率为60%。

要求:计算应缴纳的土地增值税。

第六章 城镇土地使用税、房产税和车船税会计

学习目标

学习本章,熟悉房产税、城镇土地使用税、车船税的基本要素;理解房产税、城镇土地使用税、车船税的核算;掌握房产税、城镇土地使用税、车船税的纳税申报。城镇土地使用税、房产税和车船税是在保有环节征收的税种。

第一节 城镇土地使用税会计

城镇土地使用税是以开征范围内的土地为征税对象,以实际占用的土地面积为计税依据,按规定税额对拥有土地使用权的单位和个人征收的一种税。城镇土地使用税实行差别幅度税额。

一、纳税人

城镇土地使用税由拥有土地使用权的单位或个人缴纳。拥有土地使用权的单位和个人不在土地所在地的,其土地的实际使用人和代管人为纳税人;土地使用权未确定或权属纠纷未解决的,其实际使用人为纳税人;土地使用权共有的,共有各方都是纳税人,由共有各方分别纳税。

二、征税范围和适用税额

城镇土地使用税的征税范围是城市、县城、建制镇和工矿区,不包括农村。城市、县城、建制镇、工矿区以外的企业不缴纳城镇土地使用税。其中城市的征税范围包括市区和郊区;县城的征税范围为县人民政府所在地的城镇;建制镇的征税范围一般为镇人民政府所在地。

城镇土地使用税适用四档地区幅度差别定额税率,大城市 1.5 元至 30 元;中等城市 1.2 元至 24 元;小城市 0.9 元至 18 元;县城、建制镇、工矿区 0.6 元至 12 元。每档最高税率是最低税率的 20 倍。

经省、自治区、直辖市人民政府批准,经济落后地区的城镇土地使用税适用税额标准可适当降低,但降低额不得超过税率表中规定的最低税额的 30%。经济发达地区的适用税额可适当提高,但须报财政部批准。

三、应纳税额的计算

(1)以测定面积为计税依据,适用于由省、自治区、直辖市人民政府确定的单位组织

测定土地面积的纳税人。

（2）以证书确认的土地面积为计税依据,适用于尚未组织测量土地面积,但持有政府部门核发的土地使用证书的纳税人。

（3）以申报的土地面积为计税依据,适用于尚未核发土地使用证书的纳税人,待核发土地使用证以后再做调整。

对单独建造的地下建筑用地暂按应纳税款的50%征收土地使用税,取得土地使用证,按证书面积纳税;未取得土地使用证或证书未标明土地面积,按地下建筑物垂直投影面积纳税。

土地使用权由几方共有的,由共有各方按照各自实际使用的土地面积占总面积的比例,分别计算缴纳土地使用税。

对于使用共有使用权面积上的多层建筑,房地产权证上没有标注土地使用权面积的,按其建筑面积占建筑总面积的比例计征城镇土地使用税。

$$年应纳税额＝计税土地面积（平方米）×适用税额$$

【例6-1】 某公司通过挂牌取得一宗土地,土地出让合同约定次月交付,土地使用证记载占地面积为6 000平方米。该土地年税额4元/平方米。

应纳税额＝6 000×4×8÷12＝16 000（元）

四、税收优惠

（1）国家机关、人民团体、军队自用的土地,免税。

（2）由国家财政部门拨付事业经费的单位自用的土地,免税。

（3）宗教寺庙、公园、名胜古迹自用的土地,免税。

（4）市政街道、广场、绿化地带等公共用地,免税。

（5）直接用于农、林、牧、渔业的生产用地,免税。农副产品加工场地和生活办公用地需要缴纳城镇土地使用税。

（6）经批准开山填海整治的土地和改造的废弃土地,从使用的月份起免缴土地使用税5年至10年。

（7）凡是缴纳了耕地占用税的,从批准征用之日起满1年后征收城镇土地使用税;征用非耕地因不需要缴纳耕地占用税,应从批准征用之次月起征收城镇土地使用税。

（8）对免税单位无偿使用纳税单位的土地,免征城镇土地使用税;对纳税单位无偿使用免税单位的土地,纳税单位应照章缴纳土地使用税。

（9）房地产开发公司开发建造商品房的用地,除经批准开发建设经济适用房的用地外,对各类房地产开发用地一律不得减免城镇土地使用税。

（10）对企业厂区以内的绿化用地,应照章征收土地使用税,厂区以外公共绿化用地和向社会开放的公园用地,暂免征收土地使用税。

五、会计核算

企业取得的土地使用权通常应确认为无形资产,但出租或持有并准备增值后转让的土地使用权,应当按投资性房地产进行会计处理。房地产开发企业取得土地使用权准备建房出售的,土地使用权应计入开发成本。城镇土地使用税是持有者缴纳的税金不能资本化。企业按规定计算出应交纳的城镇土地使用税时,借记"税金及附加"科目,贷记"应交税费——应交城镇土地使用税"科目。实际上缴时,借记"应交税费——应交城镇土地使用税"科目,贷记"银行存款"科目。

六、纳税义务发生时间、纳税地点、纳税申报

购置新建商品房,自房屋交付使用之次月起计征城镇土地使用税。

购置存量房,自办理房屋权属转移、变更登记手续,房地产权属登记机关签发房屋权属证书之次月起计征城镇土地使用税。

出租、出借房产,自交付出租、出借房产之次月起计征城镇土地使用税。

以出让或转让方式有偿取得土地使用权的,应由受让方从合同约定交付土地使用时间的次月起缴纳城镇土地使用税;合同未约定交付土地时间的,由受让方从合同签订的次月起缴纳城镇土地使用税。

纳税人新征用的耕地,自批准征用之日起满1年时开始缴纳城镇土地使用税。纳税人新征用的非耕地,自批准征用次月起缴纳城镇土地使用税。

纳税人新征用的土地,必须于批准新征用之日起30日内申报登记。纳税人使用的土地不属于同一省(自治区、直辖市)管辖范围内的,由纳税人分别向土地所在地的税务机关申报缴纳。在同一省(自治区、直辖市)管辖范围内,纳税人跨地区使用的土地,由各省、自治区、直辖市税务局确定纳税地点。

城镇土地使用税按年计算,分期缴纳。具体缴纳期限由省、自治区、直辖市人民政府确定。各省、自治区、直辖市税务机关根据当地情况,一般确定按月、季或半年或1年等不同期限缴纳。

【例6-2】　某企业拥有位于市郊的一宗地块,其地上面积为1万平方米,单独建造的地下建筑面积为4000平方米。土地使用税税率为2元/平方米。

应纳土地使用税=1×2+0.4×2×50%=2.4(万元)

城镇土地使用税税源明细表如表6-1所示。

表6-1　城镇土地使用税税源明细

*纳税人类型	土地使用权人□ 集体土地使用人□ 无偿使用人□　代管人□ 实际使用人□(必选)	土地使用权人纳税人识别号(统一社会信用代码)	土地使用权人名称	
*土地编号		土地名称	不动产权证号	
不动产单元号		宗地号	*土地性质	国有□ 集体□ (必选)
*土地取得方式	划拨□ 出让□ 转让□ 租赁□ 其他□ (必选)	*土地用途	工业□ 商业□ 居住□ 综合□ 房地产开发企业的开发用地□ 其他□ (必选)	

续 表

*土地坐落地址 (详细地址)	省(自治区、直辖市)　市(区)　县(区)　乡镇(街道)(必填)					
*土地所属 主管税务所 (科、分局)						
*土地取得时间	年 月	变更类型	纳税义务终止(权属转移□ 其他□) 信息项变更(土地面积变更□ 土地等 级变更□ 减免税变更□ 其他□)		变更 时间	年　月
*占用土地面积		地价		*土地 等级	*税额 标准	

减免税 部分	序号	减免性质代码和项目名称	减免起止时间		减免税 土地 面积	月减免 税金额
			减免 起始月份	减免 终止月份		
	1					
	2					
	3					

第二节　房产税会计

房产税是以房屋为征税对象,以房屋计税余值或租金收入为计税依据,向房屋产权所有人征收的一种财产税。征税范围限于城镇的经营性房屋。区别房屋的经营使用方式规定不同的计税依据。

一、纳税人

房产税以在征税范围内的房屋产权所有人为纳税人。产权属国家所有的,由经营管理单位纳税;产权属集体和个人所有的,由集体单位和个人纳税。产权出典的,由承典人纳税。产权所有人、承典人不在房屋所在地的,由房产代管人或者使用人纳税。承典人向出典人交付一定的典价之后,在质典期内即获抵押物品的支配权,并可转典,产权的典价一般要低于卖价,出典人在规定期间内须归还典价的本金和利息,方可赎回出典房屋等的产权。产权未确定及租典纠纷未解决的,亦由房产代管人或者使用人纳税。纳税单位和个人无租使用房产管理部门、免税单位及纳税单位的房产,应由使用人代为缴纳房产税。

二、征税范围

房产税是以经营性房屋(试点除外)为征税对象。房屋是指有屋面和围护结构(有墙或两边有柱),能够遮风避雨,可供人们在其中生产、工作、学习、娱乐、居住或储藏物资的场所。独立于房屋之外的建筑物(如水塔、围墙等)不属于房屋,不征房产税。房地产开发企业建造的商品房,在出售前,不征收房产税;但对出售前房地产开发企业已使用或出租、出借的商品房应按规定征收房产税。

房产税在城市、县城、建制镇和工矿区征收,不包括农村。房产税的征税范围与城镇土地使用税一样。

三、应纳税额的计算

(1) 对经营性自用的房屋,从价计税,以房产的计税余值作为计税依据,年税率为 1.2%。

$$应纳税额 = 应税房产原值 \times (1 - 扣除比例) \times 1.2\%$$

所谓计税余值,是指依照税法规定按房产原值一次减除 10% 至 30% 的损耗价值以后的余额。其中:

① 对依照房产原值计税的房产,不论是否记载在"固定资产"科目中,均应按照房屋原价计算缴纳房产税。房屋原价应根据国家有关会计制度规定进行核算。对纳税人未按国家会计制度规定核算并记载的,应按规定予以调整或重新评估。在房产税征收范围内的具备房屋功能的地下建筑,包括与地上房屋相连的地下建筑以及完全建在地面以下的建筑、地下人防设施等,均应当依照有关规定征收房产税。

② 房产原值应包括与房屋不可分割的各种附属设备或一般不单独计算价值的配套设施。

③ 纳税人对原有房屋进行改建、扩建,要相应增加房屋原值。已税房产进行扩建、改建、装修竣工后,在下一个纳税期按扩建、改建、装修后的房产原值计税。

④ 更换房屋附属设备和配套设施的,在将其价值计入房产原值时,可扣减原来相应设备和设施的价值;对附属设备和配套设施中易损坏、需要经常更换的零配件,更新后不再计入房产原值,原零配件的原值也不扣除。

⑤ 对按照房产原值计税的房产,无论会计如何核算,房产原值均应包含地价,包括为取得土地使用权支付的价款、开发土地发生的成本费用等。宗地容积率低于 0.5 的,按房产建筑面积的 2 倍计算土地面积并据此确定计入房产原值的地价。

(2) 对于出租的房屋,从租计税,以租金收入(不含增值税)为计税依据。税率为 12% 或 4%。

$$应纳税额 = 租金收入(不含增值税) \times 12\%(或 4\%)$$

以劳务或其他形式抵付房租收入的,按当地同类房产租金水平确定,个人出租住房,不分用途,按 4% 的税率征收房产税。对企事业单位、社会团体以及其他组织按市场价格向个人出租用于居住的住房,减按 4% 的税率征收房产税。

【例 6-3】 某上市公司以 5 000 万元购得一处高档会所,然后加以改建,支出 500 万元新增中央空调系统,拆除 200 万元的照明设施,再支付 500 万元安装智能照明和楼宇声控系统,年底改建完毕并对外营业。

次年该会所应缴纳房产税＝(5 000＋500－200＋500)×(1－30％)×1.2％

＝48.72(万元)

(3) 特殊问题:

① 对出租房产,约定免收租金期限的,在免收租金期间由产权所有人按照房产余值缴纳房产税。

② 对于以房产投资联营,投资者参与投资利润分红,共担风险的,以房产的计税余值作为计税依据计征房产税;对以房产投资,收取固定收入,不承担联营风险的,实际是以联营名义取得房产租金,按租金收入计算缴纳房产税。

③ 融资租赁的房产,由承租人自租赁合同约定开始日的次月起依照房产余值缴纳房产税。合同未约定开始日的,由承租人自合同签订的次月起依照房产余值缴纳房产税。

④ 对居民住宅区内业主共有的经营性房产,由实际经营(包括自营和出租)的代管人或使用人缴纳房产税。其中自营的,依照房产原值减除 10％至 30％后的余值计征,没有房产原值或不能将业主共有房产与其他房产的原值准确划分开的,由房产所在地地方税务机关参照同类房产核定房产原值;出租的,依照租金收入计征。

⑤ 对于与地上房屋相连的地下建筑,如房屋的地下室、地下停车场、商场的地下部分等,应将地下部分与地上房屋视为一个整体,按照地上房屋建筑的有关规定计算征收房产税。对不同用途的独立地下建筑物房产税的减征:工业用途房产,以房屋原价的 50％～60％作为应税房产原值。商业和其他用途房产,以房屋原价的 70％～80％作为应税房产原值。出租的地下建筑,按照出租地上房屋建筑的有关规定计算征收房产税。

四、税收优惠

(1) 国家机关、人民团体、军队自用的房产,免税。

(2) 国家财政部门拨付事业经费的单位自用房产,免税。

(3) 宗教寺庙、公园、名胜古迹自用的房产,免税。

(4) 个人拥有的非营业用的房产,免税。

(5) 纳税人因房屋大修导致连续停用半年以上的,在房屋大修期间免征房产税。

(6) 对按政府规定价格出租的公有住房和廉租住房,暂免征收房产税。经营公租房的租金收入,免征房产税。

五、会计核算

企业取得的土地使用权通常应确认为无形资产,但出租或持有并准备增值后转让的土地使用权,应当按投资性房地产进行会计处理。土地使用权用于自行开发建造厂房等地上建筑物时,相关的土地使用权账面价值不转入在建工程成本,土地使用权与地上建筑物分别进行摊销和提取折旧。房地产开发企业取得的土地使用权用于建造对外出售的房屋建筑物,相关的土地使用权应当计入所建造的房屋建筑物成本。企业外购房屋建筑物所支付的价款应当在地上建筑物与土地使用权之间进行合理分配；确实难以合理分配的，应当全部作为固定资产处理。企业停止自用土地使用权而用于赚取租金或资本增值时，应将其账面价值转为投资性房地产。房屋自用应确认为固定资产，房屋用来出租或者增值后卖出应确认为投资性房地产。对依照房产原值计税的房产，不论是否记载在会计账簿固定资产科目中，均应按照房屋原价计算缴纳房产税。房产税是持有者或出租者缴纳的税金，不能资本化。企业按规定（从价计征或从租计征）计算出应缴纳的房产税时，借记"税金及附加"科目，贷记"应交税费——应交房产税"科目。实际上缴时，借记"应交税费——应交房产税"科目，贷记"银行存款"科目。

六、征收管理

（一）纳税义务发生时间

将原有房产用于生产经营，纳税义务发生时间为从生产经营之月起，其他为次月起。自建房屋用于生产经营，纳税义务发生时间为从建成之日的次月起；委托施工企业建设的房屋，纳税义务发生时间为从办理验收手续之次月起；购置新建商品房，纳税义务发生时间为自房屋交付使用之次月起；购置存量房，纳税义务发生时间为自办理房屋权属转移变更、登记手续，登记机关签发房屋权属证书之次月起；出租、出借房产，纳税义务发生时间为交付出租、出借房产之次月起；对于验收前已经出租出借或已使用的新建房屋，应当在出租出借或已使用当月起计算房产税；房地产开发企业自用、出租、出借本企业建造商品房，纳税义务发生时间为自房屋使用或交付之次月起。

（二）纳税期限及纳税地点

房产税实行按年计算，分期缴纳的征收办法。具体纳税期限由省、自治区、直辖市人民政府规定。各地一般按季或半年征收。房产税在房产所在地缴纳。对房产不在同一地方的纳税人，应按房产的坐落地点分别向房产所在地的税务机关缴纳。

（三）纳税申报

【例6-4】　某企业房产原值共1800万元，4月1日将原值为1000万元的临街房出租，不含税月租金6万元。

从价计征房产税＝（1800－1000）×（1－30%）×1.2%＋1000×（1－30%）×3÷12×1.2%＝8.82（万元）

从租计征房产税＝6×9×12%＝6.48（万元）

该企业应缴纳房产税＝8.82＋6.48＝15.3（万元）。

房产税税源明细表如表6-2所示。

表6-2　房产税税源明细

(一)从价计征房产税明细				
*纳税人类型	产权所有人□ 经营管理人□ 承典人□ 房屋代管人□ 房屋使用人□ 融资租赁承租人□ (必选)	所有权人纳 税人识别号 (统一社会 信用代码)		所有权 人名称
*房产编号		房产名称		
不动产权证号		不动产 单元号		
*房屋坐落地址 (详细地址)	省(自治区、直辖市)　　市(区)　　县(区)　　乡镇(街道)　　(必填)			
*房产所属 主管税务所 (科、分局)				
房屋所在 土地编号		*房产用途	工业□ 商业及办公□ 住房□ 其他□　　(必选)	
*房产取得时间	年 月	变更类型	纳税义务终止(权属转移□ 其他□) 信息项变更(房产原值变更□ 出租房产原值变更□ 减免税变更□ 申报租金收入变更□ 其他□)	变更 时间	年 月
*建筑面积		其中:出租房 产面积		
*房产原值		其中:出租房 产原值		计税 比例
减免税部分	序号	减免性质代码和项目名称	减免起止时间	减免税 房产 原值	月减免税 金额
			减免起始 月份	减免终止 月份		
	1		年　月	年　月		
	2					
	3					
(二)从租计征房产税明细				
*房产编号		房产名称		
*房产所属主管税务所(科、分局)				
承租方纳税人识别号 (统一社会信用代码)		承租方名称		
*出租面积		*申报租金收入		

申报租金所属租赁期起			申报租金所属租赁期止			
减免税部分	序号	减免性质代码和项目名称	减免起止时间		减免税租金收入	月减免税金额
			减免起始月份	减免终止月份		
	1		年　月	年　月		
	2					
	3					

第三节　车船税会计

一、纳税人

车船税是对中华人民共和国境内应税的车辆、船舶的所有人或者管理人征收的一种税。境内单位和个人租入外国籍船舶,不征收车船税;境内单位将船舶出租到境外的,应依法征收车船税。车船税属于财产税,车辆购置税属于行为税。

二、征税范围

包括依法应当在车船管理部门登记的机动车辆和船舶或依法不需要在车船管理部门登记、在单位内部场所行驶或者作业的机动车辆和船舶。

《车船税税目税额表》中车辆、船舶的税目适用范围由财政部、国家税务总局参照国家相关标准确定。车辆的具体适用税额由省、自治区、直辖市人民政府依照《车船税税目税额表》规定的税额幅度和国务院的规定确定,报国务院备案。船舶的具体适用税额由国务院依照《车船税税目税额表》规定的税额幅度的规定确定。车船税采用定额幅度税率,即对征税的车船规定单位上下限税额标准。

① 乘用车(计税单位每辆,核定载客人数 9 人(含)以下);② 商用车(商用客车,计税单位每辆,商用货车,计税单位整备质量每吨,包括半挂牵引车、三轮汽车和低速载货汽车等);③ 挂车(计税单位整备质量每吨,按照货车税额 50％计算);④ 其他车辆(计税单位整备质量每吨,包括专用作业车和轮式专用作业车,不包括拖拉机);⑤ 摩托车(计税单位每辆);⑥ 船舶(机动船舶,计税单位净吨位每吨,游艇,计税单位艇身长度每米,拖船、非机动驳船分别按机动船舶税额的 50％计算)。

客货两用车,又称多用途货车,是指在设计和结构上主要用于载运货物,但在驾驶员座椅后带有固定或折叠式座椅,可运载 3 人以上乘客的货车。客货两用车依照货车的计税单位和年基准税额计征车船税。

对于在设计和技术特性上用于特殊工作,并装置有专用设备或器具的汽车,应认定为专用作业车,如汽车起重机、消防车、混凝土泵车、清障车、高空作业车、洒水车、扫路车等。以载运人员或货物为主要目的的专用汽车,如救护车,不属于专用作业车。

《车船税法》及其实施条例所涉及的排气量、整备质量、核定载客人数、净吨位、千瓦、艇身长度,以车船管理部门核发的车船登记证书或者行驶证相应项目所载数据为准。《车船税法》及其实施条例涉及的整备质量、净吨位、艇身长度等计税单位,有尾数的一律按照含尾数的计税单位据实计算车船税应纳税额。计算得出的应纳税额小数点后超过两位的可四舍五入保留两位小数。

三、税收优惠

① 捕捞、养殖渔船,免税。② 军队、武警专用的车船,免税。③ 警用车船,免税。④ 依照法律规定应当予以免税的外国驻华使馆、领事馆和国际组织驻华机构及其有关人员的车船,免税。⑤ 对使用新能源的纯电动商用车、插电式混合动力汽车、燃料电池商用车免征车船税。其他混合动力汽车按照同类车辆适用税额减半征税。纯电动乘用车和燃料电池乘用车不属于征税范围。⑥ 省、自治区、直辖市人民政府根据当地实际情况,可以对公共交通车船,农村居民拥有并主要在农村地区使用的摩托车、三轮汽车和低速载货汽车定期减征或者免征车船税。

四、应纳税额的计算

$$年应纳税额＝计税单位×年固定税额$$

(1) 购置的新车船,购置当年的应纳税额自纳税义务发生的当月起按月计算。计算公式为:

$$应纳税额＝(年应纳税额÷12)×应纳税月份数$$
$$应纳税月份数＝12－纳税义务发生时间(取得月份)＋1$$

(2) 在一个纳税年度内,已完税的车船被盗抢、报废、灭失的,纳税人可以凭有关管理机关出具的证明和完税证明,向纳税所在地的主管税务机关申请退还自被盗抢、报废、灭失月份起至该纳税年度终了期间的税款。

(3) 已办理退税的被盗抢车船,失而复得的,纳税人应当从公安机关出具相关证明的当月起计算缴纳车船税。

(4) 已缴纳车船税的车船在同一纳税年度内办理转让过户的,不另纳税,也不退税。

(5) 从事机动车第三者责任强制保险业务的保险机构为机动车车船税的扣缴义务人,应当在收取保险费时依法代收车船税,并出具代收税款凭证。保险机构在代收代缴税款的同时,还应代收代缴欠缴税款的滞纳金。保险机构代收车船税的,不再向税务机关缴税。

【例6-5】 某运输公司年初拥有载货汽车 15 辆,货车整备质量均为 10 吨;大客车 20 辆;小客车 10 辆。载货汽车整备质量每吨年税额 90 元,大客车每辆年税额 1 200 元,小客车每辆年税额 800 元。

载货汽车应纳车船税税额＝15×10×90＝13 500(元)

大客车应纳车船税税额＝20×1 200＝24 000(元)

小客车应纳车船税税额＝10×800＝8 000(元)

全年应纳车船税税额＝13 500＋24 000＋8 000＝45 500(元)

五、会计核算

企业购买车辆的价款、车辆购置税、牌照费等,应归属于达到预定用途前发生的支出,计入固定资产原值。发生的车船税、保险费、路桥费计入当期费用。企业按规定计算出应缴纳的车船税时,借记"税金及附加"科目,贷记"应交税费——应交车船税"科目。实际上交时,借记"应交税费——应交车船税"科目,贷记"银行存款"科目。

六、纳税期限、纳税地点、纳税申报

车船税纳税义务发生时间为取得车船所有权或者管理权的当月。以购买车船的发票或其他证明文件所载日期的当月为准。

车船税的纳税地点为车船的登记地或者车船税扣缴义务人所在地。依法不需要办理登记的车船,车船税的纳税地点为车船的所有人或者管理人所在地。扣缴义务人代收代缴车船税的,纳税地点为扣缴义务人所在地。

车船税按年申报,分月计算,一次性缴纳。纳税年度为公历1月1日至12月31日。车船税按年申报缴纳。具体纳税申报期限由省、自治区、直辖市人民政府规定。从事机动车第三者责任强制保险的保险机构,为机动车车船税的扣缴义务人,应当在收取保险费时依法代收车船税,并出具代收税款凭证。不需购买交强险的车辆,纳税人向主管税务机关申报缴纳车船税。

【例6-6】 某公司年初拥有小汽车3辆。4月5日新增相同型号的小汽车2辆,小汽车年税额为每辆900元。

应纳车船税＝900×3＋900÷12×(12－4＋1)×2＝4 050(元)

车船税税源明细如表6-3所示。

表6-3　车船税税源明细表

车辆税源明细											
序号	车牌号码	*车辆识别代码(车架号)	*车辆类型	车辆品牌	车辆型号	*车辆发票日期或注册登记日期	排(气)量	核定载客	整备质量	*单位税额	减免性质代码和项目名称	纳税义务终止时间
1												
2												
3												

续 表

船舶税源明细														
序号	船舶登记号	*船舶识别号	*船舶种类	*中文船名	初次登记号码	船籍港	发证日期	取得所有权日期	建成日期	净吨位	主机功率	艇身长度（总长）	*单位税额	减免性质代码和项目名称	纳税义务终止时间
1														
2														
3														

练 习 题

一、单项选择题

1. 公司有一栋房屋,原值 100 万元,累计折旧 48 万元,然后进行了改建,将房屋原值和累计折旧转入在建工程,改建支出 8 万元,最后转入固定资产的房屋价值为 60 万元。改建后的房产税计税原值为(　　)万元。

　　A. 108　　　　　　B. 100　　　　　　C. 60　　　　　　D. 100

2. 某企业支付 8 000 万元取得 10 万平方米的土地使用权,新建厂房建筑面积 4 万平方米,工程成本 2 000 万元,年底竣工验收,对该企业征收房产税的房产原值是(　　)万元。

　　A. 2 000　　　　　B. 6 400　　　　　C. 8 000　　　　　D. 8 400

3. 下列房屋及建筑物中,属于房产税征税范围的是(　　)。

　　A. 农村的居住用房

　　B. 建在室外的露天游泳池

　　C. 个人拥有的市区经营性用房

　　D. 尚未使用或出租而待售的商品房

4. 甲企业用地面积 15 500 平方米,其中幼儿园占地 1 000 平方米,厂区内绿化占地 2 000 平方米。城镇土地使用税的年税额为每平方米 5 元,全年应纳城镇土地使用税(　　)元。

　　A. 57 500　　　　B. 62 500　　　　C. 72 500　　　　D. 85 000

5. 下列土地中,免征城镇土地使用税的是(　　)。

　　A. 营利性医疗机构自用的土地

　　B. 公园内附设照相馆使用的土地

　　C. 生产企业使用海关部门的免税土地

    D. 公安部门无偿使用铁路企业的应税土地

6. 下列各项中,不符合车船税征收管理规定的是(　　)。

    A. 车船税的扣缴义务人为从事交强险的保险机构

    B. 车船税的纳税地点为车船所有人的住所所在地

    C. 车船税申报纳税期限由省、自治区、直辖市人民政府规定

    D. 按年申报,分月计算,一次性缴纳

二、多项选择题

1. 下列各项中,符合房产税纳税人规定的有(　　)。

    A. 房屋出典的由承典人纳税

    B. 房屋出租的由出租人纳税

    C. 房屋产权未确定的由代管人或使用人纳税

    D. 个人无租使用纳税单位的房产,个人缴纳房产税

2. 下列项目中,以租金作为依据征收房产税的有(　　)。

    A. 以融资租赁方式租入的房屋

    B. 以经营租赁方式租出的房屋

    C. 居民住宅区内业主自营的共有经营性房屋

    D. 以收取固定收入、不承担联营风险方式投资的房屋

3. 下列关于车船税征收管理的说法,正确的有(　　)。

    A. 依法不需要办理登记的车船,车船税的纳税地点为车船所有人或管理人的所在地

    B. 对于依法不需要购买机动车交强险的车辆,纳税人应当向主管税务机关申报纳税

    C. 购买的船舶,纳税义务发生时间为购买发票或其他证明文件所载日期的当月

    D. 车船税按年申报,分月缴纳,纳税年度为公历 1 月 1 日到 12 月 31 日

4. 以下关于车船税税目税率的表述正确的有(　　)。

    A. 车船税实行定额税率

    B. 客货两用汽车按照货车征税

    C. 半挂牵引车和挂车属于货车的税目

    D. 拖船和非机动驳船分别按机动船舶税额的 70% 计算

5. 下列各项中,符合车船税征收管理规定的有(　　)。

    A. 车船税按年申报,分月计算,一次性缴纳

    B. 纳税人自行申报缴纳车船税的,纳税地点为车船登记地的主管税务机关所在地

    C. 车船税纳税义务发生时间为取得车船所有权或者管理权的次月

    D. 不需要办理登记的车船不缴纳车船税

6. 下列各项中,符合城镇土地使用税规定的有(　　)。

    A. 城镇土地使用税实行按年计算、分期缴纳的征收方式

    B. 纳税人使用土地不属于同一省的,由纳税人向注册地税务机关缴纳

    C. 纳税单位无偿使用免税单位的土地,纳税单位应当缴纳城镇土地使用税

    D. 纳税人实际占有土地但尚未核发土地使用证书,由税务机关核定计税依据

三、计算题

    某企业投资1500万元取得5万平方米的土地使用权,用于建造面积为4万平方米的厂房,建造成本为2 040万元,年底竣工投入使用。当地规定房产原值减除比例为30%,城镇土地使用税税率为2元/平方米。

    要求:计算房产税和城镇土地使用税。

第七章 城建税、政府基金、印花税、 环保税和船舶吨税会计

学习目标

学习本章,熟悉城建税、政府性基金、印花税、环保税、吨税的基本要素;理解城建税、政府性基金、印花税、环保税、吨税的计算和核算;掌握城建税、印花税、环保税的纳税申报。行为税是国家为了对某些特定行为进行限制或开辟某些财源而课征的一类税种。

第一节 城市维护建设税会计

城市维护建设税(简称城建税)是对缴纳增值税、消费税的单位和个人征收的一种税。与其他税种相比较,城市维护建设税具有以下特点:税款专款专用,保证用于城市公用事业和公共设施的维护和建设。城建税属于一种附加税,其本身没有特定的课税对象,其征管方法也完全比照"两税"的有关规定办理。根据城镇规模设计不同的比例税率。城建税属于行为税。

城建税的纳税人是指负有缴纳增值税、消费税义务的单位和个人。城建税的扣缴义务人为负有增值税、消费税扣缴义务的单位和个人,在扣缴增值税、消费税的同时扣缴城建税。城市维护建设税以纳税人依法实际缴纳的增值税、消费税税额为计税依据。依法实际缴纳的增值税税额,是指纳税人依照增值税相关法律法规和税收政策规定计算应当缴纳的增值税税额,加上增值税免抵税额,扣除直接减免的增值税税额和期末留抵退税退还的增值税税额后的金额。

对实行增值税期末留抵退税的纳税人,允许其从城市维护建设税、教育费附加和地方教育附加的计税(征)依据中扣除退还的增值税税额。生产企业出口货物实行免、抵、退税办法后,经税务局正式审核批准的当期免抵的增值税税额应纳入城市维护建设税的计征范围,分别按规定的税(费)率征收城市维护建设税和教育费附加。

一、税率

城市维护建设税采用地区差别比例税率。纳税人所在地为市区的,税率为 7%;纳税人所在地为县城或镇的,税率为 5%;纳税人所在地不在市区、县城或镇的,税率为 1%;开采海洋石油资源的中外合作油(气)田所在地在海上,其城市维护建设税适用 1% 的税率。

由受托方代收、代扣"两税"的,按扣缴义务人所在地税率计算代收、代扣城建税;流动

经营等无固定纳税地点的,按纳税人缴纳"两税"所在地的规定税率就地缴纳城建税。纳税人跨地区提供建筑服务、销售和出租不动产的,在建筑服务发生地、不动产所在地预缴增值税时,按预缴地城建税税率就地计算缴纳城建税和教育附加。

二、税收优惠

城建税按减免后实际缴纳的"两税"税额计征,即随"两税"的减免而减免。对于因减免税而需进行"两税"退库的,城建税也可同时退库。对"两税"实行先征后返、先征后退、即征即退办法的,除另有规定外,对随"两税"附征的城建税和附加费,一律不予退(返)还。对出口产品退还增值税、消费税的,不退还已缴纳的城建税。对国家重大水利工程建设基金免征城市维护建设税。

三、纳税期限

城建税的纳税义务发生时间与增值税、消费税的纳税义务发生时间一致,分别与增值税、消费税同时缴纳。纳税人申报增值税、消费税时,应一并申报附加税费。

四、应纳税额的计算与核算

应纳税额=(实纳增值税税额+实纳消费税税额)×适用税率

纳税人违反"两税"有关规定,被查补"两税"和被处以罚款时,也要对其未缴纳的城建税进行补税和罚款。对纳税人违反"两税"有关规定而加收的滞纳金和罚款,不作为城建税的计税依据。"两税"得到减征或免征优惠,城建税也要同时减免征。对进口货物或者境外单位和个人向境内销售劳务、服务、无形资产缴纳的增值税、消费税税额,不征收城市维护建设税。经税务局审批的当期免抵的增值税税额,应纳入城建税、教育费附加计征范围。

城市维护建设税属于行为税。当月计算出增值税时,同时应计提城建税、教育费附加及地方教育附加,于次月纳税申报期限内一起缴纳。预缴增值税时,以预缴增值税税额为计税依据,并按预缴增值税所在地的城建税适用税率和征收率就地计算缴纳城建税、教育费附加和地方教育附加。企业计算出应缴纳的城建税时,借记"税金及附加"科目,贷记"应交税费——应交城建税"科目。实际上缴城建税时,借记"应交税费——应交城建税"科目,贷记"银行存款"科目。固定资产处置相关的城建税能够分清的可以计入资产处置损益。借记"固定资产清理"科目,贷记"应交税费——应交城建税"科目。不能区分的计入"税金及附加"科目。

【例7-1】 位于县城的甲企业实际缴纳增值税350万元(其中包括进口环节增值税50万元)、消费税515万元(包括由位于市区的乙企业代收代缴的消费税30万元)。同时被税务机关查补增值税、消费税15万元,并处罚款5万元。

应纳城建税=(350-50+515-30+15)×5%=40(万元)

借:税金及附加　　　　　　　　　　　　　　　　400 000
　　贷:应交税费——应交城建税　　　　　　　　　　400 000
借:应交税费——应交城建税　　　　　　　　　　400 000
　　贷:银行存款　　　　　　　　　　　　　　　　400 000

第二节 政府性基金

政府性基金,是指各级人民政府及其所属部门根据法律、国家行政法规和中共中央、国务院有关文件的规定,为支持某项事业发展,按照国家规定程序批准,向公民、法人和其他组织征收的具有专项用途的资金。政府性基金包括各种基金、资金、附加和专项收费。

一、教育费附加和地方教育附加

教育费附加和地方教育附加是对缴纳增值税、消费税的单位和个人,就其实际缴纳的税额为计算依据征收的一种附加费。纳税人包括外商投资企业和外国企业及外籍个人。

教育费附加和地方教育附加是我国财政性教育经费的两大来源。教育费附加、地方教育附加都以单位和个人实际缴纳的增值税、消费税的税额为计征依据,与增值税、消费税同时计算征收。教育费附加是由国务院规定的;地方教育附加是经财政部同意由各地省政府规定的。教育费附加的征费率为3%,地方教育附加征费率为2%。教育费附加、地方教育附加缴纳人、计算依据、相关管理、会计处理,与城建税相同。

$$应纳教育费附加=实纳增值税、消费税×3\%$$
$$应纳地方教育附加=实纳增值税、消费税×2\%$$

【例7-2】 甲建筑企业是增值税一般纳税人,当月在异地县城取得含税建筑收入54.5万元,增值税采用一般计税方法。

在建筑服务发生地缴纳税金:

预缴增值税=54.5÷(1+9%)×2%=1(万元)

应缴纳城建税=1×5%=0.05(万元)

应缴纳教育费附加=1×3%=0.03(万元)

应缴纳地方教育附加=1×2%=0.02(万元)

二、社会保险和住房公积

社会保险包括基本养老保险、基本医疗保险、工伤保险、失业保险和生育保险。其中,养老保险、医疗保险、失业保险为企业和职工共同缴纳,工伤保险和生育保险为企业缴纳。社会保险的月缴费基数一般是按照职工上年度全年工资的月平均值来确定的,每年确定一次,且一旦确定,一年内不再变动。社会保险缴费基数最低不能低于上年度全市职工月平均工资的60%,最高不能高于上年度全市职工月平均工资的300%。职工个人缴存部分由单位代扣后,连同单位缴存部分一并缴纳。

住房公积金是单位及其在职职工缴存的长期住房储金。住房公积金由两部分组成,一部分由职工所在单位缴存,另一部分由职工个人缴存。职工个人缴存部分由单位代扣后,连同单位缴存部分一并缴纳。

【例7-3】 缴费基数100万元,保险与住房公积企业负担比例为30%,个人负担10%。

单位负担保险和住房公积计提时：

借：管理费用等   300 000

  贷：应付职工薪酬——保险和住房公积（单位部分）   300 000

个人在工资中扣除保险和住房公积时：

借：应付职工薪酬——工资   100 000

  贷：其他应付款——保险和住房公积（个人部分）   100 000

上缴保险和住房公积时：

借：应付职工薪酬——保险和住房公积（单位部分） 300 000

  其他应付款——保险和住房公积（个人部分） 100 000

  贷：银行存款   400 000

三、残疾人保障金

残疾人就业保障金是为了保障残疾人权益，促进其就业，由未按规定安排残疾人就业的机关、团体、企业、事业单位和民办非企业单位缴纳的资金。按照本单位年度安排残疾人就业的差额人数和上年度本地区职工年平均工资计算缴纳用于残疾人就业的专项资金。计提时借记"税金及附加"科目，贷记"应交税费"科目；上缴时借记"应交税费"科目，贷记"银行存款"科目。

四、文化事业建设费

文化事业建设费是国务院为进一步完善文化经济政策，拓展文化事业资金投入渠道而对广告、娱乐行业开征的一种规费。缴纳文化事业建设费的单位和个人应按照计费销售额和3%的费率计算应交费额。计提时借记"税金及附加"科目，贷记"应交税费"科目；上缴时借记"应交税费"科目，贷记"银行存款"科目。

五、水利建设基金

水利建设基金是专项用于水利建设的政府性基金。水利建设基金按照销售收入的一定比例来计提和缴纳，由地方税务机关负责征收全省行政区域内从事生产、经营的单位和个人的水利建设基金。计提时借记"税金及附加"科目，贷记"应交税费"科目；上缴时借记"应交税费"科目，贷记"银行存款"科目。

第三节　印花税会计

印花税是对经济活动和经济交往中书立、领受、使用的应税经济凭证所征收的一种税。印花税因其采用在应税凭证上粘贴印花税票的方法缴纳税款而得名。印花税兼有凭证税和行为税性质。印花税征税范围广泛，税率低、税负轻。

一、纳税人

印花税的纳税人具体包括立合同人、立据人、立账簿人、证券交易人和使用人。在中华人民共和国境内书立应税凭证、进行证券交易的单位和个人,为印花税的纳税人(立合同人、立据人、立账簿人、证券交易人)。

在中华人民共和国境外书立,在境内使用的应税凭证的单位和个人,应当依照印花税法规定缴纳印花税(使用人)。

所称应税凭证,是指本法所附《印花税税目税率表》列明的合同(十一种)、产权转移书据(四种)和营业账簿。

二、征税范围和税率

印花税采用比例税率,分 5 档,即 0.05‰、0.25‰、0.3‰、0.5‰ 和 1‰。

(一) 合同(指书面合同)

书面形式是合同书、信件、电报、电传、传真等可以有形地表现所载内容的形式。

(1) 借款合同。即银行业金融机构、经国务院银行业监督管理机构批准设立的其他金融机构与借款人(不包括同业拆借)的借款合同。税率为借款金额的万分之零点五。

(2) 融资租赁合同。税率为租金的万分之零点五。

(3) 买卖合同。即动产买卖合同(不包括个人书立的动产买卖合同)税率为价款的万分之三。

(4) 承揽合同。税率为报酬的万分之三。

(5) 建设工程合同。税率为价款的万分之三。

(6) 运输合同。即货运合同和多式联运合同(不包括管道 运输合同)。税率为运输费用的万分之三。

(7) 技术合同。税率为价款、报酬或者使用费的万分之三。不包括专利权、专有技术使用权转让书据。

(8) 租赁合同。税率为租金的千分之一。

(9) 保管合同。税率为保管费的千分之一。

(10) 仓储合同。税率为仓储费的千分之一。

(11) 财产保险合同。税率为保险费的千分之一。不包括再保险合同。

(二) 产权转移书据

产权转移书据是指单位和个人产权的买卖、继承、赠予、交换、分割等所立的书据。

(1) 土地使用权出让书据。税率为价款的万分之五。

(2) 土地使用权、房屋等建筑物和构筑物所有权转让书据(不包括土地承包经营权和土地经营权转移)。税率为价款的万分之五。

(3) 股权转让书据(不包括应缴纳证券交易印花税的)。税率为价款的万分之五。

(4) 商标专用权、著作权、专利权、专有技术使用权转让书据。税率为价款的万分之三。

(三)营业账簿

营业账簿是指单位或者个人记载生产经营活动的财务会计核算账簿。营业账簿按其反映内容的不同,可分为记载资金的账簿和其他账簿。其他账簿不征收印花税。税率为实收资本(股本)、资本公积合计金额的万分之二点五。

(四)证券交易

所称证券交易,是指转让在依法设立的证券交易所、国务院批准的其他全国性证券交易场所交易的股票和以股票为基础的存托凭证。证券交易印花税对证券交易的出让方征收,不对受让方征收。税率为成交金额的千分之一。

三、计税依据

(1)应税合同的计税依据,为合同所列的金额,不包括列明的增值税税款;

(2)应税产权转移书据的计税依据,为产权转移书据所列的金额,不包括列明的增值税税款;

(3)应税营业账簿的计税依据,为账簿记载的实收资本(股本)、资本公积合计金额;

(4)证券交易的计税依据,为成交金额。

应税合同、产权转移书据未列明金额的,印花税的计税依据按照实际结算的金额确定。计税依据按照前款规定仍不能确定的,按书立合同、产权转移书据时的市场价格确定;依法应当执行政府定价或者政府指导价的,按照国家有关规定确定。证券交易无转让价格的,按照办理过户登记手续时该证券前一个交易日收盘价计算确定计税依据;无收盘价的,按照证券面值计算确定计税依据。

四、应纳税额的计算

印花税的应纳税额按照计税依据乘以适用税率计算。

同一应税凭证载有两个以上税目事项并分别列明金额的,按照各自适用的税目税率分别计算应纳税额;未分别列明金额的,从高适用税率。

同一应税凭证由两方以上当事人书立的,按照各自涉及的金额分别计算应纳税额。

已缴纳印花税的营业账簿,以后年度记载的实收资本(股本)、资本公积合计金额比已缴纳印花税的实收资本(股本)、资本公积合计金额增加的,按照增加部分计算应纳税额。

【例7-4】 甲企业3月份取得国有土地4万平方米,签订土地使用权出让合同,金额为4 000万元,当月交付;土地使用税税率20元/平方米,印花税税率0.5‰。

应纳印花税=4 000×0.5‰=2(万元)

应纳契税=4 000×4%=160(万元)

应纳土地使用税=4×20×9÷12=60(万元)

【例7-5】 甲企业10月份注册资本增加400万元,签订货物销售合同,不含税销售额为600万元。与广告公司签订广告制作合同1份,分别记载加工费3万元,广告公司提供的原材料7万元。

印花税＝4 000 000×0.25‰÷2＋6 000 000×0.3‰＋30 000×0.3‰＋70 000×0.3‰
＝2 836(元)

五、会计核算和征收管理

印花税的纳税办法有三种:自行贴花办法、汇贴或汇缴办法、委托代征办法。购买印花税票时,借记税金及附加,贷记银行存款。计提印花税,借记税金及附加,贷记应交税费——应交印花税。实际缴纳时,借记应交税费——应交印花税,贷记银行存款。

印花税的纳税义务发生时间为纳税人书立应税凭证或者完成证券交易的当日。证券交易印花税扣缴义务发生时间为证券交易完成的当日。印花税按季、按年或者按次计征。实行按季、按年计征的,纳税人应当自季度、年度终了之日起十五日内申报缴纳税款;实行按次计征的,纳税人应当自纳税义务发生之日起十五日内申报缴纳税款。证券交易印花税按周解缴。证券交易印花税扣缴义务人应当自每周终了之日起五日内申报解缴税款以及银行结算的利息。

印花税可以采用粘贴印花税票或者由税务机关依法开具其他完税凭证的方式缴纳。印花税票粘贴在应税凭证上的,由纳税人在每枚税票的骑缝处盖戳注销或者画销。

印花税税源明细表如表7-1所示。

表7-1 印花税税源明细表

序号	*税目	*税款所属期起	*税款所属期止	应纳税凭证编号	应纳税凭证书立(领受)日期	*计税金额或件数	核定比例	*税率	减免性质代码和项目名称
按期申报									
1									
2									
3									
按次申报									
1									
2									
3									

第四节　环境保护税会计

环境保护税(简称环保税)是对在我国领域以及管辖的其他海域直接向环境排放应税污染物的企事业单位和其他生产经营者征收的一种税。环境保护税属于行为税。

一、纳税人

在中华人民共和国领域和中华人民共和国管辖的其他海域,直接向环境排放应税污染物的企业事业单位和其他生产经营者为环境保护税的纳税人。家庭和个人即便有排放污染物的行为,也不属于环境保护税的纳税人。

有下列情形之一的,不属于直接向环境排放污染物,不缴纳相应污染物的环境保护税:

(1)企业事业单位和其他生产经营者向依法设立的污水集中处理、生活垃圾集中处理场所排放应税污染物的。

(2)企业事业单位和其他生产经营者在符合国家和地方环境保护标准的设施、场所贮存或者处置固体废物的。

(3)达到省级人民政府确定的规模标准并且有污染物排放口的畜禽养殖场,应当依法缴纳环境保护税。但依法对畜禽养殖废弃物进行综合利用和无害化处理的,不属于直接向环境排放污染物,不缴纳环境保护税。

依法设立的城乡污水集中处理、生活垃圾集中处理场所超过国家和地方规定的排放标准向环境排放应税污染物的,应当缴纳环境保护税。企业事业单位和其他生产经营者,贮存或者处置固体废物不符合国家和地方环境保护标准的,应当缴纳环境保护税。

二、税目及税率

环境保护税税目包括大气污染物、水污染物、固体废物和噪声四大类,采用定额税率。固体废物和噪声污染全国统一定额税;大气和水污染物各省浮动定额税,税额上限设定为下限的 10 倍,具体适用税额的确定和调整,由省、自治区、直辖市人民政府提出,报同级人大常委会决定,并报全国人大常委会和国务院备案。

三、计税依据

应税大气污染物、水污染物的污染当量数;应税固体废物的排放量;应税噪声超过国家规定标准的分贝数。

应税大气污染物、水污染物、固体废物的排放量和噪声的分贝数,按照下列方法和顺序计算:

(1)纳税人安装使用符合国家规定和监测规范的污染物自动监测设备的,按照污染物自动监测数据计算;

(2)纳税人未安装使用污染物自动监测设备的,按照监测机构出具的符合国家有关规定和监测规范的监测数据计算;

(3)因排放污染物种类多等原因不具备监测条件的,按照国务院环境保护主管部门规定的排污系数、物料衡算方法计算;

(4)不能按照本条第一项至第三项规定的方法计算的,按照省、自治区、直辖市人民政府环境保护主管部门规定的抽样测算的方法核定计算。

特殊情况下,以其当期应税大气污染物、水污染物、固体废物的产生量作为污染物的排放量。

对于纳税人未安装使用污染物自动监测设备的,自行对污染物进行监测所获取的监测数据,符合国家有关规定和监测规范的,视同监测机构出具的监测数据。

省、自治区、直辖市人民政府根据本地区污染物减排的特殊需要,可以增加同一排放口征收环境保护税的应税污染物项目数,报同级人民代表大会常务委员会决定,并报全国人民代表大会常务委员会和国务院备案。

对于纳税人从两个以上排放口排放应税污染物的,对每一排放口排放的应税污染物分别计算征收环境保护税;纳税人持有排污许可证的,其污染物排放口按照排污许可证载明的污染物排放口确定。

四、应纳税额的计算与核算

(一) 应税大气污染物

$$应纳税额 = \sum 污染当量数 \times 适用税额$$

应税大气污染物的污染当量数＝该污染物的排放量÷该污染物的污染当量值

每一排放口或者没有排放口的应税大气污染物,按照污染当量数从大到小排序,对前三项污染物征收环境保护税。

【例7-6】 某企业6月向大气直接排放污染物,该企业所在地区大气污染物的税额标准为1.2元/污染当量(千克),只有一个排放口。从大到小前三项污染物的当量数分别为100 000千克、60 000千克、40 000千克。

污染当量数＝100 000＋60 000＋40 000＝200 000(千克)

应缴纳环境保护税＝200 000×1.2＝240 000(元)

(二) 应税水污染物

$$应纳税额 = \sum 污染当量数 \times 适用税额$$

应税水污染物的污染当量数＝该污染物的排放量÷该污染物的污染当量值

应税水污染物按照污染当量数从大到小排序:第一类水污染物按前五项征收;其他类水污染物按前三项征收。

(三) 应税固体废物

应纳税额＝固体废物排放量×适用税额

$$= \left(\begin{matrix} 当期固体 \\ 废物的产生量 \end{matrix} - \begin{matrix} 当期固体废物 \\ 的综合利用量 \end{matrix} - \begin{matrix} 当期固体 \\ 废物的贮存量 \end{matrix} - \begin{matrix} 当期固体 \\ 废物的处置量 \end{matrix} \right) \times \begin{matrix} 适用 \\ 税额 \end{matrix}$$

【例7-7】 某企业5月产生尾矿2 000吨,其中综合利用的尾矿800吨(符合标准),在符合国家和地方环境保护标准的设施贮存500吨,适用税额为15元/吨。

应税固体废物的应纳税额＝固体废物排放量×适用税额

＝(2 000－800－500)×15＝10 500(元)

(四) 应税噪声

$$应纳税额 = 超标准的分贝数所对应的具体适用税额$$

比如,工业噪声超标 1 分贝每月 350 元,超标 2 分贝每月 440 元。噪声超标分贝数不是整数值的,按四舍五入取整。声源一个月内累计昼间超标不足 15 昼或者累计夜间超标不足 15 夜的,分别减半计算应纳税额。

环境保护税属于行为税。环境保护税定期计算申报的,计提环境保护税时,借记"税金及附加",贷记"应交税费——应交环境保护税",实际缴纳时,借记"应交税费——应交环境保护税",贷记"银行存款"。环境保护税按次申报缴纳的,直接借记"税金及附加",贷记"银行存款"。

五、税收减免

(一) 环境保护税免征规定

(1) 农业生产(不包括规模化养殖)排放应税污染物的;

(2) 机动车、铁路机车、非道路移动机械、船舶和航空器等流动污染源排放应税污染物的;

(3) 依法设立的城乡污水集中处理、生活垃圾集中处理场所排放相应应税污染物,不超过国家和地方规定的排放标准的;

(4) 纳税人综合利用的固体废物,符合国家和地方环境保护标准的;

(5) 国务院批准免税的其他情形。

(二) 环境保护税减征规定

纳税人排放应税大气污染物或者水污染物的浓度值低于国家和地方规定的污染物排放标准 30% 的,减按 75% 征收环境保护税。纳税人排放应税大气污染物或者水污染物的浓度值低于国家和地方规定的污染物排放标准 50% 的,减按 50% 征收环境保护税。

六、征收管理

环境保护税纳税义务发生时间为纳税人排放应税污染物的当日。按月计算、按季申报缴纳;季度终了之日起 15 日内缴纳税款。不能按固定期限计算缴纳的,可以按次申报缴纳;自纳税义务发生之日起 15 日内缴纳税款。应税大气污染物、水污染物的纳税地点是排放口所在地;应税固体废物、应税噪声的纳税地点是废物、噪声产生地。

环境保护税税源明细表如表 7-2 所示。

表 7-2 环境保护税税源明细表

税源基础采集信息(省略)				
申报计算及减免信息				
＊税源编号	(1)			
＊税款所属月份	(2)			
＊排放口名称或噪声源名称	(3)			
＊污染物类别	(4)			

	＊水污染物种类	(5)			
	＊污染物名称	(6)			
	危险废物污染物子类	(7)			
	＊污染物排放量计算方法	(8)			
大气、水污染物监测计算	＊废气(废水)排放量(万标立方米、吨)	(9)			
	＊实测浓度值(毫克/标立方米、毫克/升)	(10)			
	＊月均浓度(毫克/标立方米、毫克/升)	(11)			
	＊最高浓度(毫克/标立方米、毫克/升)	(12)			
产(排)污系数计算	＊计算基数	(13)			
	＊产污系数	(14)			
	＊排污系数	(15)			
固体废物计算	＊本月固体废物的产生量(吨)	(16)			
	＊本月固体废物的贮存量(吨)	(17)			
	＊本月固体废物的处置量(吨)	(18)			
	＊本月固体废物的综合利用量(吨)	(19)			
噪声计算	＊噪声时段	(20)			
	＊监测分贝数	(21)			
	＊超标不足 15 天	(22)			
	＊两处以上噪声超标	(23)			
抽样测算计算	特征指标	(24)			
	特征单位	(25)			
	特征指标数量	(26)			
	特征系数	(27)			
污染物排放量(千克或吨)	大气、水污染物监测计算：(28)＝(9)×(10)÷100(1000) 大气、水污染物产(排)污系数计算： (28)＝(13)×(14)×M (28)＝(13)×(15)×M pH 值、大肠菌群数、余氯量等水污染物计算：(28)＝(9) 色度污染物计算：(28)＝(9)×色度超标倍数 固体废物排放量(含综合利用量)：(28)＝(16)－(17)－(18)				

	＊污染当量值(特征值) (千克或吨)	(29)			
	＊污染当量数	大气、水污染物污染 当量数计算： (30)＝(28)÷(29)			
	减免性质代码和项目名称	(31)			
	＊单位税额	(32)			
＊本期应 纳税额	大气、水污染物应纳税额计算： (33)＝(30)×(32) 固体废物应纳税额计算：(33)＝(28)×(32) 噪声应纳税额计算： (33)＝0.5 或 1[(22)为是的用 0.5；为否的用 1]×2 或 1 [(23)为是的用 2,为否的用 1]×(32) 按照税法所附表二中畜禽养殖业等水污染当量值表计算： (33)＝(26)÷(29)×(32) 采用特征系数计算： (33)＝(26)×(27)÷(29)×(32) 采用特征值计算： (33)＝(26)×(29)×(32)				
本期减免 税额	大气、水污染物减免税额计算：(34)＝(30)×(32)×N 固体废物减免税额计算：(34)＝(19)×(32)				
本期已 缴税额	(35)				
＊本期应补 (退)税额	(36)＝(33)－(34)－(35)				

第五节　船舶吨税会计

船舶吨税(简称吨税)是海关对自中华人民共和国境外港口进入境内港口的船舶所征收的一种税。船舶吨税属于行为税。

一、征税范围和税率

自中华人民共和国境外港口进入境内港口的船舶(以下称应税船舶)，应缴纳船舶吨税。

船舶吨税设置优惠税率和普通税率。中华人民共和国国籍的应税船舶,船籍国(地区)与中华人民共和国签订含有相互船舶税费最惠国待遇条款的条约或者协定的应税船舶,适用优惠税率。其他应税船舶,适用普通税率。拖船和非机动驳船分别按相同净吨位船舶税率的50％计征税款。

二、税收优惠

下列船舶免征吨税：应纳税额在人民币50元以下的船舶；自境外以购买、受赠、继承等方式取得船舶所有权的初次进口到港的空载船舶；吨税执照期满后24小时内不上下客货的船舶；非机动船舶(不包括非机动驳船)；捕捞、养殖渔船；避难、防疫隔离、修理、终止运营或者拆解，并不上下客货的船舶；军队、武装警察部队专用或者征用的船舶；依照法律规定应当予以免税的外国驻华使领馆、国际组织驻华代表机构及其有关人员的船舶；国务院规定的其他船舶。

在吨税执照期限内，应税船舶发生下列情形之一的，海关按照实际发生的天数批注延长吨税执照期限：避难、防疫隔离、修理，并不上下客货；军队、武装警察部队征用；应税船舶因不可抗力在未设立海关地点停泊的，船舶负责人应当立即向附近海关报告，并在不可抗力原因消除后，向海关申报纳税。

三、应纳税额的计算与核算

船舶吨税按照船舶净吨位和吨税执照期限征收，分1年期缴纳、90天期缴纳与30天期缴纳三种。应纳税额按照船舶净吨位乘以适用税额计算。净吨位，是指由船籍国(地区)政府授权签发或者授权签发的船舶吨位证明书上标明的净吨位。

$$应纳税额＝船舶净吨位×定额税率$$

应税船舶在进入港口办理入境手续时，应当向海关申报纳税领取吨税执照，或交验吨税执照。应税船舶在离开港口办理出境手续时，应当交验吨税执照。船舶吨税属于行为税。缴纳船舶吨税时，借记税金及附加，贷记银行存款。

【例7-8】 A国某运输公司一艘货轮驶入我国某港口，该货轮净吨位为40 000吨，已向我国该海关领取了吨税执照，在港口停留期限为30天，A国已与我国签订有相互给予船舶税费最惠国待遇条款。享受优惠税率，每净吨位为3.3元。

$$应缴纳船舶吨税＝40 000×3.3＝132 000(元)$$

四、税收管理

吨税由海关负责征收，吨税纳税义务发生时间为应税船舶进入港口的当日。应税船舶在吨税执照期满后尚未离开港口的，应当申领新的吨税执照，自上一次执照期满的次日起续缴吨税。应税船舶负责人应当自海关填发吨税缴款凭证之日起15日内向指定银行缴清税款。未按期缴清税款的，自滞纳税款之日起，按日加收滞纳税款0.5‰的滞纳金。应税船舶到达港口前，经海关核准先行申报并办结出入境手续的，应税船舶负责人应当向海关提供与其依法履行吨税缴纳义务相适应的担保；应税船舶到达港口后，依规定向海关申报纳税。吨税税款、滞纳金、罚款以人民币计算。

船舶吨税执照申请书如表7-4所示。

表 7-4 船舶吨税执照申请书

按照《中华人民共和国船舶吨税暂行条例》的规定,检同有关证件(包括国籍证书、吨位证书或相关部门证明文件),开具下列事项,请予完纳船舶吨税,并发给船舶吨税执照。

1. 船名	2. 船舶编号(IMO编号(优先)/呼号/其他)
3. 船舶类型	4. 国籍
5. 净吨位	6. 进港时间
7. 按一年期、九十日期或三十日期(由申请人选定一种)	
兹声明上列各项申报正确无讹承担法律责任	
此致	中华人民共和国　　　　海关
船长　(签名盖章)	船舶代理(签名盖章)
日期　　　年　　月　　日	日期　　　年　　月　　日

练 习 题

一、单项选择题

1. 某市一卷烟厂委托某县城一烟丝加工厂加工一批烟丝,委托方提供烟叶成本为 60 000 元,支付加工费 8 000 元(不含税),无同类烟丝的市场销售价格。烟丝消费税税率为 30%。受托方应代收代缴的城建税为(　　)元。

  A. 1 504.7　　　　B. 1 457.14　　　　C. 1 050　　　　D. 2 040

2. 位于市区的某企业 3 月共缴纳增值税和消费税 460 万元,进口环节缴纳的增值税和消费税 260 万元。该企业 3 月应缴纳的城市维护建设税为(　　)万元。

  A. 14　　　　B. 18.2　　　　C. 32.2　　　　D. 39.34

3. 下列关于城市维护建设税的说法中,正确的是(　　)。

  A. 实行即征即退办法的,随增值税附征的城建税予以退还

  B. 城建税的适用税率,一般按纳税人所在地适用税率确定

  C. 城建税的计税依据是纳税人应缴纳的增值税和消费税

  D. 海关对进口产品代征消费税和增值税的,征收城建税

4. 下列合同不属于"产权转移书据"征收印花税的有(　　)。

  A. 专有技术使用权转让合同　　　　B. 非专利技术转让合同

  C. 土地使用权转让合同　　　　D. 土地使用权出让合同

5. 某建筑公司与甲企业签订一份建筑承包合同,合同金额6 000万元。施工期间,该建筑公司又将其中价值800万元的安装工程转包给乙企业,并签订转包合同。税率为万分之三。该建筑公司此项业务应缴纳印花税(   )万元。

    A. 1.785   B. 1.80   C. 2.025   D. 2.04

6. 甲公司于1月份将闲置厂房出租给乙公司,合同约定每月租金2 500元,租期未定。签订合同时,预收租金5 000元,双方已按定额贴花。5月底合同解除,甲公司收到乙公司补交租金7 500元。税率1‰,甲公司5月份应补缴印花税(   )元。

    A. 7.5   B. 8   C. 9.5   D. 12.5

7. 某企业本月直接向河流排放总铅5 000千克,已知总铅污染当量值为0.025千克,假设环境保护税税额为每污染当量4元。甲企业本月应缴纳环境保护税(   )元。

    A. 800 000   B. 500 000   C. 824 000   D. 850 000

8. 下列关于船舶吨税的说法,不正确的是(   )。

    A. 拖船和非机动驳船按相同净吨位船舶税率的50%计征税款

    B. 船舶吨税设置一栏税率

    C. 船舶吨税按照船舶净吨位和执照期限征收

    D. 船舶吨税由海关负责征收

9. 下列关于印花税计税依据的表述中,正确的是(   )。

    A. 技术合同的计税依据包括研究开发经费

    B. 财产保险合同的计税依据包括所保财产的金额

    C. 货物运输合同的计税依据包括货物装卸费和保险费

    D. 记载资金账簿的计税依据为"实收资本"和"资本公积"的合计金额

10. 下列应按"产权转移书据"计征印花税的是(   )。

    A. 专利申请权转让   B. 技术开发合同

    C. 非专利技术转让   D. 商标专用权转让

二、多项选择题

1. 下列各项中,应计入城市维护建设税计税依据的有(   )。

    A. 偷逃增值税被查补的税款

    B. 偷逃消费税加收的滞纳金

    C. 出口货物免抵的增值税税额

    D. 进口产品征收的消费税税额

2. 下列属于印花税纳税人的有(   )。

    A. 借款合同的担保人

    B. 发放商标注册证的国家商标局

    C. 在国外书立,在国内使用技术合同的单位

    D. 签订加工承揽合同的两家中外合资企业

3. 应按"产权转移书据"税目征收印花税的有(   )。

    A. 商品房销售合同   B. 融资租赁合同

    C. 专利申请转让合同   D. 股权转让合同

4. 甲公司于 8 月份与乙公司签订了数份以货易货合同,以共计 750 000 元的钢材换取 650 000 元的水泥,甲公司取得差价 100 000 元。下列各项中表述正确的有(　　　)。

　　A. 甲公司 8 月份应缴纳的印花税为 225 元

　　B. 甲公司 8 月份应缴纳的印花税为 420 元

　　C. 甲公司可对易货合同采用汇总方式缴纳印花税

　　D. 甲公司可对易货合同采用汇贴方式缴纳印花税

5. 下列各项中,属于环境保护税征税范围的有(　　　)。

　　A. 大气污染物　　　B. 光污染物　　　C. 煤矸石　　　　　D. 危险废物

6. 以下符合环境保护税政策规定的有(　　　)。

　　A. 纳税义务发生时间为纳税人排放应税污染物的当日

　　B. 纳税人应向应税污染物排放地的税务机关申报缴纳

　　C. 环保税按月计算、按季申报缴纳

　　D. 纳税人按季申报缴纳的,应当自季度终了之日起 15 日内,向税务机关办理纳税申报并缴纳税款

7. 下列选项,属于环境保护税计税依据的有(　　　)。

　　A. 大气污染物的污染当量数　　　　　B. 水污染物的产生量

　　C. 固体废物的排放量　　　　　　　　D. 噪声分贝数

8. 下列船舶中,免征船舶吨税的有(　　　)。

　　A. 养殖渔船　　　　　　　　　　　　B. 非机动驳船

　　C. 军队征用的船舶　　　　　　　　　D. 非机动船舶

第八章 关税、车购税、契税、耕地占用税和烟叶税会计

学习目标

学习本章,熟悉关税、车辆购置税、契税、耕地占用税、烟叶税的基本要素;理解关税、车辆购置税、契税、耕地占用税、烟叶税的计算和核算;掌握车辆购置税、契税、耕地占用税、烟叶税的纳税申报。取得资产支付的相关税费,应当计入取得资产的成本。

第一节 关税会计

一、纳税人及征税对象

关税是由海关根据国家制定的有关法律,以进出关境的货物和物品为征税对象而征收的一种商品税。

关税纳税人包括进口货物收货人,出口货物发货人,进出境物品所有人(携带人、邮运进境收件人、邮运出境寄件人或托运人等)。

货物是指贸易性商品;物品是指非贸易性商品。关税是对有形货品征税,对无形货品不征税。跨境电子商务零售商品按"货物"征税。关税是单一环节的价外税(关税完税价格不包括关税,但增值税、消费税计税依据含关税)。一般情况下,关境等于国境,如果境内设立自由港、自由贸易区,则关境<国境;如果有关税同盟,则关境>国境。

二、关税进出口税则

进出口税则以税率表为主体,包括税则商品分类目录和税率栏两大部分,通常还包括实施税则的法令、使用税则的有关说明和附录等。通常所称的关税主要指进口关税。进口关税包括正税和附加税。附加税是在征收进口正税的基础上额外加征的,如反倾销税、反补贴税、报复关税等。

进口关税设有最惠国税率、协定税率、特惠税率、普通税率、关税配额税率五种税率。出口关税设有一栏比例税率。

进出口货物,应当适用海关接受该货物申报进口或者出口之日实施的税率。

我国对进口货物确定原产地,采用国际通用的两个标准,分别是全部产地生产标准、实质性加工标准。

关税完税价格是海关以进出口货物的实际成交价格为基础,经调整确定的计征关税的价格。关税的完税价格相当于一般流转税的计税价格,进口货物的完税价格是以海关审定的成交价格为基础的到岸价格,出口货物的完税价格等于货物的离岸价格扣除出口关税后的余额。

从价税,关税应纳税额=应税进(出)口货物数量×单位完税价格×税率;从量税,关税应纳税额=应税进(出)口货物数量×单位货物税额;复合税,应纳税额=应税进(出)口货物数量×单位货物税额+应税进(出)口货物数量×单位完税价格×税率;选择税,选择从价税和从量税中税额较高的一种征税;税额滑准税,应纳税额=应税进(出)口货物数量×单位完税价格×滑准税税率。

三、进口货物的完税价格

(一) 以成交价格为基础的完税价格

正常情况下,进口货物采用以成交价格为基础的完税价格。进口货物的完税价格包括货物的货价、货物运抵我国输入地点起卸前的运输及相关费用、保险费。

进口货物的保险费,应当按照实际支付的费用计算。如果进口货物的保险费无法确定或者未实际发生,海关应当按照"货价加运费"两者总额的 3‰ 计算保险费,其计算公式如下:

$$保险费 = (货价 + 运费) \times 3‰$$

1. 需要计入完税价格的项目

(1) 由买方负担的除购货佣金以外的佣金和经纪费。

① 购货佣金(买方佣金):买方为购买进口货物向自己的采购代理人支付的劳务费用——不计入完税价格。

② 经纪费:买方为购买进口货物向代表买卖双方利益的经纪人支付的劳务费用——计入完税价格。

③ 卖方佣金:支付给卖方代理人的佣金,实际也是购买货物的一项支出——计入完税价格。

(2) 由买方负担的与该货物视为一体的容器费用。

(3) 由买方负担的包装材料和包装劳务费用。

(4) 与该货物的生产和向我国境内销售有关的,由买方以免费或者低于成本的方式提供并可以按适当比例分摊的料件、工具、模具、消耗材料及类似货物的价款,以及在境外开发、设计等相关服务的费用。

(5) 买方需向卖方或者有关方支付的与进口货物有关的且符合进口条件的特许权使用费。

(6) 卖方直接或间接从买方对该货物进口后销售、处置或使用所得中获得的收益。

与进口货物有直接关系的、最终由买方承担的相关成本计入完税价格,否则不计入。

2. 不需要计入完税价格的项目

(1) 厂房、机械或者设备等货物进口后发生的建设、安装、装配、维修或者技术援助费用,但是保修费用除外;

(2) 进口货物运抵中华人民共和国境内输入地点起卸后发生的运输及其相关费用、保险费；

(3) 进口关税、进口环节海关代征税及其他国内税；

(4) 为在境内复制进口货物而支付的费用；

(5) 境内外技术培训及境外考察费用；

(6) 符合条件的利息费用。

(二) 进口货物海关估定方法

对于价格不符合成交条件或成交价格不能确定的进口货物，由海关估价确定。海关估价依次使用的方法包括相同货物的成交价格估价方法、类似货物的成交价格估价方法、倒扣价格估价方法、计算价格估价方法、其他合理的方法。

四、出口货物的完税价格

出口货物的完税价格由海关以该货物的成交价格为基础审查确定，包括货物运至中华人民共和国境内输出地点装载前的运输及其相关费用、保险费。

(一) 以成交价格为基础的完税价格

出口货物的成交价格，是指该货物出口销售时，卖方为出口该货物应当向买方直接收取和间接收取的价款总额。

下列税收、费用不计入出口货物的完税价格：出口关税；在货物价款中单独列明的货物运至中华人民共和国境内输出地点装载后的运输及其相关费用、保险费（即出口货物的运保费最多算至离境口岸）；单独列明支付给境外的佣金。

【例8-1】　某公司出口一批矿石，货物离岸价格 180 万元（含出口关税），其中包括货物运抵港口装载前的运输费 10 万元。此外，港口到国外目的地港口之间还需另行支付运输和保险费 20 万元。该矿石出口关税税率为 20%。

出口关税 = $180 \div (1 + 20\%) \times 20\% = 30$（万元）

(二) 出口货物海关估定方法

出口货物的成交价格不能确定的，海关经了解有关情况，并与纳税义务人进行价格磋商后，依次以下列价格审查确定该货物的完税价格：

(1) 同时或者大约同时向同一国家或者地区出口的相同货物的成交价格；

(2) 同时或者大约同时向同一国家或者地区出口的类似货物的成交价格；

(3) 根据境内生产相同或者类似货物的成本、利润和一般费用（包括直接费用和间接费用）、境内发生的运输及其相关费用、保险费计算所得的价格；

(4) 按照合理方法估定的价格。

五、跨境电子商务零售进口商品

根据我国税收法规，贸易性进境物品需要缴纳关税、增值税和消费税，非贸易性进境物品缴纳行邮税。行邮税是将关税、进口环节增值税和消费税三税合并征收，税率普遍低于同类进口货物的综合税率（13%、20%、50%）。

自 2016 年 4 月 8 日起,跨境电子商务零售进口商品按照货物征收关税和进口环节增值税、消费税,购买跨境电子商务零售进口商品的个人作为纳税义务人,实际交易价格(包括货物零售价格、运费和保险费)作为完税价格,电子商务企业、电子商务交易平台企业或物流企业可作为代收代缴义务人。

跨境电子商务零售进口商品的单次交易限值为人民币 5 000 元,个人年度交易限值为人民币 26 000 元。

(1) 限值以内:关税税率暂设为 0%;进口环节增值税、消费税暂按法定应纳税额的 70%征收。

(2) 超过单次限值、累加后超过个人年度限值的单次交易,以及完税价格超过 5 000 元限值的单个不可分割商品,均按照一般贸易方式全额征税。

六、关税减免

关税减免分为法定减免、特定减免、临时减免三种类型。

法定减免依据《海关法》,其他减免税均由国务院决定。我国减征关税以最惠国税率或普通税率为基准。

下列进出口货物,免征关税。关税税额在人民币 50 元以下的一票货物;无商业价值的广告品和货样;外国政府、国际组织无偿赠送的物资;在海关放行前损失的货物;进出境运输工具装载的途中必需的燃料、物料和饮食用品。

七、关税的核算

进口关税是取得资产应支付的相关税费,应当计入资产成本。出口关税是销售环节缴纳的税金应当计入税金及附加。外贸企业自营进口业务应缴纳的进口关税,借记“在途物资”“固定资产”,贷记“应交税费——进口关税”;实际缴纳时,借记“应交税费——进口关税”,贷记“银行存款”。外贸企业自营出口业务应缴纳的出口关税,借记“税金及附加”,贷记“应交税费——出口关税”;实际缴纳时,借记“应交税费——出口关税”,贷记“银行存款”。外贸企业代理进口业务计缴进口关税,借记“应付账款”,贷记“应交税费——进口关税”,缴纳进口关税,借记“应交税费——进口关税”,贷记“银行存款”。外贸企业代理出口业务计缴出口关税,借记“应收账款”,贷记“应交税费——出口关税”,缴纳出口关税,借记“应交税费——出口关税”,贷记“银行存款”。

工业企业进口货物应缴纳的进口关税,可以不通过“应交税费”账户核算,而是将其与进口货物的价款、运费和保费一并直接计入进口货物成本,借记“在途物资”“固定资产”;贷记“银行存款”。工业企业出口产品应缴纳的出口关税,可以不通过“应交税费”账户核算,支付时直接借记“税金及附加”,贷记“银行存款”。

【例 8-2】 某企业进口一批烟丝,境外成交价格 154 万元,运至我国境内输入地点起卸前运费 20 万元,保险费用 1 万元;从海关取得的海关进口增值税专用缴款书,关税税率为 8%。

进口关税＝175×8%＝14(万元)

组成计税价格＝(175＋14)÷(1－30%)＝270(万元)

进口增值税＝270×13％＝35.1(万元)

进口消费税＝270×30％＝81(万元)

175＋14＋81＝270(万元)

175＋14＋81＋35.1＝305.1(万元)

借:在途物资   2 700 000

  应交税费——应交增值税(进项税额)   351 000

  贷:银行存款   3 051 000

八、关税征收管理

(一)关税缴纳

进口货物自运输工具申报进境之日起 14 日内,出口货物在货物运抵海关监管区后装货的 24 小时以前,应由进出口货物的纳税人向货物进出境地的海关申报纳税。

纳税义务人应当自海关填发税款缴款书之日起 15 日内,向指定银行缴纳税款。海关在征收进口货物、物品关税的同时,还代征进口增值税和消费税。

关税纳税义务人因不可抗力或者在国家税收政策调整情形下,不能按期缴纳税款的,经海关总署批准,可以延期缴纳税款,但最长不超过 6 个月。

(二)关税强制执行

1. 征收关税滞纳金

滞纳金自关税缴纳期限届满之日起,至纳税义务人缴纳关税之日止,按滞纳税款 0.5‰的比例按日征收,周末或法定节假日不予扣除。滞纳金的起征点为 50 元。

$$关税滞纳金金额＝滞纳关税税额×滞纳金征收比率×滞纳天数$$

2. 强制征收

如纳税义务人自海关填发缴款书之日起 3 个月内仍未缴纳税款,经海关关长批准,海关可以采取强制扣缴。

(三)关税退还

海关发现多征税款,立即通知纳税义务人办理退税手续,纳税义务人应当自收到海关通知之日起 3 个月内办理有关退税手续。纳税人发现的,自缴纳税款之日起 1 年内书面申请退税,并加算银行同期存款利息。

(四)关税补征和追征

非因纳税人违反海关规定造成短征关税,关税补征期为缴纳税款或货物放行之日起 1 年内。纳税人违反海关规定造成短征关税,关税追征期为进出口货物完税之日或货物放行之日起 3 年内,并加收少征或漏征税款 0.5‰的滞纳金。

(五)进出口报关单

进出口货物报关单是指进出口货物收发货人或其代理人,按照海关规定的格式对进出口货物的实际情况做出书面申明,以此要求海关对其货物按适用的海关制度办理通关手续的法律文书。它在对外经济贸易活动中具有十分重要的法律地位。它既是海关监管、征税、统计以及开展稽查和调查的重要依据,又是加工贸易进出口货物核销,以及出口退税和外汇管理的重要凭证,也是海关处理走私、违规案件,以及税务、外汇管理部门查处骗税和套汇犯罪活动的重要证书。

为规范进出口货物收发货人的申报行为,统一进出口货物报关单填制要求,保证报关单数据质量,根据《中华人民共和国海关法》及有关法规,制定《中华人民共和国海关进出口货物报关单填制规范》。

中华人民共和国海关进/出口货物报关单如表8-1、表8-2所示。

表8-1 中华人民共和国海关进口货物报关单

预录入编号:　　　　　海关编号:　　　　　　　　页码/页数:

境内收货人	进境关别	进口日期		申报日期	备案号
境外发货人	运输方式	运输工具名称及航次号		搬运单号	货物存放地点
消费使用单位	监管方式	征免性质		许可证号	启运港
合同协议号	贸易国(地区)	启运国(地区)		经停港	入境口岸

包装种类	件数	毛重(千克)	净重(千克)	成交方式	运费	保费	杂费

随附单证
随附单证1:　　　　　　　　　随附单证2:

标记唛码及附注

项号	商品编号	商品名称及规格型号	数量及单位	单价/总价/币制	原产国(地区)	最终目的国(地区)	境内目的地	征免
1								
2								
3								

特殊关系确认:　　　　价格影响确认:　　　　支付特许权使用费确认:
自报自缴:

申报人员　　申报人员证号　　电话 兹申明以上内容承担如实申报、依法纳税之法律责任 申报单位　　申报单位(盖章)	海关批注及签章

表 8－2　中华人民共和国海关出口货物报关单

预录人编号：　　　　　　　　海关编号：　　　　　　　　页码/页数：

境内发货人	出境关别	出口日期		申报日期	备案号
境外收货人	运输方式	运输工具名称及航次号		搬运单号	
生产销售单位	监管方式	征免性质		许可证号	
合同协议号	贸易国（地区）	运抵国（地区）		指运港	
包装种类	件数	毛重（千克）	净重（千克）	成交方式	运费	保费	杂费

随附单证
随附单证 1：　　　　　　　　随附单证 2：

标记唛码及附注

项号	商品编号	商品名称及规格型号	数量及单位	单价/总价/币制	原产国（地区）	最终目的国（地区）	境内货源地	征免
1								
2								
3								

特殊关系确认：　　　　价格影响确认：　　　　支付特许权使用费确认：　　　　自报自缴：

申报人员　　　　申报人员证号　　　　电话
兹申明以上内容承担如实申报、依法纳税之法律责任

申报单位　　　　　　　申报单位（盖章）

海关批注及签章

第二节　车辆购置税会计

车辆购置税是以在中国境内购置规定的车辆为课税对象、在特定的环节向车辆购置者征收的一种税。征收范围单一，征收环节单一，征税具有特定目的，价外征收。车辆购置税由买方缴纳，不能转嫁税负。

一、纳税人

车辆购置税的纳税人是指在我国境内购置应税车辆的单位和个人。所称购置，是指以购买、进口、自产、受赠、获奖或者其他方式取得并自用应税车辆的行为。

二、征税范围和税率

征税范围为列举的车辆,包括汽车、有轨电车、汽车挂车、排气量超过 150 毫升的摩托车。地铁、轻轨等城市轨道交通车辆,装载机、平地机、挖掘机、推土机等轮式专用机械车,以及起重机(吊车)、叉车、电动摩托车,不属于应税车辆。实行比例税率,税率为 10%。

区分应税、免税、非应税车辆,如电动自行车(非应税)、农用三轮运输车(免税)。

三、应纳税额的计算与核算

$$应纳税额＝计税价格×税率$$

由于应税车辆购置的来源不同,计税价格的组成也就不一样。车辆购置税的计税依据有三种情况。

(1) 购买自用(包括购买国产、进口应税车辆):购买应税车辆而支付给销售方的全部价款和价外费用,不包括增值税税款。

$$计税价格＝含增值税的销售价格÷(1＋税率或征收率)$$

计税依据为纳税人购买应税车辆而支付给销售方的全部价款和价外费用(不含增值税),包括使用销售方票据收取的手续费、保管费、装饰费、工具件、零部件价款、优质费等,不包括使用委托方票据收取,代办保险费、代收牌照费和代收车辆购置税。受托方只履行代收义务的款项,一般不应并入计税价格计税。

【例 8-3】 某公司从汽车有限公司购买一辆小汽车使用,含增值税价款 220 150 元,临时牌照费 550 元、零配件价款 4 000 元、车辆装饰费 1 300 元。所有款项均由该公司开具发票。

计税依据＝(220 150＋550＋4 000＋1 300)÷(1＋13%)＝200 000(元)

应纳车辆购置税＝200 000×10%＝20 000(元)

(2) 进口自用:以组成计税价格为计税依据。

$$组成计税价格＝关税完税价格＋关税＋消费税＝\frac{关税完税价格＋关税}{1－消费税税率}$$

【例 8-4】 某 4S 店进口 10 辆商务车,海关核定的关税计税价格为 42.24 万元/辆,当月销售 4 辆,5 辆待售,1 辆公司自用。商务车关税税率为 25%,消费税税率为 12%。

组成计税价格＝42.24×(1＋25%)÷(1－12%)＝60(万元)

应纳车辆购置税＝60×10%＝6(万元)

纳税人购买自用或进口自用应税车辆,申报的计税价格低于同类型应税车辆的最低计税价格,又无正当理由的,计税价格为国家税务总局核定的最低计税价格。最低计税价格,是指国家税务总局依据机动车生产企业或者经销商提供的车辆价格信息,参照市场平均交易价格核定的车辆购置税计税价格。

(3) 纳税人自产、受赠、获奖或者以其他方式取得并自用的应税车辆的计税价格:① 主管税务机关参照国家税务总局规定的最低计税价格核定;② 国家税务总局未核定最低计税价格的车辆,计税价格为纳税人提供的有效价格证明注明的价格;③ 有效价格证明注明的价格明显偏低的,主管税务机关有权核定应税车辆的计税价格。核定计税价格＝车辆进价×(1＋成本利润率),成本利润率由省级国家税务局确定。

车辆购置税是取得资产应支付的相关税费,应当计入取得车辆的成本。由于车辆购置税是一次性缴纳,不通过"应交税费"账户进行核算。企业实际缴纳的车辆购置税,借记"固定资产",贷记"银行存款"。

四、税收优惠

① 外国驻华使馆、领事馆和国际组织驻华机构及其外交人员自用车辆,免税。② 中国人民解放军和中国人民武装警察部队列入军队武器装备订货计划的车辆,免税。③ 设有固定装置的非运输车辆,免税。不包括自卸式垃圾车、载运人员和物品的专用运输车辆。④ 列入《新能源汽车车型目录》的新能源汽车免征车辆购置税。⑤ 城市公交企业购置的公共汽电车辆免征车辆购置税。⑥ 农用三轮运输车,免税。

免税、减税车辆因转让、改变用途等原因不再属于免税、减税范围的,纳税人应当在办理车辆转移登记或者变更登记前缴纳车辆购置税。计税价格以免税、减税车辆初次办理纳税申报时确定的计税价格为基准,每满一年扣减百分之十。

纳税人将已征车辆购置税的车辆退回车辆生产企业或者销售企业的,可以向主管税务机关申请退还车辆购置税。退税额以已缴税款为基准,自缴纳税款之日至申请退税之日,每满一年扣减百分之十。

五、征收管理

纳税人应当在向公安机关等车辆管理机构办理车辆登记注册手续前,缴纳车辆购置税,即最终消费环节缴纳。纳税人购置应税车辆,应当向车辆登记注册地的主管税务机关申报纳税;购置不需办理车辆登记注册手续的应税车辆,应当向纳税人所在地主管税务机关申报纳税。

购买自用的应税车辆,自购买之日(即购车发票上注明的销售日期)起60日内申报纳税;进口自用的应税车辆,应当自进口之日(报关进口的当天)起60日内申报纳税;自产、受赠、获奖和以其他方式取得并自用的应税车辆,应当自取得之日起60日内申报纳税。

车辆购置税纳税申报表如表8-3所示。

表8-3　车辆购置税纳税申报表

车辆类别代码		生产企业名称		
合格证编号(或货物进口证明书号)			厂牌型号	
车辆识别代号(车架号)			发动机号	
座位		吨位	排量(cc)	

机动车销售统一发票	代码		机动车销售统一发票价格		价外费用合计	
	号码					
其他有效凭证名称			其他有效凭证号码		其他有效凭证价格	
进口自用车辆纳税人填写右侧项目		海关进口关税专用缴款书(或进出口货物征免税证明)号码				
		关税完税价格		关税		消费税
购置日期			申报计税价格			
核定计税价格		税率	应纳税额	免(减)税额	实纳税额	滞纳金金额
		10%				

第三节　契税会计

契税是以在中华人民共和国境内转移土地、房屋权属为征税对象,向产权承受人征收的一种财产税。在购置环节征收。

一、纳税人和税率

在中华人民共和国境内转移土地、房屋权属,承受的单位和个人为契税的纳税人。契税实行幅度比例税率,税率幅度为3%~5%。

二、征税范围

契税的征税对象为发生土地使用权和房屋所有权权属转移的土地和房屋。其具体征税范围包括:

(1) 国有土地使用权出让。对承受国有土地使用权应支付的土地出让金,要征收契税。不得因减免土地出让金而减免契税。

(2) 土地使用权转让,包括出售、赠予和交换,不包括土地承包经营权和土地经营权的转移。

(3) 房屋买卖和视同买卖房屋。

① 以房产抵债或以实物交换房屋。经当地政府和有关部门批准,以房产抵债和以实物交换房屋,均视同房屋买卖,应由产权承受人按房屋现值缴纳契税。

② 以房产作投资或作股权转让。这种交易业务属房屋产权转移,办理房屋产权交易和产权变更登记手续,视同房屋买卖,由产权承受方按投资房产价值或房产买价缴纳契税。以自有房产作股投入本人独资经营企业,免纳契税。

③ 买房拆料或翻建新房应照章征收契税。买房拆料,是指购买房产的目的是取得该房产的建筑材料;翻建新房,是指购买房产的目的是重新翻建该房子。这两种情况,都构成房屋买卖,应办理房屋产权变更手续,并按买价缴纳契税。

(4) 房屋赠予。法定继承人继承土地、房屋权属,不缴纳契税。非法定继承人根据遗嘱承受死者生前的土地、房屋权属,属于赠予行为,应缴纳契税。以获奖方式取得房屋产权的,其实质是接受赠予房产,应照章缴纳契税。

(5) 房屋交换。房屋产权相互交换,双方交换价值相等,免纳契税,办理免征契税手续。价值不相等的,按超出部分由支付差价方缴纳契税。

对以作价投资(入股)、偿还债务、划转、奖励等方式转移土地、房屋权属的,应当依照本法规定征收契税。

三、契税应纳税额的计算与核算

$$应纳税额＝计税依据×税率$$

由于不动产的转移方式、定价方法不同,契税计税依据有以下几种情况:

(1) 国有土地使用权出让、土地使用权出售、房屋买卖,以成交价格为计税依据;

(2) 土地使用权赠予、房屋赠予,由征收机关参照土地使用权出售、房屋买卖的市场价格核定;

(3) 土地使用权交换、房屋交换,以所交换的土地使用权、房屋的价格差额为计税依据(支付差价的一方为纳税人);

(4) 以划拨方式取得土地使用权,经批准转让房地产时,由房地产转让者补交契税,计税依据为补交的土地使用权出让费用或者土地收益。

【例 8-5】 某公司以 1 200 万元(不含税价)购入一幢旧写字楼,原值 2 000 万元,已计折旧 800 万元。当地适用契税税率为 3%。印花税税率为 0.05%。

应纳契税税额＝1 200×3%＝36(万元)

应纳印花税税额＝1 200×0.5‰＝0.6(万元)

【例 8-6】 以 1 000 万元协议购买用于开发的一宗土地,并缴纳了契税。当地适用的契税税率为 3%。印花税税率为 0.05%。

应纳契税税额＝1 000×3%＝30(万元)

应纳印花税税额＝1 000×0.5‰＝0.5(万元)

契税是取得资产应支付的相关税费,应当计入资产的成本。契税计入了土地成本或房产的原值,契税是通过折旧或者摊销金额在所得税税前扣除的。契税一般实行先税后证,由财产承受人缴纳,不通过"应交税费"核算。实际缴纳契税时,借记"固定资产""无形资产""开发成本",贷记"银行存款"。

四、减免税优惠

(一) 契税减免的基本规定

以下情形免征契税:

(1) 国家机关、事业单位、社会团体、军事单位承受土地、房屋权属用于办公、教学、医疗、科研、军事设施；

（2）非营利性的学校、医疗机构、社会福利机构承受土地、房屋权属用于办公、教学、医疗、科研、养老、救助；

（3）承受荒山、荒地、荒滩土地使用权用于农、林、牧、渔业生产；

（4）婚姻关系存续期间夫妻之间变更土地、房屋权属；

（5）法定继承人通过继承承受土地、房屋权属；

（6）依照法律规定应当予以免税的外国驻华使馆、领事馆和国际组织驻华代表机构承受土地、房屋权属。

（二）契税优惠的特殊规定

（1）对于企业整体改制，原企业投资主体存续并在改制（变更）后的公司中所持股权（股份）比例超过75％，且改制（变更）后公司继承原企业权利、义务的，对改制（变更）后公司承受原企业土地、房屋权属的，免征契税。

（2）事业单位按照国家有关规定改制为企业，原投资主体存续并在改制后企业中出资（股权、股份）比例超过50％的，对改制后企业承受原事业单位土地、房屋权属的，免征契税。

（3）两个或两个以上的公司合并为一个公司，且原投资主体存续的，对合并后公司承受原合并各方土地、房屋权属的，免征契税。

（4）企业依照法律规定、合同约定分设为两个或两个以上投资主体相同的企业，对派生方、新设方承受原企业土地、房屋权属的，不征收契税。

（5）对债权人（包括破产企业职工）承受破产企业抵偿债务的土地、房屋权属的，免征契税；对非债权人承受破产企业土地、房屋权属的，安置原企业全部职工，与原企业全部职工签订服务年限不少于3年的劳动用工合同的，免征契税；与原企业超过30％的职工签订服务年限不少于3年的劳动用工合同的，减半征收契税。

（6）对承受县级以上人民政府或国有资产管理部门按规定进行行政性调整、划转国有土地、房屋权属的单位，免征契税。同一投资主体内部所属企业之间土地、房屋权属的划转，免征契税。

（7）经国务院批准实施债权转股权的企业，对债权转股权后新设立的公司承受原企业的土地、房屋权属的，免征契税。

（8）公司股权（股份）转让，单位、个人承受公司股权（股份），不征收契税。

（9）以出让方式或国家作价出资（入股）方式承受原改制重组企业、事业单位划拨用地，对承受方应按规定征收契税。

五、征收管理

契税的纳税义务发生时间，为纳税人签订土地、房屋权属转移合同的当日，或者纳税人取得其他具有土地、房屋权属转移合同性质凭证的当日。纳税人应当在依法办理土地、房屋权属登记手续前申报缴纳契税。

契税在土地、房屋所在地的征收机关缴纳。纳税人办理纳税事宜后，征收机关应向纳税人开具契税完税凭证。纳税人持契税完税凭证和其他规定的文件材料，依法向房地产管理部门办理有关土地、房屋的权属变更登记手续。房地产管理部门应向契税征收机关提供有关材料,并协助契税征收机关依法征收契税。

房地产交易纳税人依照税收法律法规及相关规定确定的申报期限、申报内容,填报《增量房交易税收申报表》或《存量房交易税费申报表》或《土地出让转让税费申报表》,向税务机关进行流转税、所得税、财产和行为税及相关规费等多项税(费)种的纳税申报。

契税税源明细表如表8-4所示。

表8-4　契税税源明细表

＊税源编号		＊土地房屋坐落地址		不动产单元号(或房屋编号)	
合同编号		＊合同签订日期		＊共有方式	单独所有 共同共有 (共有人:_____) 按份共有_____%
＊权属转移对象		＊权属转移方式		＊用途	
＊成交价格 □含税 □不含税		＊权属转移面积		＊成交单价	
＊评估价格		＊计税价格			
＊适用税率		减免性质代码和项目名称			

第四节　耕地占用税会计

耕地占用税是对在中华人民共和国境内占用耕地建设建筑物、构筑物或从事非农业建设的单位和个人,以其实际占用的耕地面积为计税依据征收的一种税。耕地占用税兼具资源税与特定行为税的性质;采用地区差别税率;在占用耕地环节一次性课征。耕地占用税属于行为税。

一、纳税义务人和征税范围

耕地占用税的纳税义务人是指在中华人民共和国境内占用耕地建设建筑物、构筑物或者从事非农业建设的单位和个人。经申请批准占用耕地的,纳税人为农用地转用审批文件中标明的建设用地人;农用地转用审批文件中未标明建设用地人的,纳税人为用地申请人。未经批准占用耕地的,纳税人为实际用地人。耕地占用税的征税范围包括用于建设建筑物、构筑物或从事其他非农业建设征（占）用的国家所有和集体所有的耕地。"耕地"是指种植农作物的土地。

耕地占用税的征税范围包括用于建房或从事其他非农业建设征（占）用的国家所有和集体所有的耕地。占用园地及其他农用土地建房或从事其他非农业建设，也视同占用耕地，必须依法征收耕地占用税。需要注意的是，农田水利不论是否包含建筑物、构筑物占用耕地，均不属于耕地占用税征税范围。

二、应纳税额的计算与核算

耕地占用税以纳税人实际占用的耕地面积为计税依据。人均耕地不超过 1 亩的地区（以县、自治县、不设区的市、市辖区为单位，下同），每平方米为 10 元至 50 元；人均耕地超过 1 亩但不超过 2 亩的地区，每平方米为 8 元至 40 元；人均耕地超过 2 亩但不超过 3 亩的地区，每平方米为 6 元至 30 元；人均耕地超过 3 亩的地区，每平方米为 5 元至 25 元。

实行地区差别幅度定额税率。人均耕地面积越少，单位税额越高。每一地区单位最高税额是单位最低税额的 5 倍。经济特区、经济技术开发区和经济发达、人均耕地特别少的地区，适用税额可以适当提高，但是最多不得超过规定税额标准的 50%。

$$应纳税额＝纳税人实际占用的耕地面积×适用税额标准$$

军事设施、学校、幼儿园、社会福利机构、医疗机构占用耕地，免征耕地占用税。耕地占用税的纳税义务发生时间为纳税人收到自然资源主管部门办理占用耕地手续的书面通知的当日。纳税人应当自纳税义务发生之日起 30 日内申报缴纳耕地占用税。

【例 8-7】 某企业占用林地 40 万平方米建造生态度假村，所占耕地适用的定额税率为 20 元/平方米。

应缴纳耕地占用税＝40×20＝800（万元）

耕地占用税是取得资产应支付的相关税费，应当计入资产的成本。由于耕地占用税是在实际占用耕地之前一次性缴纳的，不存在与征税机关清算和结算的问题，因此企业按规定缴纳的耕地占用税，不通过"应交税费"科目核算。企业取得的土地使用权通常应确认为在建工程，购买土地缴纳的耕地占用税直接借记在建工程，贷记银行存款；房地产开发企业购买土地缴纳的耕地占用税直接借记开发成本，贷记银行存款。

耕地占用税税源明细表如表 8-5 所示。

表 8-5 耕地占用税税源明细表

占地方式	1. 经批准按批次转用□ 2. 经批准单独选址转用□ 3. 经批准临时占用□	项目（批次）名称		批准占地文号	
		批准占地部门		经批准占地面积	
		收到书面通知日期（或收到经批准改变原占地用途日期）	年 月 日	批准时间	年 月 日
	4. 未批先占□	认定的实际占地日期（或认定的未经批准改变原占地用途日期）	年 月 日		认定的实际占地面积

续　表

损毁耕地	挖损□　采矿塌陷□　压占□污染□	认定的损毁耕地日期	年　　月　　日		认定的损毁耕地面积	
税源编号	占地位置	占地用途	征收品目	适用税额	计税面积	减免性质代码和项目名称	减免税面积

第五节　烟叶税会计

烟叶税是以纳税人收购烟叶的收购金额为征税依据征收的一种税。在中华人民共和国境内收购烟叶的单位为烟叶税的纳税人。烟叶的生产销售方不是烟叶税的纳税人,烟叶的收购方是烟叶税的纳税人。征税范围包括烤烟叶、晾晒烟叶。采用比例税率,为20%。计税依据为收购烟叶实际支付的价款总额,收购烟叶实际支付的价款总额包括纳税人支付给烟叶生产销售单位和个人的烟叶收购价款和价外补贴。其中,价外补贴统一按烟叶收购价款的10%计算。

$$应纳税额＝实际支付的价款总额×税率$$

烟叶税是取得资产应支付的相关税费,应当计入资产的成本。烟草公司从烟农那里收购烟叶时无法取得增值税专用发票,需要计算进项税额。采购烟叶时,借记"在途物资""应交税费——应交增值税(进项税额)",贷记"银行存款""应交税费——烟叶税",缴纳烟叶税时,借记"应交税费——烟叶税",贷记"银行存款"。

【例8-8】　某烟草公司系增值税一般纳税人,收购烟叶支付烟叶收购价款80万元,另向烟农支付了价外补贴8万元。假定增值税扣除率为9%。

应缴纳的烟叶税＝(800 000＋80 000)×20%＝176 000(元)

进项税额＝(880 000＋176 000)×9%＝95 040(元)

借:在途物资　　　　　　　　　　　　　　　　960 960

　　应交税费——应交增值税(进项税额)　　　　95 040

　　贷:银行存款　　　　　　　　　　　　　　　880 000

　　　　应交税费——应交烟叶税　　　　　　　176 000

纳税人收购烟叶,应当向烟叶收购地的税务机关申报纳税。应当自纳税义务发生之日起15日内申报纳税。

烟叶税税源明细表如表8-6所示。

表 8-6 烟叶税税源明细表

序　号	烟叶收购价款总额	税　率
1		
2		
3		
4		
5		
6		

练 习 题

一、单项选择题

1. 某贸易公司进口一批货物。合同中约定成交价格为人民币 600 万元,支付境内特许销售权费用人民币 10 万元、卖方佣金人民币 5 万元。该批货物运抵境内输入地点起卸前发生的运费和保险费共计人民币 8 万元。该货物关税完税价格(　　)万元。

　　A. 623.00　　　　B. 615.00　　　　C. 613.00　　　　D. 610.00

2. 下列关于关税征收管理的说法,正确的是(　　)。

　　A. 进口货物自运输工具申报进境之日起 14 日内,向货物进境地海关申报纳税

　　B. 进口货物在货物运抵海关监管区后装货的 24 小时以后,向货物出境地海关申报纳税

　　C. 关税的延期缴纳税款期限,最长不得超过 12 个月

　　D. 关税补征期为缴纳税款或货物放行之日起 3 年内

3. 下列行为中,不享受车辆购置税优惠政策的有(　　)。

　　A. 城市公交企业购置公共汽电车

　　B. 中国公民李先生购买自用超豪华汽车

　　C. 英国驻华领事馆购买自用车辆

　　D. 武警部队购置列入军队武器装备订货计划的车辆

4. 下列关于车辆购置税的说法中,错误的是(　　)。

　　A. 车辆购置税属于直接税范畴

　　B. 车辆购置税实行比例税率

　　C. 外国公民在中国境内购置车辆免税

　　D. 受赠使用的新车需要缴纳车辆购置税

5. 某汽车贸易公司进口 10 辆小轿车,海关审定的关税完税价格为 25 万元/辆,当月销售 8 辆,取得含税销售收入 240 万元;2 辆企业自用。小轿车关税税率 28%,消费税税率为 9%。该公司应纳车辆购置税(　　)万元。

    A. 7.03　　　　　　B. 5.00　　　　　　C. 7.50　　　　　　D. 10.55

6. 某公司从 4S 店(增值税税率 13%)购入一辆轿车自用,支付含税价款 451 850 元,另支付零配件价款 5 000 元、车辆装饰费 800 元、代收临时牌照费 200 元、保险费 3 280 元。代收临时牌照费和代收保险费均提供委托方票据,其他价款统一由 4S 店开具增值税普通发票。应缴纳车购税(　　　)元。

    A. 40 500　　　　　B. 457 650　　　　　C. 451 850　　　　　D. 461 130

7. 甲企业因无力偿还乙企业已到期的债务 3 000 万元,经双方协商甲企业同意以自有房产偿还债务,该房产的原值 5 000 万元,净值 2 000 万元,现值 9 000 万元,乙企业支付差价款 6 000 万元,则乙企业计缴契税的计税依据是(　　　)万元。

    A. 5 000　　　　　B. 6 000　　　　　C. 9 000　　　　　D. 2 000

8. 甲将一套市价为 80 万元的房产与乙的房产交换,并支付给乙 15 万元;若当地确定的契税税率为 3%,甲应缴纳契税(　　　)万元。

    A. 0.45　　　　　B. 2.4　　　　　C. 2.85　　　　　D. 4.35

9. 纳税人为建房或者从事非农业建设占用国家或集体所有的耕地,应征收耕地占用税,但不包括(　　　)。

    A. 占用菜地建房　　　　　　　　B. 占用苗圃从事非农业建设

    C. 占用花圃建房　　　　　　　　D. 占用林地从事农业建设

10. 某烟草公司为增值税一般纳税人,本月收购烟叶 5 000 千克,实际支付价款总额 65 万元,已开具烟叶收购发票。烟叶税税率 20%。下列表述正确的是(　　　)。

    A. 烟草公司自行缴纳烟叶税 14.30 万元　B. 烟草公司自行缴纳烟叶税 13.00 万元

    C. 烟草公司代扣代缴烟叶税 14.30 万元　D. 烟草公司代扣代缴烟叶税 13.00 万元

二、多项选择题

1. 下列各项中,应计入出口货物完税价格的有(　　　)。

    A. 出口关税税额

    B. 货物在我国境内输出地点装载后的运输费用

    C. 货物在我国境内输出地点装载前的运输费用

    D. 货物运至我国境内输出地点装载前的保险费

2. 下列各项中,属于关税法定纳税义务人的有(　　　)。

    A. 进口货物的收货人　　　　　　B. 进口货物的代理人

    C. 出口货物的发货人　　　　　　D. 出口货物的代理人

3. 下列关于关税完税价格的说法,正确的有(　　　)。

    A. 出口货物关税的完税价格不包含出口关税

    B. 进口货物的保险费无法确定时,海关应按照货价的 5% 计算保险费

    C. 进口货物的关税完税价格不包括进口关税

    D. 出口货物的完税价格,由海关以该货物的成交价格为基础审查确定

4. 下列行为中,属于车辆购置税应税行为的有(　　　)。

    A. 销售应税车辆的行为　　　　　B. 购买使用应税车辆的行为

    C. 进口使用应税车辆的行为　　　D. 自产自用应税车辆的行为

5. 下列行为中,应缴纳契税的有(　　　　)。
  A. 以获奖方式取得的土地使用权 B. 法定继承人继承土地、房屋权属
  C. 以出让方式承受土地权属   D. 以实物交换土地使用权
6. 对耕地占用税特点表述正确的有(　　　　)。
  A. 在耕地占用后按年征收   B. 具有特定行为税的特征
  C. 在占用耕地环节一次性课征 D. 采用了地区差别比例税率

三、核算题

  某汽车贸易公司进口一辆小轿车企业自用,海关审定的关税完税价格为 25 万元/辆。小轿车关税税率为 28%,消费税税率为 20%。

  要求:计算相关税金并编制会计分录。

第九章　企业所得税会计

学习目标

学习本章,熟悉企业所得税的基本要素;掌握企业所得税的计算和核算;理解所得税视同销售和税收优惠,区分应税收入、免税收入和不征税收入;比较所得税的扣除项目与会计的费用损失,比较账面价值和计税基础;掌握企业所得税的纳税申报。

第一节　纳税人、征税对象与税率

企业所得税是以企业取得的生产经营所得和其他所得为征税对象所征收的一种税。

企业所得税纳税人包括企业、事业单位、社会团体、非企事业单位和从事经营活动的其他组织。个人独资企业和合伙企业(非法人)的个人投资者缴纳个人所得税,不是企业所得税的纳税人。依据注册地或实际管理机构所在地,纳税人企业分为居民企业和非居民企业。居民企业是指依法在中国境内成立或者依照外国法律成立但实际管理机构在中国境内的企业。非居民企业是指依外国法律成立且实际管理机构不在中国境内,但在中国境内设立机构、场所或者依外国法律成立且实际管理机构不在中国境内、在中国境内未设立机构场所,但有来源于中国境内所得的企业。

征税对象包括企业的生产经营所得、其他所得和清算所得,包括居民企业来源于中国境内、境外的所得,非居民企业来源于中国境内的所得,以及发生在中国境外但与其在中国境内所设机构、场所有实际联系的所得。

居民企业和在中国境内设有机构、场所且所得与机构、场所有关联的非居民企业适用税率25%;符合条件的小型微利企业适用税率20%;国家重点扶持的高新技术企业、西部鼓励类产业企业、技术先进型服务企业适用税率15%;在中国境内未设立机构、场所的非居民企业,以及虽设立机构、场所但取得的所得与其所设机构、场所无实际联系的非居民企业,适用税率20%,减按10%的税率征收企业所得税。

第二节　应纳税所得额的计算

应纳税所得额=收入总额-不征税收入-免税收入-各项扣除金额-弥补亏损

应纳税所得额=利润总额±纳税调整项目金额

企业与其关联方之间的业务往来,不符合独立交易原则而减少企业或者其关联方应纳税收入或者所得额的,税务机关有权按照合理方法调整。

一、收入总额

企业应当以权责发生制为基础进行会计确认、计量和报告。《企业所得税法实施条例》规定,企业应纳税所得额的计算,以权责发生制为原则,属于当期的收入和费用,不论款项是否收付,均作为当期的收入和费用;不属于当期的收入和费用,即使款项已经在当期收付,均不作为当期的收入和费用。本条例和国务院财政、税务主管部门另有规定的除外。因此,在税法上确认收入也是以权责发生制为基础。

会计准则与企业所得税法关于收入确认的原则基本一致,一般情况下企业会计确认的收入即为税法确认的收入。但是,基于税收法规的某些特殊规定,税收上确认收入并不完全遵循权责发生制原则,这就形成了税会差异。税会差异的存在,要求我们严格按照税法的规定对会计确认的收入进行调整,这样才能准确计算应纳税所得额,规避税务风险。

(一) 一般收入的确认

1. 销售货物收入,销售有形动产取得的收入

销售商品采用托收承付方式的,在办妥托收手续时确认收入。销售商品采取预收款方式的,在发出商品时确认收入。销售商品需要安装和检验的,在购买方接受商品以及安装和检验完毕时确认收入;如果安装程序比较简单,可在发出商品时确认收入。销售商品采用支付手续费方式委托代销的,在收到代销清单时确认收入。

2. 劳务收入,提供增值税劳务、服务的收入

① 安装费。应根据安装完工进度确认收入。安装工作属于商品销售附带条件的,安装费在确认商品销售实现时确认收入。② 宣传媒介的收费。在相关的广告或商业行为出现于公众面前时确认收入。广告的制作费根据制作广告的完工进度确认收入。③ 软件费。为特定客户开发软件的收费,应根据开发的完工进度确认收入。④ 服务费。包含在商品售价内可区分的服务费,在提供服务的期间分期确认收入。⑤ 特许权费。属于提供设备和其他有形资产的特许权费,在交付资产或转移资产所有权时确认收入;属于提供初始及后续服务的特许权费,在提供服务时确认收入。

3. 转让财产收入

转让财产收入,是指企业转让固定资产、生物资产、无形资产、股权、债权等财产取得的收入。企业转让股权收入,应于转让协议生效且完成股权变更手续时,确认收入的实现。转让股权收入扣除为取得该股权所发生的成本后的余额为股权转让所得。企业在计算股权转让所得时,不得扣除被投资企业未分配利润等股东留存收益中按该项股权所可能分配的金额。

投资企业以非货币性资产对外投资确认的非货币性资产转让所得,可在不超过5年期限内,分期均匀计入相应年度的应纳税所得额,按规定计算缴纳企业所得税。被投资企业取得非货币性资产的计税基础,应按非货币性资产的公允价值确定。

投资企业从被投资企业撤回或减少投资,其取得的资产中,相当于初始出资的部分,应确认为投资收回;相当于被投资企业累计未分配利润和累计盈余公积按减少实收资本比例计算的部分,应确认为股息所得;其余部分确认为投资资产转让所得。被投资企业发

生的经营亏损,由被投资企业按规定结转弥补;投资企业不得调整减低其投资成本,也不得将其确认为投资损失。

4. 股息、红利等权益性投资收益

除另有规定外,按被投资企业股东会或股东大会做出利润分配或转股决定的日期确认收入。长期股权投资采用权益法核算分红时冲减投资不确认收益。被投资企业将股权(票)溢价所形成的资本公积转为股本的,不作为投资方企业的股息、红利收入,投资方企业也不得增加该项长期投资的计税基础。以未分配利润、盈余公积转增资本,作为投资方企业的股息、红利收入;投资方企业增加该项长期投资的计税基础。

被清算企业的股东分得的剩余资产的金额,其中相当于被清算企业累计未分配利润和累计盈余公积中按该股东所占股份比例计算的部分,应确认为股息所得;剩余资产减除股息所得后的余额,超过或低于股东投资成本的部分,应确认为股东的投资转让所得或损失。居民企业之间的股息、红利等权益性收益免税,但不包括连续持有居民企业公开发行并上市流通的股票不足 12 个月取得的投资收益。

5. 利息收入

按照合同约定的债务人应付利息的日期确认收入的实现(国债利息免税)。

6. 租金收入

企业提供动产、不动产等有形资产的使用权取得的收入,按照合同约定的承租人应付租金的日期确认收入的实现。租赁期限跨年度,且租金提前一次性支付的,出租人可对上述已确认的收入,在租赁期内分期均匀计入相关年度收入。

7. 特许权使用费收入

企业提供专利权、商标权等无形资产的使用权取得的收入,按照合同约定的特许权使用人应付特许权使用费的日期确认收入的实现,不是以收入归属期间分期均匀确认。

8. 接受捐赠收入

接受捐赠收入包括货币性和非货币性资产,按照实际收到捐赠资产的日期确认。这种收入确认方式,与权责发生制完全不同。

9. 其他收入

其他收入指企业取得的上述规定收入外的其他收入,包括企业资产溢余收入、逾期未退包装物押金收入、确实无法偿付的应付款项、已作坏账损失处理后又收回的应收款项(会计不确认收益)、债务重组收入、补贴收入、违约金收入、汇兑收益等。

(二) 特殊收入的确认

(1) 视同销售,企业发生非货币性资产交换,以及将货物、财产、劳务用于捐赠、赞助、集资、广告、样品、职工福利和利润分配等用途的,应当视同销售货物、转让财产和提供劳务,国务院财政、税务主管部门另有规定的除外。资产所有权属发生改变应按规定视同销售确定收入。《视同销售和房地产开发企业特定业务纳税调整明细表》填报项目包括非货币性资产交换视同销售收入;将货物、财产用于市场推广或销售视同销售收入;用于交际应酬视同销售收入;用于职工奖励或福利视同销售收入;用于股息分配视同销售收入;用于对外捐赠视同销售收入;用于对外投资项目视同销售收入;提供劳务视同销售收入;其他。自制的资产,按同类资产售价确定收入;外购的资产,应按照被移送资产的公允价值确定销售收入。

（2）分期收款方式销售货物，按照合同约定的收款日期确认收入的实现。

（3）企业受托加工制造大型机械设备等，以及从事建筑、安装劳务等，持续时间超12个月的，按照完工进度或者完成的工作量确认收入的实现。

（4）采取产品分成方式取得收入，按照企业分得产品的日期确认收入的实现，其收入额按照产品的公允价值确定。

（5）采用售后回购方式销售商品的，销售的商品按售价确认收入，回购的商品作为购进商品处理。有证据表明不符合销售收入确认条件的，收到的款项应确认为负债，回购价格大于原售价的，差额应在回购期间确认为利息费用。

（6）以旧换新。应当按照销售商品收入确认条件确认收入，回收的商品作为购进商品处理。

（7）商品销售涉及商业折扣的，应当按照扣除商业折扣后的金额确定销售商品收入金额。销售商品涉及现金折扣的，应当按扣除现金折扣前的金额确定销售商品收入金额，现金折扣在实际发生时作为财务费用扣除。

（8）销售折让和销售退回。企业已经确认销售收入的售出商品发生销售折让和销售退回，应当在发生当期冲减当期销售商品收入。

（9）"买一赠一"不属于捐赠，应将总的销售金额按各项商品的公允价值的比例来分摊确认各项的销售收入。

（10）企业取得财产转让收入、债务重组收入、接受捐赠收入、无法偿付的应付款收入等，不论是以货币形式还是非货币形式体现，除另有规定外，均应一次性计入确认收入的年度计算缴纳企业所得税。

二、不征税收入和免税收入

（一）不征税收入

（1）财政拨款。财政拨款是指各级人民政府对纳入预算管理的事业单位、社会团体等组织拨付的财政资金，但国务院和国务院财政、税务主管部门另有规定的除外。

（2）依法收取并纳入财政管理的行政事业性收费、政府性基金。企业依照法律、法规及国务院有关规定收取并上缴财政的政府性基金和行政事业性收费，准予作为不征税收入，于上缴财政的当年在计算应纳税所得额时从收入总额中减除；未上缴财政的部分，不得从收入总额中减除。

（3）国务院规定的其他不征税收入。国务院规定的其他不征税收入是指企业取得的，由国务院财政、税务主管部门规定专项用途并经国务院批准的财政性资金。

企业的不征税收入用于支出所形成的费用，不得在计算应纳税所得额时扣除；企业的不征税收入用于支出所形成的资产，其计算的折旧、摊销不得扣除。免税收入形成的费用、折旧可以税前扣除。

（二）免税收入

（1）国债利息收入。企业因购买国债所得的利息收入，免征企业所得税。国债转让收益,需要纳税。

（2）符合条件的居民企业之间的股息、红利等权益性收益。它是指居民企业直接投资于其他居民企业取得的投资收益。该收益不包括连续持有居民企业公开发行并上市流通的股票不足 12 个月取得的投资收益。

（3）在中国境内设立机构、场所的非居民企业从居民企业取得与该机构、场所有实际联系的股息、红利等权益性投资收益。该收益不包括连续持有居民企业公开发行并上市流通的股票不足 12 个月取得的投资收益。

（4）符合条件的非营利组织的收入。

三、企业所得税税前扣除

（一）会计准则规定

会计核算应合理划分收益性支出与资本性支出。凡支出的效益与本会计年度相关的,应当作为收益性支出;凡支出的效益与几个会计年度相关的,应当作为资本性支出。在会计核算中,首先将资本性支出与收益性支出加以区分,然后将收益性支出计入费用账户,作为当期损益列入损益表;将资本性支出计入资产账户,作为资产列入资产负债表。资本化的支出随着每期对资产的耗费,按照受益原则和耗费比例通过转移、折旧和摊销等方法,逐渐转化为费用。

费用和成本两者之间既有联系也有区别。成本是针对一定的成本核算对象;费用则是针对一定的会计期间。能够计入成本的费用包括直接费用和间接费用。期间费用不能计入产品生产成本而是直接计入当期损益,包括销售费用、管理费用和财务费用。

采购成本一般指材料采购成本或是商品采购成本,计入原材料或者库存商品;生产成本包括完工产品成本和在产品成本,完工产品成本计入库存商品;销售成本一般指的是已销产品成本,计入主营业务成本或者其他业务成本。

工业企业应设置"生产成本"科目,产品成本项目一般划分为直接材料、直接人工、其他直接支出和制造费用;房地产开发企业应设置"开发成本"科目,成本项目一般划分为土地征用及拆迁补偿费、前期工程费、建筑安装工程费、基础设施费、公共配套设施费和开发间接费用;建筑企业应设置"合同履约成本"科目,成本项目一般划分为人工费、材料费、机械使用费、其他直接费和施工间接费用;提供劳务或者服务的企业应设置"合同履约成本"科目。

不同的企业由于生产的工艺过程、生产组织以及成本管理要求不同,成本计算的方法也不一样。不同成本计算方法的区别主要表现在三个方面:一是成本计算对象不同;二是成本计算期不同;三是生产费用在产成品和半成品之间的分配情况不同。常用的成本计算方法主要有品种法、分批法和分步法。生产费用在完工产品和在产品之间的分配方法有不计算在产品成本法、在产品按固定成本计价法、在产品按所耗直接材料成本计价法、约当产量比例法、在产品按定额成本法、定额比例法。

产品完工,借记"库存商品""开发产品"等科目,贷记"生产成本""开发成本"等科目。

确认收入的同时要结转成本,借记"主营业务成本""其他业务成本"等科目,贷记"库存商品""开发产品""合同履约成本"等科目。

合同成本包括履行合同发生的成本和取得合同发生的增量成本。

企业为履行合同发生的成本,不属于其他企业会计准则规范范围且同时满足下列条件的,应当作为合同履约成本确认为一项资产:该成本与一份当前或预期取得的合同直接相关,包括直接人工、直接材料、制造费用(或类似费用)、明确由客户承担的成本以及仅因该合同而发生的其他成本;该成本增加了企业未来用于履行履约义务的资源;该成本预期能够收回。企业应当在下列支出发生时,将其计入当期损益:① 管理费用。② 非正常消耗的直接材料、直接人工和制造费用(或类似费用),这些支出为履行合同发生,但未反映在合同价格中。③ 与履约义务中已履行部分相关的支出。④ 无法在尚未履行的与已履行的履约义务之间区分的相关支出。

企业为取得合同发生的增量成本预期能够收回的,应当作为合同取得成本确认为一项资产;但是,该资产摊销期限不超过一年的,可以在发生时计入当期损益。增量成本,是指企业不取得合同就不会发生的成本(如销售佣金等)。企业为取得合同发生的、除预期能够收回的增量成本之外的其他支出(如无论是否取得合同均会发生的差旅费等),应当在发生时计入当期损益,但是,明确由客户承担的除外。

与合同成本有关的资产应当采用与该资产相关的商品收入确认相同的基础进行摊销,计入当期损益。借记"主营业务成本""其他业务成本""销售费用"等科目,贷记"合同履约成本""合同取得成本"等科目。

(二) 税前扣除项目的原则

企业发生的金额要真实、合法,才能税前扣除。企业所得税税前项目一般应遵循权责发生制原则、配比原则、相关性原则、确定性原则、合理性原则。权责发生制原则,是指纳税人应在费用发生时而不是实际支付时确认扣除。配比原则,是指纳税人发生的费用应在费用应配比或应分配的当期申报扣除。纳税人某一纳税年度应申报的可扣除费用不得提前或滞后申报扣除。相关性原则,是指纳税人要扣除的费用从性质和根源上必须与取得应税收入相关。确定性原则,是指纳税人可扣除的费用不论何时支付,其金额必须是确定的。合理性原则,是指纳税人可扣除费用的计算和分配方法应符合一般的经营常规和会计惯例。

(三) 企业税前扣除的范围

企业实际发生的与取得收入直接相关的、合理的支出,包括成本、费用、税金、损失和其他支出,准予在计算应纳税所得额时扣除。

成本是指企业在生产经营活动中发生的销售成本、销货成本、业务支出,以及其他耗费。费用是指企业每一个纳税年度为生产、经营商品和提供劳务等所发生的销售(经营)费用、管理费用和财务费用,已计入成本的有关费用除外。税金是指企业发生的除企业所得税和允许抵扣的增值税以外的企业缴纳的各项税金及其附加。准许扣除的税金有两种方式:一是在发生当期扣除;二是在发生当期计入相关资产的成本,在以后各期分摊扣除。损失是指企业在生产经营活动中发生的固定资产和存货的盘亏、毁损、报废损失、转让财产损失,呆账损失,坏账损失,自然灾害等不可抗力因素造成的损失以及其他损失。其他支出是指除成本、费用、税金、损失外,企业在生产经营活动中发生的与生产经营活动有关的、合理的支出。

（四）税前扣除项目及标准

（1）工资、薪金支出。

企业发生的合理的工资、薪金支出准予据实扣除。"合理的工资、薪金"，是指企业按照股东大会、董事会、薪酬委员会或相关管理机构制定的工资薪金制度规定实际发放给员工的工资薪金。列入企业员工工资薪金制度、固定与工资薪金一起发放、代扣代缴了个人所得税的福利性补贴，可作为企业发生的工资薪金支出，按规定在税前扣除，否则按职工福利费限额扣除。企业因雇用季节工、临时工、实习生、返聘离退休人员及接受外部劳务派遣用工，区分工资薪金与福利费：属于工资薪金支出，准予计入企业工资薪金总额的基数，作为计算其他各项相关费用扣除的依据。

属于国有性质的企业，其工资薪金，不得超过政府有关部门给予的限定数额；超过部分，不得计入企业工资薪金总额，也不得在计算企业应纳税所得额时扣除。对股权激励计划行权后，差价确定为当年上市公司工资薪金支出，依照税法规定进行税前扣除。

（2）职工福利费、工会经费、职工教育经费。

企业实际发生的职工福利费支出，不超过工资薪金总额14%的部分准予扣除。企业拨缴的工会经费，不超过工资薪金总额2%的部分准予扣除。企业发生的职工教育经费支出，不超过工资薪金总额8%的部分准予扣除，超过部分准予结转以后纳税年度扣除。企业应区分为工资薪金支出和职工福利费支出，属于工资薪金支出的，准予计入企业工资薪金总额的基数，作为计算其他各项相关费用扣除的依据。

（3）社会保险费。

企业依照国务院有关主管部门或者省级人民政府规定的范围和标准为职工缴纳的基本养老保险费、基本医疗保险费、失业保险费、工伤保险费、生育保险费等基本社会保险费和住房公积金，准予扣除。企业为在本企业任职或者受雇的全体员工支付的补充养老保险费、补充医疗保险费，可分别在不超过职工工资总额5%标准内的部分，在计算应纳税所得额时准予先行扣除；而超过的部分，不予扣除。

企业依照国家有关规定为特殊工种职工支付的人身安全保险费和符合国务院财政、税务主管部门规定可以扣除的商业保险费，准予扣除。企业参加财产保险，按照规定缴纳的保险费，准予扣除。企业为投资者或者职工支付的商业保险费，不得扣除。

（4）利息费用。

非金融企业向金融企业借款的利息支出、金融企业的各项存款利息支出和同业拆借利息支出、企业经批准发行债券的利息支出，准予扣除。非金融企业向非金融企业借款的利息支出，不超过按照金融企业同期同类贷款利率计算的数额的部分，准予扣除。企业从其关联方接受的债权性投资与权益性投资的比例超过规定标准（一般企业为 2：1，金融企业为 5：1）而发生的利息支出，不得在计算应纳税所得额时扣除。

企业投资者在规定期限内未缴足其应交资本额的，该企业对外借款所发生的利息，相当于投资者实缴资本额与在规定期限内应交资本额的差额应计付的利息，其不属于企业合理的支出，应由企业投资者负担，不得在计算企业应纳税所得额时扣除。

【例 9-1】　某企业因向母公司借款 2 000 万元，按年利率9%（金融企业同期同类贷款利率为 6%)支付利息 180 万元,母公司在该企业的权益性投资金额为 800 万元。

可税前扣除的借款利息＝800×2×6%＝96(万元)

应调增应纳税所得额＝180－96＝84(万元)

(5)借款费用。

企业在生产经营活动中发生的合理的不需要资本化的借款费用,准予扣除。企业为购置、建造固定资产、无形资产和经过 12 个月以上的建造才能达到预定可销售状态的存货发生借款的,在有关资产购置、建造期间发生的合理的借款费用,应予以资本化,作为资本性支出计入有关资产的成本,有关资产交付使用后发生的借款利息,可在发生当期扣除。

(6)汇兑损失。

汇兑损失,除已经计入有关资产成本(不能重复扣除)以及与向所有者进行利润分配(不符合相关性)相关的部分外,准予扣除。

(7)业务招待费。

企业发生的与生产经营活动有关的业务招待费支出,按照发生额的 60%扣除,但最高不得超过当年销售(营业)收入的 5‰。计算扣除限额的依据是销售(营业)收入(包括视同销售收入),与业务招待费计算税前扣除限额的依据是相同的;对从事股权投资业务的企业,其从被投资企业所分配的股息、红利以及股权转让收入,可以按规定的比例计算业务招待费扣除限额。企业在筹建期间,发生的与筹办活动有关的业务招待费支出,可按实际发生额的 60%计入企业筹办费,并按有关规定在税前扣除。

【例 9-2】 某企业纳税人销售收入 2 000 万元(含视同销售收入 40 万元),业务招待费扣除最高限额 10 万元(＝2 000×5‰)。

① 假设实际发生业务招待费 40 万元:40×60%＝24(万元);税前可扣除 10 万元;纳税调整额 30 万元(＝40－10)。

② 假设实际发生业务招待费 15 万元:15×60%＝9(万元);税前可扣除 9 万元;纳税调整额 6 万元(＝15－9)。

(8)广告费和业务宣传费。

企业发生的符合条件的广告费和业务宣传费支出,除国务院财政、税务主管部门另有规定外,不超过当年销售(营业)收入 15%的部分,准予扣除;超过部分,准予在以后纳税年度结转扣除。企业在筹建期间,发生的广告费和业务宣传费,可按实际发生额计入企业筹办费,并按有关规定在税前扣除。与生产经营无关的非广告性质的赞助费在所得税前不得列支。化妆品制造或销售、医药制造和饮料制造(不含酒类)广宣费比例为销售收入的 30%,超过部分向后结转。烟草的烟草广告费和业务宣传费支出,一律不得税前扣除。签订广告费和业务宣传费分摊协议的关联企业,其中一方发生的不超过当年销售(营业)收入税前扣除限额比例内的广告费和业务宣传费支出,可以在本企业扣除,也可以将其中的部分或全部,按照分摊协议,归集至另一方扣除。另一方在计算本企业广告费和业务宣传费支出税前扣除限额时,对归集至本企业的广告费和业务宣传费,可不计算在内。

【例 9-3】 某企业年销售收入 4 000 万元,广告费发生扣除最高限额 600 万元(＝

4 000×15%)。

① 广告费 700 万元：税前可扣除 600 万元，纳税调增 100 万元；② 广告费 500 万元：税前可扣除 500 万元，不须调整。③ 以前年度结转广告费扣除额 80 万元，广告费 500 万元，税前可扣除 580 万元，纳税调减 80 万元。

（9）环境保护专项资金。

企业依照法律、行政法规有关规定提取的用于环境保护、生态恢复等方面的专项资金，准予扣除；上述专项资金提取后改变用途的，不得扣除。

（10）租赁费。

属于经营性租赁发生的租入固定资产租赁费：根据租赁期限均匀扣除；属于融资性租赁发生的租入固定资产租赁费：构成融资租入固定资产价值的部分应当提取折旧费用，分期扣除。

（11）劳动保护费。

企业发生的合理的劳动保护支出，准予扣除。劳保不能发放现金，否则将被视作工资薪金支出或福利费支出。

（12）公益性捐赠支出。

企业发生的公益性捐赠支出，不超过年度利润总额 12% 的部分，准予扣除，超过部分可以向以后年度结转 3 年扣除。企业在对公益性捐赠支出计算扣除时，应先扣除以前年度结转的捐赠支出，再扣除当年发生的捐赠支出。纳税人直接向受赠人的捐赠，所得税前不得扣除。

【例 9-4】　某企业将两台机械设备通过市政府捐赠给贫困地区用于公共设施建设。"营业外支出"中已列支两台设备的成本 200 万元及对应的销项税额 36.4 万元（＝售价 280×0.13）。直接向某学校捐赠 20 万元。当年会计利润 1 000 万元。

① 公益性捐赠的扣除限额＝1 000×12%＝120（万元）

捐赠调增应纳税所得额＝236.4－120＝116.4（万元）

② 视同销售调增应纳税所得额＝280－200＝80（万元）

③ 直接向某学校捐赠 20 万元不能税前扣除。

④ 共调增应纳税所得＝116.4＋80＋20＝216.4（万元）

（13）总机构分摊的费用。

非居民企业在中国境内设立的机构、场所，就其中国境外总机构发生的与该机构、场所生产经营有关的费用，能够提供总机构出具的费用汇集范围、定额、分配依据和方法等证明文件，并合理分摊的，准予扣除。

（14）手续费及佣金支出。

企业发生与生产经营有关的手续费及佣金支出，不超过以下规定计算限额以内的部分，准予扣除；超过部分，不得扣除。① 保险企业：当年全部保费收入扣除退保金等后余额的 18%（含本数）。② 其他企业：服务协议或合同确认的收入金额的 5% 计算限额。

（15）资产损失。

准予在企业所得税税前扣除的资产损失，是指企业在实际处置、转让相关资产过程中发生的合理损失（简称实际资产损失），以及企业虽未实际处置、转让相关资产，但按规定条件计算确认的损失(简称法定资产损失)。企业资产损失按其申报内容和要求的不同,分为清单申报和专项申报两种申报形式。

企业当期发生的固定资产和流动资产的盘亏、毁损净损失,由其提供清查盘存资料,经向主管税务机关备案后,准予扣除。企业发生非正常损失时,不得从销项税额中抵扣的进项税额,应视同企业财产损失,申报后在所得税前按规定扣除。企业的应收、预付账款,减除可收回金额后确认的无法收回的,可以作为坏账损失在计算应纳税所得额时扣除。企业的股权投资,减除可收回金额后确认的无法收回的,可以作为股权投资损失在计算应纳税所得额时扣除。已经扣除的资产损失,在以后纳税年度收回时,其收回部分应当作为收入计入收回当期的应纳税所得额。

以前年度未扣除损失,应向税务机关说明并进行专项申报。属于实际资产损失,追补至损失发生年度扣除,追补期不超过 5 年。追补确认损失后出现亏损的,先调发生年度亏损额,再按弥补亏损的原则计算以后年度多缴的企业所得税税款,在追补年度的应纳税款中扣除。属于法定资产损失,在申报年度扣除。

(16)依据财务会计制度规定,并实际在财务会计处理上已确认的支出,凡没有超过税前扣除范围和标准的,可按企业实际会计处理确认的支出,在企业所得税前扣除。企业当年度实际发生的相关成本、费用,由于各种原因未能及时取得该成本、费用的有效凭证,企业在预缴季度所得税时,可暂按账面发生金额进行核算;但在汇算清缴时,应补充提供该成本、费用的有效凭证。税法规定与会计规定不一致时,应依照税法规定予以调整。企业不能提供完整、准确的收入及成本、费用凭证,不能正确计算应纳税所得额的,由税务机关核定其应纳税所得额。

四、不能税前扣除的项目

不能税前扣除的项目:向投资者支付的股息、红利等权益性投资收益款项;企业所得税税款;税收滞纳金;罚金、罚款和被没收财物的损失;超过规定标准的捐赠支出;企业发生与生产经营活动无关的各种非广告性质的赞助支出;未经核定的准备金支出;企业之间支付的管理费、企业内营业机构之间支付的租金和特许权使用费,以及非银行企业内营业机构之间支付的利息;与取得收入无关的其他支出。

五、亏损弥补

税法所称亏损,是指税法规定将每一纳税年度的收入总额减除不征税收入、免税收入和各项扣除后小于零的数额。在会计账面亏损的基础上,按照税法进行调整,如果调整后仍为负数,即税法亏损。"纳税调整后所得"为负数时,为可结转以后年度弥补的亏损。企业在纳税年度内无论盈利还是亏损,都应当依照企业所得税法规定的期限,向税务机关报送年度企业所得税纳税申报表。企业所得税法规定,纳税人发生年度亏损的,可以用下一纳税年度的所得弥补;下一纳税年度的所得不足以弥补的,可以逐年延续弥补,但是延续弥补期最长不得超过 5 年。以亏损年度的下一年算起,连续计算 5 年,中间不得中断。超过 5 年仍未弥补完的,税前不再予以弥补。具备高新技术企业或科技型中小企业资格的企业,最长结转年限由 5 年延长至 10 年。先到期亏损先弥补,同时到期亏损先发生的先弥补。企业在汇总计算缴纳企业所得税时,其境外营业机构的亏损不得抵减境内营业机构的盈利。企业筹办期间不计算为亏损年度,企业开始生产经营的年度,为开始计算企业损益的年度。企业弥补亏损的方式有三种:税前利润补亏、税后利润补亏和盈余公积补亏。

六、清算所得

企业依法清算时,以其清算终了后的清算所得为应纳税所得额,按规定缴纳企业所得税。所谓清算所得,是指企业全部资产可变现价值或交易价格减除资产净值、清算费用以及相关税费后的余额。

$$\text{企业清算所得} = \text{企业的全部资产可变现价值或者交易价格} - \text{资产净值} - \text{清算费用} - \text{相关税费}$$

投资方企业从被清算企业分得的剩余资产,其中相当于从被清算企业累计未分配利润和累计盈余公积中应当分得的部分,应当确认为股息所得;剩余资产扣除上述股息所得后的余额,超过或者低于投资成本的部分,应当确认为投资资产转让所得或者损失。

投资方企业从被清算企业分得的剩余资产的税务处理,和撤资所得税处理类似,但不同于股权转让的税务处理。

第三节　资产的税务与会计处理

企业资产包括固定资产、生物资产、无形资产、长期待摊费用、投资资产、存货等,除盘盈固定资产外,以历史成本为计税基础。历史成本,是指企业取得该项资产时实际发生的支出。企业持有各项资产期间资产增值或减值,除按规定可以确认损益外,不得调整该资产的计税基础。

企业在对会计要素进行计量时,一般应当采用历史成本;采用重置成本、可变现净值、现值、公允价值计量的,应当保证所确定的会计要素金额能够取得并可靠计量。

一、固定资产的税务与会计处理

外购的固定资产,以购买价款和支付的相关税费以及直接归属于使该资产达到预定用途发生的其他支出为计税基础;自行建造的固定资产,以竣工结算前发生的支出为计税基础;融资租入的固定资产,以租赁合同约定的付款总额和承租人在签订租赁合同过程中发生的相关费用为计税基础,租赁合同未约定付款总额的,以该资产的公允价值和承租人在签订租赁合同过程中发生的相关费用为计税基础;盘盈的固定资产,以同类固定资产的重置完全价值为计税基础;改建的固定资产,除已足额提取折旧的固定资产和租入的固定资产以外的其他固定资产,以改建过程中发生的改建支出增加计税基础。

企业按规定计算的固定资产折旧,准予税前扣除。下列固定资产不得计算折旧扣除:房屋、建筑物以外未投入使用的固定资产;以经营租赁方式租入的固定资产;以融资租赁方式租出的固定资产;已足额提取折旧仍继续使用的固定资产;与经营活动无关的固定资产;单独估价作为固定资产入账的土地;其他不得计算折旧扣除的固定资产。

企业应当自固定资产投入使用月份的次月起计算折旧;停止使用的固定资产,应当自停止使用月份的次月起停止计算折旧;企业应当根据固定资产的性质和使用情况,合理确定固定资产的预计净残值。固定资产的预计净残值一经确定,不得变更;固定资产按照直线法计算的折旧,准予扣除。按税法规定可以采用加速折旧的,加速折旧额可税前扣除。

固定资产计算折旧的最低年限如下:① 房屋、建筑物,为 20 年;② 飞机、火车、轮船、机器、机械和其他生产设备,为 10 年;③ 与生产经营活动有关的器具、工具、家具等,为 5 年;④ 飞机、火车、轮船以外的运输工具,为 4 年;⑤ 电子设备,为 3 年。加速折旧,最低不能低于规定折旧年限的 60%。

企业对房屋、建筑物固定资产在未足额提取折旧前进行改扩建的,如属于推倒重置的,该资产原值减除提取折旧后的净值,应并入重置后的固定资产计税成本,并在该固定资产投入使用后的次月起,按照税法规定的折旧年限,一并计提折旧;如属于提升功能、增加面积的,该固定资产的改扩建支出,并入该固定资产计税基础,并从改扩建完工投入使用后的次月起,重新按税法规定的该固定资产折旧年限计提折旧,如该改扩建后的固定资产尚可使用的年限低于税法规定的最低年限的,可以按尚可使用的年限计提折旧。

对所有行业企业于 2014 年 1 月 1 日后新购进的专门用于研发的仪器、设备,单位价值不超过 100 万元的,允许一次性计入当期成本费用,在计算应纳税所得额时扣除,不再分年度计算折旧;单位价值超过 100 万元的,可缩短折旧年限或采取加速折旧的方法。

对所有行业企业持有的单位价值不超过 5 000 元的固定资产,允许一次性计入当期成本费用在计算应纳税所得额时扣除,不再分年度计算折旧。

企业会计准则规定:企业应当根据固定资产的性质和使用情况,合理确定固定资产的使用寿命和预计净残值。固定资产的使用寿命、预计净残值一经确定,不得随意变更。企业应当根据与固定资产有关的经济利益的预期消耗方式,合理选择固定资产折旧方法。可选用的折旧方法包括年限平均法、工作量法、双倍余额递减法和年数总和法等。固定资产的折旧方法一经确定,不得随意变更。资产的可收回金额低于其账面价值的,确认为资产减值损失,计提固定资产减值准备。企业为赚取租金或资本增值,或者两者兼有而持有的房地产属于投资性房地产。

二、生物资产的税务与会计处理

生物资产包括消耗性生物资产、生产性生物资产和公益性生物资产。生产性生物资产包括经济林、薪炭林、产畜和役畜等。生产性生物资产按照直线法计算的折旧,准予扣除。生产性生物资产计算折旧的最低年限:林木类生产性生物资产,为 10 年;畜类生产性生物资产,为 3 年。

企业会计准则规定:企业应当根据生产性生物资产的性质、使用情况和有关经济利益的预期实现方式,合理确定其使用寿命、预计净残值和折旧方法。可选用的折旧方法包括年限平均法、工作量法、产量法等。生产性生物资产的可收回金额低于其账面价值的,确认为资产减值损失,计提减值准备。

三、无形资产的税务与会计处理

下列无形资产不得摊销扣除:① 自行开发的支出已在计算所得额时扣除的无形资产;② 自创商誉;③ 与经营活动无关的无形资产;④ 其他不能计算摊销费用扣除的无形资产。外购商誉支出,企业整体转让或者清算时,准予扣除。无形资产的摊销采取直线法计算。无形资产的摊销不得低于 10 年。作为投资或者受让的无形资产,有关法律规定或者合同约定了使用年限的,可以按照规定或者约定的使用年限分期摊销。

企业会计准则规定:使用寿命有限的无形资产,其应摊销金额应当在使用寿命内系统合理摊销。企业选择的无形资产摊销方法,应当反映与该项无形资产有关的经济利益的预期消耗方式。无法可靠确定预期消耗方式的,应当采用直线法摊销。合同或法律没有规定使用寿命的,企业应当综合各方面因素判断,以确定无形资产能为企业带来经济利益的期限。使用寿命不确定的无形资产不应摊销。资产的可收回金额低于其账面价值的,确认为资产减值损失,计提无形资产减值准备。

四、长期待摊费用的税务与会计处理

企业发生的下列支出作为长期待摊费用,按规定摊销的,可以扣除:已足额提取折旧的固定资产的改建支出,按照固定资产预计尚可使用年限分期摊销;租入固定资产的改建支出,按照合同约定的剩余租赁期限分期摊销;固定资产的大修理支出,按照固定资产尚可使用年限分期摊销;固定资产的大修理支出,是指同时符合下列条件的支出:① 修理支出达到取得固定资产时的计税基础 50% 以上;② 修理后固定资产的使用年限延长 2 年以上。其他应当作为长期待摊费用的支出,自支出发生月份的"次月"起,分期摊销,摊销年限不得低于 3 年。

企业会计准则规定:固定资产的后续支出,符合固定资产确认条件的,应当计入固定资产成本或其他相关资产的成本(如与生产产品相关的固定资产的后续支出计入相关产成品的成本),同时将被替换部分的账面价值扣除;不符合固定资产确认条件的,应当计入当期损益。

五、存货的税务与会计处理

企业使用或者销售存货,按照规定计算的存货成本,准予在计算应纳税所得额时扣除。企业使用或者销售的存货的成本计算方法,可以在先进先出法、加权平均法、个别计价法中选用一种。计价方法一经选用,不得随意变更。

企业会计准则规定:资产负债表日,存货应当按照成本与可变现净值孰低计量。当存货成本高于可变现净值时,确认为资产减值损失,计提存货跌价准备。

六、投资资产的税务与会计处理

投资资产取得的成本:购买价款、公允价值和支付的相关税费。企业对外投资期间,投资资产的成本在计算应纳税所得额时不得扣除。企业在转让或者处置投资资产时,投资资产的成本准予扣除。计算股权转让所得时,不得扣除被投资企业未分配利润等股东

留存收益中按该项股权所可能分配的金额。

企业会计准则规定:股权投资区分金融资产和长期股权投资,债权投资属于金融资产。企业应当根据其管理金融资产的业务模式和金融资产的合同现金流量特征,将金融资产划分为以下三类:以摊余成本计量的金融资产;以公允价值计量且其变动计入其他综合收益的金融资产;以公允价值计量且其变动计入当期损益的金融资产。

长期股权投资包括对联营企业、合营企业以及子公司的投资。未控制、共同控制或重大影响的权益性投资,应当按照金融工具确认和计量准则进行核算。

企业合并是将两个或两个以上单独的企业(主体)合并形成一个报告主体的交易或事项。从企业合并的定义看,是否形成企业合并,除要看取得的企业是否构成业务之外,关键还要看有关交易或事项发生前后,是否引起报告主体的变化。报告主体的变化产生于控制权的变化。

企业合并从合并方式划分,包括控股合并、吸收合并和新设合并。企业合并按照控制对象的不同而划分为同一控制下的企业合并和非同一控制下的企业合并。同一控制下的企业合并,是指参与合并的企业在合并前后均受同一方或相同的多方最终控制且该控制并非暂时性。非同一控制下的企业合并,是指参与合并各方在合并前后不受同一方或相同的多方最终控制的合并交易,即同一控制下企业合并以外的其他企业合并。同一控制下的企业合并采用账面价值计量,不反映非货币性资产作对价的处置损益。非同一控制下的企业合并采用公允价值计量,反映非货币性资产作对价的处置损益。

投资方能够对被投资单位实施控制的长期股权投资应当采用成本法核算。成本法,是指投资按成本计价的方法。被投资单位实现净损益、其他综合收益、分派股票股利以及发生除净损益以外所有者权益的其他变动,投资方均不做处理。长期股权投资持有期间被投资单位宣告发放现金股利或利润时,企业按应享有的部分确认为投资收益。

投资方对联营企业和合营企业的长期股权投资,应当采用权益法核算。权益法,是指投资以初始投资成本计量后,在投资持有期间,根据投资企业享有被投资单位所有者权益的份额的变动对投资的账面价值进行调整的方法。长期股权投资账面价值随着被投资方所有者权益的变动而变动。被投资方实现净损益、其他综合收益,发生除净损益以外所有者权益的其他变动时,投资方应根据享有的份额分别确认投资收益、其他综合收益、资本公积,同时调整长期股权投资的账面价值。被投资方宣告分配现金股利时,投资方应抵减长期股权投资的账面价值。

第四节　企业重组的税务处理

企业重组是指企业在日常经营活动以外发生的法律结构或经济结构重大改变的交易,包括企业法律形式改变、债务重组、股权收购(控股合并)、资产收购、合并(吸收合并和新设合并)、分立(存续分立和新设分立)等。支付对价的形式包括股权支付和非股权支付。股权支付:在企业重组购买、换取资产的一方支付的对价中,以本企业或其控股企业的股权、股份作为支付的形式。非股权支付:以本企业的现金、银行存款、应收款项、有价证券、存货、固定资产、其他资产以及承担债务等作为支付的形式。

企业由法人转变为个人独资企业、合伙企业等非法人组织，或登记注册地转移至境外，视同企业进行清算、分配，股东重新投资成立新企业，企业的全部资产以及股东投资的计税基础均应以公允价值为基础确定。企业发生其他法律形式简单改变的，可直接变更税务登记。除另有规定外，有关企业所得税纳税事项由变更后企业承继，但因住所发生变化而不符合税收优惠条件的除外。

一、企业重组的一般性税务处理

（一）企业债务重组

① 以非货币资产清偿债务，应当分解为转让相关非货币性资产、按非货币性资产公允价值清偿债务两项业务，确认相关资产的所得或损失。② 发生债权转股权的，应当分解为债务清偿和股权投资两项业务，确认有关债务清偿所得或损失。③ 债务人应当按照支付的债务清偿额低于债务计税基础的差额，确认债务重组所得；债权人应当按照收到的债务清偿额低于债权计税基础的差额，确认债务重组损失。④ 债务人的相关所得税纳税事项原则上保持不变。

（二）企业股权收购、资产收购

① 被收购方应确认股权、资产转让所得或损失。② 收购方取得股权或资产的计税基础应以公允价值为基础确定。③ 被收购企业的相关所得税事项原则上保持不变。

（三）企业合并

① 合并企业应按公允价值确定接受被合并企业各项资产和负债的计税基础。② 被合并企业及其股东都应按清算进行所得税处理。③ 被合并企业的亏损不得在合并企业结转弥补。

（四）企业分立

① 被分立企业对分立出去的资产应按公允价值确认资产转让所得或损失。② 分立企业应按公允价值确认接受资产的计税基础。③ 被分立企业继续存在时，其股东取得的对价应视同被分立企业分配进行处理。④ 被分立企业不再继续存在时，被分立企业及其股东都应按清算进行所得税处理。⑤ 企业分立相关企业的亏损不得相互结转弥补。

二、企业重组的特殊性税务处理

企业重组适用特殊性税务处理的条件：① 具有合理的商业目的，且不以减少、免除或者推迟缴纳税款为主要目的；② 被收购、合并或分立部分资产或股权比例符合规定的比例；③ 企业重组后的连续 12 个月内不改变重组资产原来的实质性经营活动；④ 重组交易对价中涉及股权支付金额符合规定的比例；⑤ 企业重组中取得股权支付的原主要股东，在重组后连续 12 个月内，不得转让所取得的股权。企业重组符合上述条件的，交易各方对其交易中的股权支付部分，可以按规定进行特殊性税务处理。

股权支付部分暂不确认有关资产的转让所得或损失，按原计税基础确认新资产或负债的计税基础。非股权支付部分按公允价值确认资产的转让所得或损失；按公允价值确认资产或负债的计税基础。非股权支付对应的资产转让所得或损失＝(被转让资产的公允价值－被转让资产的计税基础)×(非股权支付金额÷被转让资产的公允价值)。

(一)债务重组的特殊性税务处理

企业债务重组确认的应纳税所得额占该企业当年应纳税所得额50%以上,可以在5个纳税年度的期间,均匀计入各年度的应纳税所得额。企业发生债权转股权业务,对债务清偿和股权投资两项业务暂不确认有关债务清偿所得或损失,股权投资的计税基础以原债权的计税基础确定。

(二)股权收购、资产收购的特殊性税务处理

股权收购和资产收购享受特殊性税务处理的条件:① 收购企业购买的股权或资产不低于被收购企业全部股权或全部资产的50%;② 收购企业收购发生时的股权支付金额不低于其交易支付总额的85%。

1. 股权收购的特殊性税务处理

被收购企业的股东取得收购企业股权的计税基础,以被收购股权的原有计税基础确定(旧股换新股);收购企业取得被收购企业股权的计税基础,以被收购股权的原有计税基础确定(新股换旧股)。收购企业、被收购企业的原有各项资产和负债的计税基础和其他相关所得税事项保持不变。

【例9-5】 甲公司将80%持股的某子公司股权全部转让给乙公司。该笔股权的历史成本为200万元,转让时的公允价值为320万元。取得股权对价300万元,取得现金对价20万元。满足特殊重组条件。

应确认的转让所得＝(320－200)×(20÷320)＝7.5(万元)

不确认的转让所得＝(320－200)－7.5＝112.5(万元)

2. 资产收购的特殊性税务处理

转让企业取得受让企业股权的计税基础,以被转让资产的原有计税基础确定;受让企业取得转让企业资产的计税基础,以被转让资产的原有计税基础确定。

【例9-6】 A公司以500万元的银行存款购买取得B公司的80%经营性资产,该部分经营性资产的账面价值420万元,计税基础460万元,公允价值500万元。

一般性税务处理:A公司购买该经营性资产后,应以该资产的公允价值500万元为基础确定计税基础。B公司应确认资产转让所得＝500－460＝40(万元)。

(三)企业合并的特殊性税务处理

企业合并享受特殊性税务处理的条件:① 企业股东在该企业合并发生时取得的股权支付金额不低于其交易支付总额的85%。② 同一控制下且不需要支付对价的企业合并。

合并企业接受被合并企业资产和负债的计税基础,以被合并企业的原有计税基础确定;被合并企业合并前的相关所得税事项由合并企业承继;被合并企业股东取得合并企业股权的计税基础,以其原持有的被合并企业股权的计税基础确定;可由合并企业弥补的被合并企业亏损的限额＝被合并企业净资产公允价值×截至合并业务发生当年年末国家发行的最长期限的国债利率。

《企业会计准则》将企业合并划分为两大基本类型:同一控制下的企业合并和非同一

控制下的企业合并。

（四）企业分立的特殊性税务处理

企业分立享受特殊性税务处理的条件：① 被分立企业所有股东按原持股比例取得分立企业的股权，分立企业和被分立企业均不改变原来的实质经营活动；② 被分立企业股东在该企业分立发生时取得的股权支付金额不低于其交易支付总额的85%。

分立企业接受被分立企业资产和负债的计税基础，以被分立企业的原有计税基础确定；被分立企业已分立出去资产相应的所得税事项由分立企业承继；被分立企业未超过法定弥补期限的亏损额可按分立资产占全部资产的比例进行分配，由分立企业继续弥补。

三、股权和资产划转

对100%直接控制的居民企业之间，以及受同一或相同多家居民企业100%直接控制的居民企业之间按账面净值划转股权或资产，凡具有合理商业目的，不以减少、免除或者推迟缴纳税款为主要目的，股权或资产划转后连续12个月内不改变被划转股权或资产原来实质性经营活动，且划出方企业和划入方企业均未在会计上确认损益的，可以选择按以下规定进行特殊性税务处理：① 划出方企业和划入方企业均不确认所得。② 划入方企业取得被划转股权或资产的计税基础，以被划转股权或资产的原账面净值确定。③ 划入方企业取得的被划转资产，应按其原账面净值计算折旧扣除。

第五节　税收优惠

企业所得税的税收优惠方式包括免税、减税、加计扣除、加速折旧、减计收入、税额抵免等，减税免税可以分为税基式减免、税率式减免、税额式减免三种形式。

一、免征与减征优惠

（1）从事农、林、牧、渔业项目的所得，免征、减半征收企业所得税。

（2）从事国家重点扶持的公共基础设施项目投资经营的所得，自项目取得第一笔生产经营收入所属纳税年度起，第1～3年免征企业所得税，第4～6年减半征收企业所得税。企业承包经营、承包建设和内部自建自用上述项目，不得享受上述企业所得税优惠。

（3）从事符合条件的环境保护、节能节水项目的所得，自项目取得第一笔生产经营收入所属纳税年度起，第1～3年免征企业所得税，第4～6年减半征收企业所得税。在减免税期限内转让的，受让方自受让之日起，可在剩余期限内享受规定的减免税优惠；减免税期限届满后转让的，受让方不得就该项目重复享受减免税待遇。

（4）符合条件的技术转让所得。符合条件的技术转让所得是指在一个纳税年度内，居民企业技术转让所得不超过500万元的部分，免征企业所得税；超过500万元的部分，减半征收企业所得税。技术转让应签订技术转让合同。其中，境内的技术转让须经省级以上（含省级）科技部门认定登记，跨境的技术转让须经省级以上（含省级）商务部门认定登记，涉及财政经费支持产生技术的转让，须省级以上（含省级）科技部门审批。

(5) 节能服务产业。对符合条件的节能服务公司实施合同能源管理项目,符合《企业所得税法》有关规定的,自项目取得第一笔生产经营收入所属纳税年度起,第 1~3 年免征企业所得税,第 4~6 年按照 25％的法定税率减半征收企业所得税。

二、高新技术企业和技术先进型服务企业优惠

国家需要重点扶持的高新技术企业,减按 15％的税率征收企业所得税。技术先进型服务企业,减按 15％的税率征收企业所得税。

三、小型微利企业优惠

符合条件的小型微利企业,减按 20％的税率征收企业所得税。小型微利企业,是指从事的是国家非限制和禁止性行业,同时符合如下条件:企业资产总额 5 000 万元以下、从业人数 300 人以下、应纳税所得额 300 万元以下。从业人数和资产总额指标,应按企业全年的季度平均值确定。无论是查账征收企业还是核定征收企业,符合条件的,均可享受小型微利企业的税收优惠。

四、加计扣除优惠

(1) 研究开发费用。

一般企业研发费用计入当期损益未形成无形资产的,允许再按其当年研发费用实际发生额的 75％,直接抵扣当年的应纳税所得额。研发费用形成无形资产的,按照该无形资产成本的 175％在税前摊销。自 2021 年 1 月 1 日起,将制造业和科技型中小企业研发费用加计扣除比例由 75％提高至 100％。

(2) 安置残疾人员所支付的工资。

企业安置残疾人员所支付工资费用,在据实扣除的基础上,按照支付给残疾职工工资的 100％加计扣除。

五、创投企业优惠

创业投资企业采取股权投资方式投资于未上市的中小高新技术企业 2 年以上的,可以按照其投资额的 70％在股权持有满 2 年的当年抵扣该创业投资企业的应纳税所得额;当年不足抵扣的,可以在以后纳税年度结转抵扣。

六、加速折旧优惠

可以采取缩短折旧年限或者采取加速折旧方法的固定资产:由于技术进步,产品更新换代较快的固定资产;常年处于强震动、高腐蚀状态的固定资产。采取缩短折旧年限方法的,最低折旧年限不得低于法定折旧年限的 60％;采取加速折旧方法的,可以采取双倍余额递减法或者年数总和法。

(1) 对生物药品制造业,专用设备制造业,铁路、船舶、航空航天和其他运输设备制造业,计算机、通信和其他电子设备制造业,仪器仪表制造业,信息传输、软件和信息技术服务业等 6 个行业的企业 2014 年 1 月 1 日后新购进的固定资产,可采取缩短折旧年限或采

取加速折旧的方法。

（2）对轻工、纺织、机械、汽车等 4 个领域重点行业企业 2015 年 1 月 1 日后新购进的固定资产（包括自行建造，下同），允许缩短折旧年限或采取加速折旧方法。

（3）对所有行业企业持有的单位价值不超过 5 000 元的固定资产，允许一次性计入当期成本费用在计算应纳税所得额时扣除，不再分年度计算折旧。

七、减计收入优惠

减计收入，是指企业以《资源综合利用企业所得税优惠目录》规定的资源作为主要原材料，生产国家非限制和禁止并符合国家和行业相关标准的产品取得的收入，减按 90% 计入收入总额。

八、税额抵免优惠

企业"购置并实际使用"符合规定的"环境保护、节能节水、安全生产"等专用设备的，该专用设备的投资额的 10% 可以从企业当年的应纳税额中抵免；当年不足抵免的，可以在以后 5 个纳税年度结转抵免。企业购置上述专用设备在 5 年内转让、出租的，应当停止享受企业所得税优惠并补缴已经抵免的企业所得税税款。

九、民族自治地方优惠

民族自治地方的自治机关对本民族自治地方的企业应缴纳的企业所得税中属于地方分享的部分，可以决定减征或者免征。自治州、自治县决定减征或者免征的，须报省、自治区、直辖市人民政府批准。对民族自治地方内国家限制和禁止行业的企业，不得减征或者免征企业所得税。

十、非居民企业优惠

在我国境内未设机构场所的非居民企业，减按 10% 的所得税税率征收企业所得税。外国政府向中国政府提供贷款取得的利息所得、国际金融组织向中国政府和居民企业提供优惠贷款取得的利息所得、经国务院批准的其他所得，免税。

第六节　应纳税额的计算

一、居民企业应纳税额的计算

应纳税额＝应纳税所得额×适用税率－减免税额－抵免税额

企业已在境外缴纳或负担的所得税税额，可以从其当期应纳税额中抵免，抵免限额为该项所得依法计算的应纳税额；超过抵免限额的部分，可以在以后 5 个年度内，用每年度抵免限额抵免当年应抵税额后的余额进行抵补。

抵免限额＝中国境内、境外所得依照企业所得税法和实施条例的规定计算的应纳税总额×来源于某国(地区)的应纳税所得额÷中国境内、境外应纳税所得总额。

【例9-7】 某居民企业年度利润总额180万元,招待费超支10万元,境外分支机构的税后收益56万元。境外企业所得税税率为20%。

境内应纳税所得额＝180－56÷(1－20%)＋10＝120(万元)

境外实纳所得税＝56÷(1－20%)×20%＝14(万元)

境外所得抵免限额＝56÷(1－20%)×25%＝17.5(万元)

应缴纳企业所得税＝120×25%＋56÷(1－20%)×(25%－20%)＝33.5(万元)

会计账簿不健全,资料残缺难以查账,或者其他原因难以准确确定纳税人应纳税额时,由税务机关核定征收。

$$应纳所得税额＝应纳税所得额×适用税率$$

或 $$应纳税所得额＝应税收入额×应税所得率$$

$$应纳税所得额＝成本(费用)支出额÷(1－应税所得率)×应税所得率$$

【例9-8】 某批发兼零售的居民企业,自行申报营业收入总额350万元,成本费用总额368万元,当年亏损20万元,经税务机关审核,该企业申报的收入总额无法核实,成本费用核算正确。应税所得率为8%,所得税税率为25%。

企业所得税＝368÷(1－8%)×8%×25%＝8(万元)

二、非居民企业应纳税额的计算

非居民企业在中国境内未设立机构、场所的,或者虽设立机构、场所但取得的所得与其所设机构、场所没有实际联系的,应当就其来源于中国境内的所得减按10%的税率征收企业所得税。

股息、红利等权益性投资收益,利息、租金、特许权使用费所得,以收入全额为应纳税所得额;转让财产所得,以收入全额减除财产净值后的余额为应纳税所得额;其他所得,参照前两项规定的方法计算应纳税所得额。

对非居民企业在中国境内未设立机构、场所的,或者虽设立机构、场所但取得的所得与其所设机构、场所没有实际联系的所得应缴纳的所得税,实行源泉扣缴,以支付人为扣缴义务人。对非居民企业在中国境内取得工程作业和劳务所得应缴纳的所得税,税务机关可以指定工程价款或者劳务费的支付人为扣缴义务人。扣缴义务人每次代扣的税款,应当自代扣之日起7日内缴入国库,并向所在地的税务机关报送扣缴企业所得税报告表。

非居民企业因会计账簿不健全,资料残缺难以查账,或者其他原因不能准确计算并据实申报其应纳税所得额的,税务机关有权采取一定方法核定其应纳税所得额。

三、房地产开发经营业务的所得税处理

企业销售未完工开发产品取得的收入,应先按预计计税毛利率分季(或月)计算出预计毛利额,计入当期应纳税所得额。开发产品完工后,企业应及时结算其计税成本并计算此前销售收入的实际毛利额,同时将其实际毛利额与其对应的预计毛利额之间的差额,计入当年度企业本项目与其他项目合并计算的应纳税所得额。

企业销售未完工开发产品的计税毛利率由各省、自治、直辖市国家税务局、地方税务

局按下列规定进行确定:开发项目位于省、自治区、直辖市和计划单列市人民政府所在地城市城区和郊区的,不得低于15%。开发项目位于地级市城区及郊区的,不得低于10%。开发项目位于其他地区的,不得低于5%。属于经济适用房、限价房和危改房的,不得低于3%。

商品房预售阶段,计入预收账款,预缴增值税,随同缴纳的附加税费未计入"税金及附加",纳税调减。预缴土地增值税,未计入"税金及附加",纳税调减。预计毛利额,纳税调增。完工交付业主,会计确认收入,结转成本,附加税费计入"税金及附加",纳税调增,清算时,土地增值税计入"税金及附加",纳税调增。预计毛利额纳税调减。

房地产企业销售未完工产品、未完工产品转完工产品特定业务的税收规定及纳税调整情况,填报《视同销售和房地产开发企业特定业务纳税调整明细表》。"销售未完工产品的收入"填报房地产企业销售未完工开发产品,会计核算未进行收入确认的销售收入金额。"销售未完工产品预计毛利额"填报房地产企业销售未完工产品取得的销售收入按税收规定预计计税毛利率计算的金额。"实际发生的税金及附加、土地增值税"填报房地产企业销售未完工产品实际发生的税金及附加、土地增值税,且在会计核算中未计入当期损益的金额。"销售未完工产品转完工产品确认的销售收入"填报房地产企业销售的未完工产品,此前年度已按预计毛利额征收所得税,本年度结转为完工产品,会计上符合收入确认条件,当年会计核算确认的销售收入金额。"转回的销售未完工产品预计毛利额"填报房地产企业销售的未完工产品,此前年度已按预计毛利额征收所得税,本年结转完工产品,会计核算确认为销售收入,转回原按税收规定预计计税毛利率计算的金额。"转回实际发生的税金及附加、土地增值税"填报房地产企业销售的未完工产品结转完工产品后,会计核算确认为销售收入,同时将对应实际发生的税金及附加、土地增值税转入当期损益的金额。《广告费和业务宣传费跨年度纳税调整明细表》填报纳税人发生广告费和业务宣传费纳税调整项目(含广告费和业务宣传费结转)。

房地产开发企业销售未完工开发产品取得的收入,可以作为计提业务招待费、广告费和业务宣传费的基数,但开发产品完工会计核算转销售收入时,已作为计提基数的未完工开发产品的销售收入不得重复计提业务招待费、广告费和业务宣传费。

第七节　企业所得税的核算

一、所得税会计处理方法

我国的所得税实行"适度分离"模式,即对财务会计与所得税会计之间的差异进行合理的控制,减少纳税调整。企业在计算应纳税所得额及应纳所得税时,企业会计处理与税收规定不一致的,应当按照税收规定计算。税收规定不明确的,在没有明确规定之前,暂按国家统一会计制度计算。

收益分配观认为,向政府缴纳的公司所得税和向股东分配股利一样,具有分配企业收益的性质,只不过分配的对象是国家而已。费用观认为,在财务报告中,公司所得税可视为企业为获取收益而发生的一种支出,它如同企业经营所发生的各种支出一样,是费用性质的项目。我国在 1994 年之前,对企业所得税的性质所持的观点是"收益分配观";1994年改为"费用观"。

从会计的角度来看,根据会计与税法之间的差异依据能否转回,划分为永久性差异和暂时性差异(收入费用观下叫时间性差异)两种。永久性差异是指某一会计期间由于会计与税法计算口径不同产生的利润与所得之间的差异,这种差异在本期发生,不会在以后期间转回,对将来纳税无影响,不会形成递延所得税。比如,国债利息、成本法下的分红收益,非公益性捐赠、罚金及罚款、研究费用加计扣除、业务招待费超标、利息支出超标、工会经费超标、职工福利费超标等。暂时性差异是指账面价值与其计税基础之间的差额,这种差异在本期发生,以后期间能够转回、对将来纳税有影响,形成递延所得税。比如,计提坏账准备、广告费超标、公益性捐赠超标、职工教育经费超标等。暂时性差异包括应纳税暂时性差异和可抵扣暂时性差异。

所得税会计研究的是按照会计准则计算的利润总额与按照税法计算的应税所得之间的差异的会计处理方法。所得税费用是按会计利润还是按应税利润计算,对这一问题的不同选择产生了不同的所得税会计处理方法。所得税会计处理方法包括应付税款法和纳税影响会计法。

(一) 应付税款法

应付税款法,是指本期税前会计利润与应纳税所得额之间的差异造成的影响纳税的金额直接计入当期损益,而不递延到以后各期的会计处理方法。这种方法要求所得税费用按税法计算,所得税费用等于本期应交税款。因为所得税是因本期收益而发生的法定费用,与以后各个期间的收益无关,理应由本期收益负担。应付税款法是在收付实现制的基础上进行的会计处理。

(二) 纳税影响会计法

纳税影响会计法是指将本期税前会计利润与应纳税所得额之间的差异造成影响纳税的金额递延和分配到以后各期。纳税影响会计法认为,永久性差异是由于会计制度与税法对收益、费用或损失的确认标准不同而形成的,这种差异不会随着时间流逝而变化,也不会在以后期间转回。所以,在核算中只能在本期确认永久性差异。暂时性差异是由于会计制度和税法对收入、费用归属期间的规定不同而形成的,随着时间的流逝,暂时性差异会转回,其对纳税的影响额也会随之消除。在计算所得税费用时,不必调整暂时性差异,只需在会计利润基础上调整永久性差异,再乘所得税税率即可。所得税费用与应交所得税额的差额就是暂时性差异的纳税影响额,计入"递延税款"账户,如果本期所得税费用大于应付税款,"递延税款"账户表示预提所得税,即递延所得税负债;反之,计入"递延税款"账户的是待摊所得税,即递延所得税资产。"递延税款"账户的纳税影响额随着暂时性差异的转回而逐步转销。"递延税款"账户从结构和用途上看属于跨期摊提账户,其目的是为了使所得税费用的核算符合权责发生制和配比原则。纳税影响会计法是在权责发生制的基础上进行的会计处理。纳税影响会计法可分为递延法和债务法。

采用递延法,在税率变动时,对递延税款的账面余额不做调整。本期发生的时间性差异所得税影响金额用现行税率计算,而本期转回以前发生的用原税率计算。在未来税率变动时,则不能表示预付所得税或应付所得税。采用债务法,在税率变更时,需要调整递延税款的账面余额。本期发生或转回时间性差异所得税影响金额均用现行税率计算。递延税款余额,代表未来应付税款的债务或预付未来税款的资产。这种处理方法赋予“递延税款”账户余额以资产或负债的意义,使资产负债表中的信息更具有相关性。债务法又分为资产负债表债务法和利润表债务法。

资产负债观基于资产和负债的变动来计量收益,因此当资产价值增加或是负债价值减少时会产生收益。收入费用观则通过收入与费用的直接配比来计量企业收益,会计上通常是在产生收益后再计量资产的增加或是负债的减少。

利润表债务法从收入费用观出发,认为首先应考虑与交易或事项相关的收入和费用的直接确认,从收入和费用的直接配比来计量企业的收益。将时间性差异对未来所得税的影响看作是对本期所得税费用的调整。首先计算所得税费用,然后计算当期应交所得税额,最后倒挤出本期发生或转回的递延所得税。

资产负债表债务法从资产负债观出发,认为每一项交易或事项发生后,应首先关注其对资产负债的影响,然后根据资产负债的变化来确认收益(或损失)。所得税会计的首要目的应是确认并计量由于会计和税法差异给企业未来经济利益流入或流出带来的影响,将所得税核算影响企业的资产和负债放在首位。资产负债表债务法从暂时性差异产生的本质出发,分析暂时性差异产生的原因及其对期末资产负债表的影响。首先确定资产负债表上期末递延所得税负债(资产),然后倒挤出利润表项目当期所得税费用。当税率变动或税基变动时,必须按预期税率对递延所得税负债(资产)账户余额进行调整。

我国会计准则由收入费用观转向资产负债观,会计理念发生了质的变化,实现了与国际会计准则的趋同。所得税会计借鉴国际会计准则,改为采用资产负债表债务法。

采用资产负债表债务法,企业一般应于每一资产负债表日进行所得税的核算。企业合并等特殊交易或事项发生时,在确认因交易或事项取得的资产、负债时即应确认相关的所得税影响。采用资产负债表债务法一般应遵循以下程序:按照相关会计准则规定确定资产负债表中除递延所得税资产和递延所得税负债以外的其他资产和负债项目的账面价值。以适用的税收法规为基础,确定资产负债表中有关资产、负债项目的计税基础。比较资产、负债的账面价值与其计税基础,对于两者之间存在差异的,分析其性质,除准则中规定的特殊情况外,分别应纳税暂时性差异与可抵扣暂时性差异,确定资产负债表日递延所得税负债和递延所得税资产的应有金额,并与期初递延所得税资产和递延所得税负债的余额相比,确定当期应予进一步确认的递延所得税资产和递延所得税负债金额或应予转销的金额,作为递延所得税。按照适用的税法规定计算确定当期应纳税所得额,将应纳税所得额与适用的所得税税率计算的结果确认为当期应交所得税,作为当期所得税。企业在计算确定了当期所得税和递延所得税后,两者之和(或之差),是利润表中的所得税费用。

我国小企业会计准则采用应付税款法,企业会计准则采用资产负债表债务法。应付税款法较简单,资产负债表债务法更符合配比原则。应付税款法和资产负债表债务法不影响应纳所得税额,影响本期所得税费用。

二、计税基础及暂时性差异

所得税会计的关键在于确定资产、负债的计税基础。计税基础是指按照税法的规定,一项资产或负债的金额。在确定资产、负债的计税基础时,应严格遵循税收法规中对于资产的税务处理以及课税前扣除的费用的规定。

(一)资产的计税基础

资产的计税基础,是指企业收回资产账面价值过程中,计算应纳税所得额时按照税法规定可以自应税经济利益中抵扣的金额,即某一项资产在未来期间计税时按照税法规定可以税前扣除的金额。资产的计税基础代表将来计算所得可以税前扣除的金额。资产的账面价值代表的是企业在持续使用或最终出售该项资产时将取得的经济利益的总额。资产的账面价值是资产账户余额减去其所属调整账户余额。资产账面价值代表将来计算利润可以扣除的金额。

税法规定,企业的各项资产,以历史成本为计税基础。历史成本,是指企业取得该项资产时实际发生的支出。企业持有各项资产期间资产增值或者减值,除国务院财政、税务主管部门规定可以确认损益外,不得调整该资产的计税基础。资产在初始确认时,其计税基础一般为取得成本,即企业为取得某项资产支付的成本在未来期间准予税前扣除。在资产持续持有的过程中,其计税基础是指资产的取得成本减去以前期间按照税法规定已经税前扣除的金额后的余额。

资产的计税基础＝未来可以税前扣除的金额＝取得成本－已税前扣除的金额

1. 固定资产

除融资租入的固定资产以外,其他方式取得的固定资产,初始确认时按照会计准则规定确定的入账价值基本上是被税法认可的,即取得时其账面价值一般等于计税基础。固定资产在持有期间进行后续计量时,由于会计与税法在折旧方法、折旧年限以及固定资产减值准备的提取等方面不同,可能造成固定资产的账面价值与计税基础的差异。除某些按照规定可以加速折旧的情况外,税法按照年限平均法计提折旧;税法对每一类固定资产的最低折旧年限做出了规定,税法规定企业计提的资产减值准备在发生实质性损失前不允许税前扣除。

账面价值＝原值－会计累计折旧－固定资产减值准备

计税基础＝原值－税法累计折旧

2. 无形资产

除内部研究开发形成的无形资产以外,其他方式取得的无形资产,初始确认时按照会计准则规定确定的入账价值与按照税法规定确定的计税基础之间一般不存在差异。会计准则规定,研究阶段的支出应当费用化计入当期损益,开发阶段符合资本化条件以后至达到预定用途前发生的支出应当资本化,作为无形资产。税法规定,制造企业为开发新技术、新产品、新工艺发生的研究开发费用,未形成无形资产计入当期损益的,在按照规定据实扣除的基础上,按照研究开发费用的 100% 加计扣除;形成无形资产的,按照无形资产成本 200% 计算每期摊销额。

无形资产在后续计量时,会计与税法的差异主要产生于对无形资产是否需要摊销、无形资产摊销方法、摊销年限的不同及无形资产减值准备的提取。企业会计准则规定,对于使用寿命不确定的无形资产,不要求摊销,在期末进行减值测试。税法规定,无形资产的摊销采取直线法计算,无形资产的摊销不得低于 10 年,除外购商誉外所有的无形资产成本均应在一定期间内摊销。使用寿命确定的无形资产,在持有期间,摊销期限的不同,会造成其账面价值与计税基础的差异。无形资产减值准备不允许税前扣除,也会造成其账面价值与计税基础的差异。

使用寿命确定的无形资产的账面价值＝原值－会计累计摊销－无形资产减值准备

使用寿命不确定的无形资产的账面价值＝原值－无形资产减值准备

无形资产的计税基础＝无形资产原值－税法累计摊销

3. 公允价值计量的金融资产

会计准则规定,公允价值计量的金融资产的账面价值为其公允价值。交易性金融资产公允价值变动计损益,其他债权投资和其他权益工具投资的公允价值变动计权益。企业对外投资期间,投资资产的成本在计算应纳税所得额时不得扣除。在持有期间计税基础不变。企业在转让或者处置投资资产时,投资资产的成本,准予扣除。以公允价值计量的金融资产,持有期间公允价值的变动不计入应纳税所得额,在实际处置时,处置取得的价款扣除其历史成本的差额应计入处置期间的应纳税所得额。

账面价值＝期末的公允价值

计税基础＝取得的历史成本

4. 投资性房地产

采用成本模式后续计量的投资性房地产,其账面价值与计税基础的确定与固定资产、无形资产相同;采用公允价值模式后续计量的投资性房地产,其计税基础的确定类似于固定资产或无形资产计税基础的确定。

5. 长期股权投资(权益法核算)

长期股权投资取得以后,如果按照会计准则规定采用权益法核算,则一般情况下在持有过程中随着应享有被投资单位可辨认净资产公允价值份额的变化,其账面价值与计税基础会产生差异。

6. 其他资产

有关资产计提了减值准备以后,其账面价值会随之下降,从而造成资产的账面价值与其计税基础之间的差异。如果未计提减值准备,账面价值与其计税基础相等。税法规定,债权投资的利息收入按会计口径(实际利率法)计算所得税。不考虑减值的情况下,计税基础和账面价值相等。具有融资性质的分期收款销售形成的长期应收款,税法规定,按照合同约定的收款日期确认收入的实现。会计规定,合同中存在重大融资成分的,企业应当按照假定客户在取得商品控制权时即以现金支付的应付金额确定交易价格。

(二) 负债的计税基础

负债的账面价值一般是负债账户的贷方余额。负债的账面价值为企业预计在未来期间清偿该项负债时的经济利益流出,负债的账面价值代表未来应支付的金额,负债的账面价值即未来计算利润时不能扣除的金额。负债的计税基础等于账面价值减未来税法规定

可以抵扣的金额,即未来计算所得时不可抵扣的金额。用公式表示为:

$$负债的计税基础=账面价值-未来可以税前扣除的金额$$
$$=未来不能税前扣除的金额$$

一般情况下,负债的确认与偿还不会影响企业的损益,也不会影响其应纳税所得额。未来期间计算应纳税所得额时按照税法规定可予抵扣的金额为零,计税基础即为账面价值,如企业的短期借款、应付账款等。但是,某些情况下,负债的确认可能会影响企业的损益,进而影响不同期间的应纳税所得额,使得其计税基础与账面价值之间产生差额。

1. 预计负债

企业应将预计提供售后服务发生的支出在销售当期确认为费用,同时确认预计负债。税法规定,有关的支出应于发生时税前扣除,因此会产生可抵扣暂时性差异。有些或有事项确认的预计负债,如果税法规定其支出无论是否实际发生均不允许税前扣除,即未来期间按照税法规定可予抵扣的金额为零,其账面价值与计税基础相同。

2. 预收账款(合同负债)

一般企业的预收账款,计税基础等于账面价值。房地产开发企业销售未完工开发产品取得的收入,应先按预计计税毛利率分季(或月)计算出预计毛利额,计入当期应纳税所得额,开发产品完工后,企业应及时结算其计税成本并计算此前销售收入的实际毛利额,同时将其实际毛利额与其对应的预计毛利额之间的差额,计入当年度企业本项目与其他项目合并计算的应纳税所得额,导致计税基础与账面价值不等,产生暂时性差异。

3. 应付职工薪酬

企业职工工资(国有)、职工福利费、社会保险费、工会经费超标需要纳税调整,属于永久性差异。职工教育经费超标、辞退福利以及现金结算的股份支付产生的差异,属于暂时性差异。

(三) 暂时性差异

暂时性差异是指资产、负债的账面价值与其计税基础不同产生的差额。暂时性差异能够在以后期间转回、对将来纳税有影响。根据暂时性差异对未来期间应纳税所得额的影响,分为应纳税暂时性差异和可抵扣暂时性差异。

1. 应纳税暂时性差异

在确定未来收回资产或清偿负债期间的应纳税所得额时,将导致产生应税金额的暂时性差异。产生于资产账面价值大于计税基础或负债的账面价值小于计税基础,符合确认条件的,通过递延所得税负债核算。

2. 可抵扣暂时性差异

在确定未来收回资产或清偿负债期间的应纳税所得额时,将导致产生可抵扣金额的暂时性差异,产生于资产账面价值小于计税基础或负债的账面价值大于计税基础,符合确认条件的,通过递延所得税资产核算。

$$资产的暂时性差异=账面价值-计税基础$$
$$=账面价值-未来可税前抵扣的金额$$
$$负债的暂时性差异=账面价值-计税基础$$

＝账面价值－（账面价值－未来期间计税时可予税前扣除的金额）

＝未来期间按照税法规定可税前扣除的金额

3．特殊项目产生的暂时性差异

某些交易或事项发生以后，因为不符合资产、负债确认条件而未体现为资产负债表中的资产、负债，但是税法规定能够确定其计税基础，也会产生暂时性差异。

（1）未作为资产负债确认的项目产生的暂时性差异。企业发生的符合条件的广告费和业务宣传费支出，除国务院财政、税务主管部门另有规定外，不超过当年销售（营业）收入15%的部分，准予扣除；超过部分，准予在以后纳税年度结转扣除。企业发生的职工教育经费支出，不超过工资薪金总额8%的部分，准予扣除；超过部分，准予在以后纳税年度结转扣除。该类费用在发生时按照会计准则规定计入当期损益，不形成资产负债表中的资产，但按照税法规定可以确定其计税基础的，两者之间的差异也形成暂时性差异。如果将其视为资产，其账面价值为0，其计税基础为以后纳税年度结转扣除金额。

（2）可抵扣亏损及税款抵减产生的暂时性差异。对于按照税法规定可以结转以后年度的未弥补亏损及税款抵减，虽不是因资产、负债的账面价值与计税基础不同产生的，但本质上可抵扣亏损和税款抵减，与可抵扣暂时性差异具有同样的作用，均能减少未来期间的应纳税所得额和应交所得税，将其视同可抵扣暂时性差异处理，在符合确认条件的情况下，应确认与其相关的递延所得税资产。企业纳税年度发生的亏损，准予向以后年度结转，用以后年度的所得弥补，但结转年限最长不得超过5年。企业购置用于环境保护、节能节水、安全生产等专用设备的投资额，可以按一定比例从企业当年的应纳税额中抵免；当年不足抵免的，可以在以后5个纳税年度结转抵免。

【例9-9】 ① 自公开市场取得一项权益性投资，支付价款400万元，年末该权益性投资的公允价值为500万元，划分交易性金融资产，年末账面价值500万元，年末计税基础400万元，应纳税暂时性差异100万元。② 应收账款年末账面余额1 000万元，坏账准备年末账面余额200万元，年末账面价值800万元，年末计税基础1 000万元，年末可抵扣暂时性差异200万元。③ 年度研发支出1 500万元，其中费用化的支出500万元，产生永久性差异375万元，资本化支出1 000万元，年末尚未达到预定可使用状态，年末开发支出账面价值1 000万元，年末开发支出计税基础1 750万元，年末可抵扣暂时性差异750万元。④ 本年实现销售收入1 000万元，本年发生广告费200万元，当期可予税前扣除150万元，当期末予税前扣除的50万元可以向以后年度结转，其计税基础为50万元，产生可抵扣暂时性差异50万元。⑤ 公司年度利润总额为300万元，公益性捐赠支出60万元，可予税前扣除36万元，产生可抵扣暂时性差异24万元。

三、企业会计准则

企业在计算确定了应纳税暂时性差异与可抵扣暂时性差异后，应当按照企业会计准则的规定确认相关的递延所得税负债以及递延所得税资产。

（一）递延所得税负债的确认和计量

1．递延所得税负债的确认原则

除所得税准则中明确规定可不确认递延所得税负债的情况以外，企业对于所有的应纳税暂时性差异均应确认相关的递延所得税负债。除直接计入所有者权益的交易或事项以及企业合并中取得资产、负债相关的以外,在确认递延所得税负债的同时,应增加利润表中的所得税费用。

2. 不确认递延所得税负债的情况

有些情况下,虽然资产、负债的账面价值与其计税基础不同,产生了应纳税暂时性差异,但出于各方面考虑,所得税准则中规定不确认相应的递延所得税负债,主要包括以下情形:

(1) 商誉的初始确认。一项合并业务按会计准则划分归属于非同一控制下的企业合并(公允价值计量)并确认商誉,按税法划分归属于特殊税务处理(计税基础不变),商誉的计税基础为零,该项合并中所确认的商誉金额与其计税基础零之间产生的应纳税暂时性差异,按照准则中规定,不再进一步确认相关的所得税影响。需要说明的是,商誉在初始确认时计税基础等于账面价值的,该商誉在后续计量过程中因计提减值准备,使得商誉的账面价值小于计税基础,会产生可抵扣暂时性差异,应确认相关的所得税影响。

(2) 除企业合并以外的其他交易或事项,如果该项交易或事项发生时既不影响会计利润,也不影响应纳税所得额,则所产生的资产、负债的初始确认金额与其计税基础不同,形成应纳税暂时性差异的,交易或事项发生时不确认相应的递延所得税负债。

(3) 与子公司、联营企业、合营企业投资等相关的应纳税暂时性差异,一般应确认相应的递延所得税负债,但同时满足以下两个条件的除外:一是投资企业能够控制暂时性差异转回的时间;二是该暂时性差异在可预见的未来很可能不会转回。对联营企业和合营企业的投资的应纳税暂时性差异主要产生于权益法下被投资单位权益的增加。对于采用权益法核算的长期股权投资,因其计税基础与账面价值不同产生的有关暂时性差异是否应确认相关的所得税影响,应当考虑该项投资的持有意图。在准备长期持有的情况下,对于采用权益法核算的长期股权投资账面价值与计税基础之间的差异,投资企业一般不确认相关的所得税影响。在持有意图由长期持有转变为拟近期出售的情况下,因长期股权投资的账面价值与计税基础不同产生的有关暂时性差异,均应确认相关的所得税影响。

3. 递延所得税负债的计量

资产负债表日,对于递延所得税负债,应当根据税法规定,按照预期收回该资产或清偿该负债期间的适用税率计量,即递延所得税负债应以相关应纳税暂时性差异转回期间按照税法规定适用的所得税税率计量。无论应纳税暂时性差异的转回期间如何,相关的递延所得税负债不要求折现。

(二) 递延所得税资产的确认和计量

1. 递延所得税资产的确认原则

确认因可抵扣暂时性差异产生的递延所得税资产应以未来期间可能取得的应纳税所得额为限。在可抵扣暂时性差异转回的未来期间内,企业无法产生足够的应纳税所得额用以利用可抵扣暂时性差异的影响,使得与可抵扣暂时性差异相关的经济利益无法实现的,不应确认递延所得税资产;企业有明确的证据表明其于可抵扣暂时性差异转回的未来期间能够产生足够的应纳税所得额,进而利用可抵扣暂时性差异的,则应以可能取得的应纳税所得额为限,确认相关的递延所得税资产。

（1）对与子公司、联营企业、合营企业的投资相关的可抵扣暂时性差异，同时满足下列条件的，应当确认相关的递延所得税资产：一是暂时性差异在可预见的未来很可能转回；二是未来很可能获得用来抵扣可抵扣暂时性差异的应纳税所得额。对联营企业和合营企业的投资的可抵扣暂时性差异，产生于权益法下被投资单位权益的减少。投资企业对有关投资计提减值准备的情况下，也会产生可抵扣暂时性差异。

（2）对于按照税法规定可以结转以后年度的未弥补亏损和税款抵减，应视同可抵扣暂时性差异处理。应当以很可能取得的应纳税所得额为限，确认相应的递延所得税资产，同时减少确认当期的所得税费用。

2. 不确认递延所得税资产的特殊情况

某些情况下，如果企业发生的某项交易或事项不是企业合并，并且交易发生时既不影响会计利润也不影响应纳税所得额，且该项交易中产生的资产、负债的初始确认金额与其计税基础不同，产生可抵扣暂时性差异的，所得税准则中规定在交易或事项发生时不确认相应的递延所得税资产。比如符合资本化条件的开发支出确认无形资产，该项无形资产并非产生于企业合并，同时在初始确认时既不影响会计利润也不影响应纳税所得额，确认其账面价值与计税基础之间产生暂时性差异的所得税影响需要调整该项资产的历史成本，准则规定该种情况下不确认相关的递延所得税资产。

3. 递延所得税资产的计量

确认递延所得税资产时，应当以预期收回该资产期间的适用所得税税率为基础计算确定。无论相关的可抵扣暂时性差异转回期间如何，递延所得税资产均不要求折现。企业在确认了递延所得税资产以后，资产负债表日，应当对递延所得税资产的账面价值进行复核。如果未来期间很可能无法取得足够的应纳税所得额用以利用可抵扣暂时性差异带来的利益，应当减记递延所得税资产的账面价值。减记的递延所得税资产，除原确认时计入所有者权益的，其减记金额亦应计入所有者权益外，其他的情况均应增加所得税费用。因无法取得足够的应纳税所得额利用可抵扣暂时性差异减记递延所得税资产账面价值的，以后期间根据新的环境和情况判断能够产生足够的应纳税所得额利用可抵扣暂时性差异，使得递延所得税资产包含的经济利益能够实现的，应相应恢复递延所得税资产的账面价值。

（三）特殊交易或事项中涉及递延所得税的确认

1. 与直接计入所有者权益的交易或事项相关的所得税

某项交易或事项按照会计准则规定应计入所有者权益的，由该交易或事项产生的递延所得税资产或递延所得税负债及其变化亦应计入所有者权益，不构成利润表中的递延所得税费用（或收益）。

2. 与企业合并相关的递延所得税

某项企业合并，按照会计准则规定属于同一控制下的企业合并，取得的有关资产、负债均按其原账面价值确认。该项合并中，假如不符合税法中规定的免税合并的条件，取得的有关资产、负债的计税基础应当重新认定。账面价值与计税基础不同产生暂时性差异，从而需要确认递延所得税资产或负债。因企业合并为同一控制下企业合并，在确认合并中产生的递延所得税资产或负债时，相关影响应计入所有者权益。某项企业合并，按照会计准则规定属于非同一控制下的企业合并,取得的有关资产、负债应当按照公允价值确认。该项合并中,假如符合税法中规定的免税合并的条件,取得的有关资产、负债的计税基础应承继其原有计税基础。账面价值与计税基础不同产生暂时性差异,从而需要确认递延所得税资产或负债。因企业合并为非同一控制下企业合并,在确认合并中产生的递延所得税资产或负债时,将影响合并中确认的商誉。

(四)适用税率变化对已确认递延所得税的影响

因税收法规的变化,导致企业在某一会计期间适用的所得税税率发生变化的,企业应对已确认的递延所得税资产和递延所得税负债按照新的税率进行重新计量。递延所得税资产和递延所得税负债的金额代表的是有关可抵扣暂时性差异或应纳税暂时性差异于未来期间转回时,导致企业应交所得税金额的减少或增加的情况。适用税率变动的情况下,应对原已确认的递延所得税资产及递延所得税负债的金额进行调整,反映税率变化带来的影响。

除直接计入所有者权益的交易或事项产生的递延所得税资产及递延所得税负债,相关的调整金额应计入其他综合收益以外,其他情况下因税率变化产生的调整金额应确认为税率变化当期的所得税费用(或收益)。

(五)所得税费用的确认和计量

采用资产负债表债务法核算所得税的情况下,利润表中的所得税费用由两个部分组成:当期所得税和递延所得税。计入当期损益的所得税费用或收益不包括企业合并和直接在所有者权益中确认的交易或事项产生的所得税影响。

所得税费用不同于应交所得税。应交所得税,按税法确定,属于负债类科目,表示欠国家的税款;所得税费用是根据会计准则确认的应从当期利润总额中扣除的所得税费用;应交所得税与所得税费用的差额通过递延所得税资产、递延所得税负债两个科目核算。

1. 当期所得税费用

当期所得税,是指企业按照税法规定计算确定的针对当期发生的交易和事项,应缴纳给税务部门的所得税金额,即应交所得税,应以适用的税收法规为基础计算确定。

从税务的角度来看,税会差异包括纳税调增项目和纳税调整项目。纳税调整包括财税差异调整与税收优惠调整,财税差异(包括收入类、扣除类、资产类等)通过纳税调整项目明细表填报;税收优惠明细通过税收优惠明细表填报。计算应纳税额时,借记"所得税费用"科目,贷记"应交税费"科目。

利润总额是会计概念,实际利润额与应纳税所得额是税法概念,需要在利润总额的基础上调整得出。实际利润额是查账征收企业预缴企业所得税的依据。应纳税所得额是查账征收企业汇算清缴企业所得税的依据。实际利润额仅对部分税会差异进行局部调整后得出,而应纳税所得额对税会差异进行全面调整后的结果。

2. 递延所得税费用

递延所得税,是指企业在某一会计期间确认的递延所得税资产及递延所得税负债的综合结果。即按照企业会计准则规定应予确认的递延所得税资产和递延所得税负债在期末应有的金额相对于原已确认金额之间的差额,即递延所得税资产及递延所得税负债的当期发生额,但不包括计入所有者权益的交易或事项及企业合并的所得税影响。核算时,借记或贷记"所得税费用"科目,贷记或借记"递延所得税资产(或负债)"科目。

【例9-10】 某企业年度利润总额400万元,行政罚款支出3万元;营业收入1 000万元,发生招待费5万元;当年发生广告费170万元;固定资产原值100万元,年初会计累计折旧25万元,年初税法累计折旧40万元,本年会计计提折旧25万元,本年税法计提折旧30万元,年末账面价值50万元,年末计税基础30万元,税率25%,假设年内未预缴企业所得税。罚款3万元和业务招待费超支2万元属于永久性差异,广告费超支产生可抵扣暂时性差异20万元,固定资产产生应纳税暂时性差异5万元。

应交企业所得税＝(400＋3＋2＋20－5)×25%＝105(万元)

借:所得税费用　　　　　　　　　　　　　1 012 500
　　递延所得税资产　　　　　　　　　　　　50 000
　　贷:递延所得税负债　　　　　　　　　　　　12 500
　　　　应交税费——应交所得税　　　　　　　1 050 000

【例9-11】 乙公司年度利润总额300万元。符合免税条件的投资收益4万元。招待费超标2万元,广告费超支6万元。

(1)按实际利润额预缴所得税＝(300－4)×25%＝74(万元)

借:所得税费用　　　　　　　　　　　　　740 000
　　贷:应交税费——应交企业所得税　　　　　740 000

借:应交税费——应交企业所得税　　　　　740 000
　　贷:银行存款　　　　　　　　　　　　　740 000

(2)年终确认递延所得税。

借:递延所得税资产　　　　　　　　　　　15 000
　　贷:所得税费用　　　　　　　　　　　　　15 000

(3)第二年汇算清缴:(300－4＋2＋6)×25%－74＝2(万元)。

借:以前年度损益调整　　　　　　　　　　20 000
　　贷:应交税费——应交所得税　　　　　　　20 000

借:利润分配——未分配利润　　　　　　　20 000
　　贷:以前年度损益调整　　　　　　　　　　20 000

借:应交税费——应交企业所得税　　　　　20 000
　　贷:银行存款　　　　　　　　　　　　　20 000

(4)净利润＝300－(74－1.5＋2)＝225.5(万元)。

利润表(会企02表)如表9-1所示。

表 9－1　利润表(会企 02 表)

项　　目	本期金额	上期金额
一、营业收入		
减:营业成本		
税金及附加		
销售费用		
研发费用		
管理费用		
财务费用		
资产减值损失		
信用减值损失		
加:其他收益		
投资收益		
净敞口套期收益		
公允价值变动收益		
资产处置收益		
二、营业利润(亏损以"－"号填列)		
加:营业外收入		
减:营业外支出		
三、利润总额		
减:所得税费用		
四、净利润		
(一)持续经营净利润		
(二)终止经营净利润		
五、其他综合收益税后净额		
(一)不能重分类进损益的其他综合收益		
(二)将重分类进损益的其他综合收益		
六、综合收益总额		
七、每股收益		
(一)基本每股收益		
(二)稀释每股收益		

四、小企业会计准则

国际会计准则理事会则主要从公众受托责任角度划分,《国际财务报告准则》和《中小主体国际财务报告准则》分别适用于上市公司和非上市公司。我国主要从企业规模角度进行划分,《企业会计准则》和《小企业会计准则》分别适用于大中型企业和小企业。《小企业会计准则》简化了会计核算,减少了会计与税法差异,减少了职业判断。《小企业会计准则》与税法的目的不同,属于不同领域的两种规范,尽管大部分涉税业务处理上保持了一致,但依然存在差异需要调整,这类调整事项主要体现在收入类和扣除类项目。

《小企业会计准则》适用于在中华人民共和国境内依法设立的、符合《中小企业划型标准规定》所规定的小型企业标准的企业。下列三类小企业除外:股票或债券在市场上公开交易的小企业;金融机构或其他具有金融性质的小企业;企业集团内的母公司和子公司。

(1) 小企业的资产应当按照成本计量,不计提资产减值准备。小企业的资产按照流动性,可分为流动资产和非流动资产。流动资产包括货币资金、短期投资、应收及预付款项、存货等。非流动资产包括长期债券投资、长期股权投资、固定资产、生产性生物资产、无形资产、长期待摊费用等。长期股权投资应当采用成本法进行会计处理。小企业应当按照年限平均法(即直线法)计提折旧。由于技术进步等原因,小企业的固定资产确需加速折旧的,可以采用双倍余额递减法和年数总和法。生产性生物资产应当按照年限平均法计提折旧。无形资产应当在其使用寿命内采用年限平均法进行摊销,根据其受益对象计入相关资产成本或者当期损益。小企业不能可靠估计无形资产使用寿命的,摊销期不得低于10年。小企业的长期待摊费用包括已提足折旧的固定资产的改建支出、经营租入固定资产的改建支出、固定资产的大修理支出和其他长期待摊费用等。长期待摊费用应当在其摊销期限内采用年限平均法进行摊销,根据其受益对象计入相关资产的成本或者管理费用,并冲减长期待摊费用。

(2) 小企业的负债按照其流动性,可分为流动负债和非流动负债。流动负债包括短期借款、应付及预收款项、应付职工薪酬、应交税费、应付利息等。非流动负债包括长期借款、长期应付款等。负债应当按照其实际发生额入账。

(3) 小企业的所有者权益包括实收资本(或股本)、资本公积、盈余公积和未分配利润。资本公积,是指小企业收到的投资者出资额超过其在注册资本或股本中所占份额的部分。

(4) 小企业应当在发出商品且收到货款或取得收款权利时,确认销售商品收入。小企业应当按照从购买方已收或应收的合同或协议价款,确定销售商品收入金额。小企业已经确认销售商品收入的售出商品发生的销售退回(不论属于本年度还是属于以前年度的销售),应当在发生时冲减当期销售商品收入。小企业已经确认销售商品收入的售出商品发生的销售折让,应当在发生时冲减当期销售商品收入。同一会计年度内开始并完成的劳务,应当在提供劳务交易完成且收到款项或取得收款权利时,确认提供劳务收入。提供劳务收入的金额为从接受劳务方已收或应收的合同或协议价款。劳务的开始和完成分属不同会计年度的,应当按照完工进度确认提供劳务收入。

（5）小企业的费用包括营业成本、税金及附加、销售费用、管理费用、财务费用等。小企业的费用应当在发生时按照其发生额计入当期损益。小企业销售商品收入和提供劳务收入已予确认的,应当将已销售商品和已提供劳务的成本作为营业成本结转至当期损益。

（6）利润,是指小企业在一定会计期间的经营成果,包括营业利润、利润总额和净利润。小企业的营业外收入应当在实现时按照其实现金额计入当期损益。小企业的营业外支出应当在发生时按照其发生额计入当期损益。

我国小企业会计准则所得税采用应付税款法。小企业应当按照企业所得税法规定计算的当期应纳税额,确认所得税费用。小企业应当在利润总额的基础上,按照企业所得税法规定进行纳税调整,计算出当期应纳税所得额,按照应纳税所得额与适用所得税税率为基础计算确定当期应纳税额。

小企业的财务报表至少应当包括下列组成部分:资产负债表;利润表;现金流量表;附注。小企业对会计政策变更、会计估计变更和会计差错更正应当采用未来适用法进行会计处理。小企业对外币财务报表进行折算时,应当采用资产负债表日的即期汇率对外币资产负债表、利润表和现金流量表的所有项目进行折算。

【例9-12】 某公司年度实现会计利润262万元。支付税收滞纳金0.2万元,招待费超标1.8万元,广告费超支6万元。享受小型微利企业优惠,执行小企业会计准则。

应纳税所得额＝262＋0.2＋1.8＋6＝270（万元）

应纳税额＝100×25％×20％＋170×50％×20％＝22（万元）

（1）计提所得税费用:

借:所得税费用　　　　　　　　　　　　　　　　　　　220 000

　　贷:应交税费——应交所得税　　　　　　　　　　　　220 000

（2）结转所得税费用:

借:本年利润　　　　　　　　　　　　　　　　　　　　220 000

　　贷:所得税费用　　　　　　　　　　　　　　　　　　220 000

（3）上缴企业所得税:

借:应交税费——应交所得税　　　　　　　　　　　　　220 000

　　贷:银行存款　　　　　　　　　　　　　　　　　　　220 000

小企业会计科目如表9-2所示。

表9-2　小企业会计科目

一、资产类			
库存现金	银行存款	其他货币资金	短期投资
应收票据	应收账款	预付账款	应收股利
应收利息	其他应收款	材料采购	在途物资
原材料	材料成本差异	库存商品	商品进销差价
委托加工物资	周转材料	消耗性生物资产	长期债券投资

长期股权投资	固定资产	累计折旧	在建工程
工程物资	固定资产清理	生产性生物资产	生产性生物资产累计折旧
无形资产	累计摊销	长期待摊费用	待处理财产损溢
二、负债类			
短期借款	应付票据	应付账款	预收账款
应付职工薪酬	应交税费	应付利息	应付利润
其他应付款	递延收益	长期借款	长期应付款
三、所有者权益类			
实收资本	资本公积	盈余公积	本年利润
利润分配			
四、成本类			
生产成本	制造费用	研发支出	工程施工
机械作业			
五、损益类			
主营业务收入	其他业务收入	投资收益	营业外收入
主营业务成本	其他业务成本	税金及附加	销售费用
管理费用	财务费用	营业外支出	所得税费用

利润表(会小企02表)如表9-3所示。

表9-3 利润表(会小企02表)

项 目	本年累计金额	本月金额
一、营业收入		
减:营业成本		
税金及附加		
其中:消费税		
城市维护建设税		
资源税		
土地增值税		
城镇土地使用税、房产税、车船税、印花税、环保税		
教育费附加、地方教育附加		
销售费用		
其中:商品维修费		

项 目	本年累计金额	本月金额
广告费和业务宣传费		
管理费用		
其中:开办费		
业务招待费		
研究费用		
财务费用		
其中:利息费用(收入以"－"号填列)		
加:投资收益(损失以"－"号填列)		
二、营业利润(亏损以"－"号填列)		
加:营业外收入		
其中:政府补助		
减:营业外支出		
其中:坏账损失		
无法收回的长期债券投资损失		
无法收回的长期股权投资损失		
自然灾害等不可抗力因素造成的损失		
税收滞纳金		
三、利润总额(亏损总额以"－"号填列)		
减:所得税费用		
四、净利润(净亏损以"－"号填列)		

第八节　企业所得税的纳税申报

（1）企业所得税按年计征,分月或者分季预缴,年终汇算清缴,多退少补。按月或按季预缴的,应当自月份或季度终了之日起 15 日内,向税务机关报送预缴企业所得税纳税申报表,预缴税款;纳税人 12 月份或者第四季度的企业所得税预缴纳税申报,应在纳税年度终了后 15 日内完成,预缴申报后进行当年企业所得税汇算清缴。自年度终了之日起 5 个月内,向税务机关报送年度企业所得税纳税申报表,并汇算清缴,结清应交应退税款。企业在纳税年度无论盈利或亏损,都需按期申报。

除另有规定外,居民企业以企业登记注册地为纳税地点;但登记注册地在境外的,以实际管理机构所在地为纳税地点;居民企业在中国境内设立不具有法人资格的营业机构的,应当汇总计算并缴纳企业所得税;除国务院另有规定外,企业之间不得合并缴纳企业所得税。

企业在报送企业所得税纳税申报表时,应当按照规定附送财务会计报告和其他有关资料。企业在一个纳税年度中间开业,或者由于合并、关闭等原因终止经营活动,使该纳税年度的实际经营期不足 12 个月的,应当以其实际经营期为 1 个纳税年度。企业依法清算时,应当以清算期间作为 1 个纳税年度。企业应当在办理注销登记前,就其清算所得向税务机关申报并依法缴纳所得税。

(2) 企业所得税汇算清缴一般会涉及账务调整和纳税调整。账务调整是针对违反会计制度规定所做账务处理的调整,纳税调整是针对会计与税法差异的调整。前者必须账内调整,通过调整使之符合会计规定;后者只是在账外调整,即只在纳税申报表内调整,通过调整使之符合税法规定。

企业只有在未按会计准则规定进行会计处理时才需要进行调账,即账务处理是错误的时候才需要调账。调整错账的思路:错账处理加上调账等于正确处理,即调整账务以达到预期的或规定的结果。如果会计核算没有错误,只是税会有差异,则不需要进行账务调整。税会差异需要纳税调整应纳税所得额,影响应交税费。

对当期错账的调整方法,采用红字冲销法、补充登记法、综合账务调整法予以调整。如果是按月结转利润的纳税人在本月内发现的错账,调整错账本身即可;在本月以后发现的错账,影响利润的项目通过"本年利润"科目进行调整。

在上一年度决算报表编制之后发现的重大会计差错,对于影响上年利润的项目,应通过"以前年度损益调整"进行调整;对不影响上年利润的项目,可直接进行调整。日后差错的调整分录与前期重要差错相似,日后差错主要是调整上期(报告期间)报表的期末数或本年数;而前期重要差错主要调整本期报表的期初数或上年数。

"以前年度损益调整"科目核算本年度发现的重要前期差错更正涉及调整以前年度损益的事项以及企业在资产负债表日至财务报告批准报出日之间发生的需要调整报告年度损益的事项。企业调整增加以前年度利润或减少以前年度亏损,借记有关科目,贷记本科目;调整减少以前年度利润或增加以前年度亏损做相反的会计分录。由于以前年度损益调整增加的所得税费用,借记本科目,贷记"应交税费——应交所得税"等科目;由于以前年度损益调整减少的所得税费用,做相反的会计分录。经上述调整后,应将本科目的余额转入"利润分配——未分配利润"科目。

【例 9-13】　某企业 2021 年度的利润总额 320 万元。已预缴的企业所得税 80 万元。2022 年 4 月 10 日,对该企业 2020 年度的企业所得税进行审查发现:企业取得金融债券利息收入 80 万元计入其他应付款;向非金融企业流动资金借款利息费用超支 27 万元;业务招待费超支 65 万元;通过公益性社会团体向灾区捐款 50 万元。国债利息收入 70 万元。

要求:调账并计算 2021 年度应补的企业所得税。

企业取得金融债券利息收入 80 万元,应记入投资收益。债券利息收入 80 万元应调增当年利润总额,调账分录:

借:其他应付款　　　　　　　　　　　　　　　　　800 000
　　贷:以前年度损益调整　　　　　　　　　　　　　　　　800 000

公益性捐款扣除限额为 48 万元(＝400×12%),调增 2 万元。

应税所得＝400＋65＋27＋2－70＝424(万元)

应补缴企业所得税＝424×25％－80＝26(万元)

借:以前年度损益调整   260 000

  贷:应交税费——应交所得税   260 000

借:以前年度损益调整   540 000

  贷:利润分配——未分配利润   540 000

【例9-14】 甲企业为增值税一般纳税人,2022年度相关数据为:产品销售收入总额68 000万元,产品销售成本45 800万元,税金及附加9 250万元,销售费用3 600万元、管理费用2 900万元、财务费用870万元。营业外收入320万元,采用长期股权投资成本法核算确认股息收益550万元,营业外支出1 050万元,全年实现会计利润5 400万元。城建税税率7％、教育费附加3％、地方教育费附加2％,全年累计预缴企业所得税1 200万元。2022年2月对2021年度进行审核发现相关问题:① 收到代销公司代销5件货物的代销清单及货款169.5万元(每件成本20.4万元,不含税价30万元)。借:银行存款1 695 000,贷:预收账款1 695 000。少计150万元收入;少结转成本102万元;少计增值税销项税额19.5万元;少计城建及附加2.34万元(＝19.5×12％)。应补缴增值税19.5万元城建税和附加2.34万元。② 7月购入一台生产设备,不含税价款520.8万元,使用期限为10年,不考虑残值。当年计提6个月折旧26.04万元。多提折旧4.34万元(＝26.04－520.8÷10÷12×5),营业成本应减少4.34万元。③ 管理费用中含有业务招待费280万元。280×60％＝168(万元),68 150×5‰＝340.75(万元),业务招待费纳税调增112万元。④ 实际发生的工资费用3 000万元、职工福利费490万元、工会经费80万元。职工福利费扣除限额420万元(＝3 000×14％),纳税调增70万元。工会经费扣除限额60万元(＝3 000×2％),纳税调增20万元。⑤ 营业外支出中含该企业通过省教育厅向某山区小学捐款800万元。纳税调增146万元(＝800－5 450×12％)。

汇算清缴并调账:补交企业所得税＝(5 450＋348－550)×25％－1 200＝112(万元)

(3) 预缴纳税申报表。

中华人民共和国企业所得税月(季)度预缴纳税申报表(A类)如表9-4所示。

表9-4　中华人民共和国企业所得税月(季)度预缴纳税申报表(A类)

预缴方式	□ 按照实际利润额预缴	□ 按照上一纳税年度应纳税所得额平均额预缴	□ 按照税务机关确定的其他方法预缴
企业类型	□ 一般企业	□ 跨地区经营汇总纳税企业总机构	□ 跨地区经营汇总纳税企业分支机构
预 缴 税 款 计 算			
行次	项　目		本年累计金额
1	营业收入		
2	营业成本		
3	利润总额		

续　表

预 缴 税 款 计 算		
4	加:特定业务计算的应纳税所得额	
5	减:不征税收入	
6	减:资产加速折旧、摊销(扣除)调减额(填写 A201020)	
7	减:免税收入、减计收入、加计扣除(7.1+7.2+…)	
7.1	(填写优惠事项名称)	
7.2	(填写优惠事项名称)	
8	减:所得减免(8.1+8.2+…)	
8.1	(填写优惠事项名称)	
8.2	(填写优惠事项名称)	
9	减:弥补以前年度亏损	
10	实际利润额(3+4-5-6-7-8)\按照上一纳税年度应纳税所得额平均额确定的应纳税所得额	
11	税率(25%)	
12	应纳所得税额(9×10)	
13	减:减免所得税额(13.1+13.2+…)	
13.1	(填写优惠事项名称)	
13.2	(填写优惠事项名称)	
14	减:实际已缴纳所得税额	
15	减:特定业务预缴(征)所得税额	
16	本期应补(退)所得税额(11-12-13-14)\税务机关确定的本期应纳所得税额	
汇总纳税企业总分机构税款计算		
17	总机构填报	总机构本期分摊应补(退)所得税额(17+18+19)	
18		其中:总机构分摊应补(退)所得税额(15×总机构分摊比例____%)	
19		财政集中分配应补(退)所得税额(15×财政集中分配比例____%)	
20		总机构具有主体生产经营职能的部门分摊所得税额(15×全部分支机构分摊比例____%×总机构具有主体生产经营职能部门分摊比例____%)	
21	分支机构填报	分支机构本期分摊比例	
22		分支机构本期分摊应补(退)所得税额	

续　表

实际缴纳企业所得税计算		
23	减:民族自治地区企业所得税地方分享部分: □ 免征　□ 减征:减征 幅度_____%)	本年累计应减免金额 [(12－13－15)×40%× 减征幅度]	
24	实际应补(退)所得税额		
附报信息			
高新技术企业	□ 是　□ 否	科技型中小企业	□ 是　□ 否
技术入股递延纳税事项	□ 是　□ 否		
按季度填报信息			
季初从业人数		季末从业人数	
季初资产总额(万元)		季末资产总额(万元)	
国家限制或禁止行业	□ 是　□ 否	小型微利企业	□ 是　□ 否

《中华人民共和国企业所得税月(季)度预缴纳税申报表(A类)》填报说明:

本表适用于实行查账征收企业所得税的居民企业纳税人在月(季)度预缴纳税申报时填报。执行《跨地区经营汇总纳税企业所得税征收管理办法》的跨地区经营汇总纳税企业的分支机构,在年度纳税申报时填报本表。

预缴方式选择"按照实际利润额预缴"的纳税人填报第1行至第15行,预缴方式选择"按照上一纳税年度应纳税所得额平均额预缴"的纳税人填报第9、10、11、12、13、15行,预缴方式选择"按照税务机关确定的其他方法预缴"的纳税人填报第15行。

第1行"营业收入":填报纳税人截至本税款所属期末,按照国家统一会计制度规定核算的本年累计营业收入。

第2行"营业成本":填报纳税人截至本税款所属期末,按照国家统一会计制度规定核算的本年累计营业成本。

第3行"利润总额":填报纳税人截至本税款所属期末,按照国家统一会计制度规定核算的本年累计利润总额。

第4行"加:特定业务计算的应纳税所得额":从事房地产开发等特定业务的纳税人,填报按照税收规定计算的特定业务的应纳税所得额。房地产开发企业销售未完工开发产品取得的预售收入,按照税收规定的预计计税毛利率计算出预计毛利额,扣除实际缴纳且在会计核算中未计入当期损益的土地增值税等税金及附加后的金额,在此行填报。

第5行"减:不征税收入":填报纳税人已经计入"利润总额"行次但属于税收规定的不征税收入的本年累计金额。

第6行"减:资产加速折旧、摊销(扣除)调减额(填写 A201020)":填报资产税收上享受加速折旧、摊销优惠政策计算的折旧额、摊销额大于同期会计折旧额、摊销额期间发生纳税调减的本年累计金额。本行根据《资产加速折旧、摊销(扣除)优惠明细表》(A201020)填报。

第7行"减:免税收入、减计收入、加计扣除(7.1+7.2+…)":根据相关行次计算结果填报。根据《企业所得税申报事项目录》填报税收规定的免税收入、减计收入、加计扣除等优惠事项的具体名称和本年累计金额。

第8行"减:所得减免(8.1+8.2+…)":根据相关行次计算结果填报。第3+4-5-6-7行≤0时,本行不填报。根据《企业所得税申报事项目录》,在第8.1行、第8.2行……填报税收规定的所得减免优惠事项的名称和本年累计金额。

第9行"减:弥补以前年度亏损":填报纳税人截至本税款所属期末,按照税收规定在企业所得税税前弥补的以前年度尚未弥补亏损的本年累计金额。当本表第3+4-5-6-7-8行≤0时,本行=0。

第10行"实际利润额(3+4-5-6-7-8)\按照上一纳税年度应纳税所得额平均额确定的应纳税所得额":预缴方式为"按照实际利润额预缴"的纳税人,根据本表相关行次计算结果填报,第10行=第3+4-5-6-7-8-9行;预缴方式为"按照上一纳税年度应纳税所得额平均额预缴"的纳税人,填报按照上一纳税年度应纳税所得额平均额计算的本年累计金额。

第11行"税率(25%)":填报25%。

第12行"应纳所得税额(9×10)":根据相关行次计算结果填报。第12行=第10×11行,且第12行≥0。

第13行"减:减免所得税额(13.1+13.2+…)":根据相关行次计算结果填报。根据《企业所得税申报事项目录》,填报税收规定的减免所得税额优惠事项的具体名称和本年累计金额。

第14行"减:实际已缴纳所得税额":填报纳税人按照税收规定已在此前月(季)度申报预缴企业所得税的本年累计金额。建筑企业总机构直接管理的跨地区设立的项目部,按照税收规定已经向项目所在地主管税务机关预缴企业所得税的金额不填本行,而是填入本表第15行。

第15行"减:特定业务预缴(征)所得税额":填报建筑企业总机构直接管理的跨地区设立的项目部,按照税收规定已经向项目所在地主管税务机关预缴企业所得税的本年累计金额。本行本期填报金额不得小于本年上期申报的金额。

第16行"本期应补(退)所得税额\税务机关确定的本期应纳所得税额":按照不同预缴方式,分情况填报。预缴方式为"按照实际利润额预缴"以及"按照上一纳税年度应纳税所得额平均额预缴"的纳税人,根据本表相关行次计算填报。预缴方式为"按照税务机关确定的其他方法预缴"的纳税人,本行填报本期应纳企业所得税的金额。

(4)年度纳税申报表。

企业所得税年度纳税申报表填报表单如表9-5所示。

表9-5　企业所得税年度纳税申报表填报表单

表单编号	表单名称	是否填报
A000000	企业所得税年度纳税申报基础信息表	√
A100000	中华人民共和国企业所得税年度纳税申报表(A类)	√

表单编号	表单名称	是否填报
A101010	一般企业收入明细表	☐
A101020	金融企业收入明细表	☐
A102010	一般企业成本支出明细表	☐
A102020	金融企业支出明细表	☐
A103000	事业单位、民间非营利组织收入、支出明细表	☐
A104000	期间费用明细表	☐
A105000	纳税调整项目明细表	☐
A105010	视同销售和房地产开发企业特定业务纳税调整明细表	☐
A105020	未按权责发生制确认收入纳税调整明细表	☐
A105030	投资收益纳税调整明细表	☐
A105040	专项用途财政性资金纳税调整明细表	☐
A105050	职工薪酬支出及纳税调整明细表	☐
A105060	广告费和业务宣传费跨年度纳税调整明细表	☐
A105070	捐赠支出及纳税调整明细表	☐
A105080	资产折旧、摊销及纳税调整明细表	☐
A105090	资产损失税前扣除及纳税调整明细表	☐
A105100	企业重组及递延纳税事项纳税调整明细表	☐
A105110	政策性搬迁纳税调整明细表	☐
A105120	特殊行业准备金及纳税调整明细表	☐
A106000	企业所得税弥补亏损明细表	☐
A107010	免税、减计收入及加计扣除优惠明细表	☐
A107011	符合条件的居民企业之间的股息、红利等权益性投资收益优惠明细表	☐
A107012	研发费用加计扣除优惠明细表	☐
A107020	所得减免优惠明细表	☐
A107030	抵扣应纳税所得额明细表	☐
A107040	减免所得税优惠明细表	☐
A107041	高新技术企业优惠情况及明细表	☐
A107042	软件、集成电路企业优惠情况及明细表	☐
A107050	税额抵免优惠明细表	☐
A108000	境外所得税收抵免明细表	☐
A108010	境外所得纳税调整后所得明细表	☐
A108020	境外分支机构弥补亏损明细表	☐
A108030	跨年度结转抵免境外所得税明细表	☐
A109000	跨地区经营汇总纳税企业年度分摊企业所得税明细表	☐
A109010	企业所得税汇总纳税分支机构所得税分配表	☐
说明:企业应当根据实际情况选择需要填报的表单		

A100000 中华人民共和国企业所得税年度纳税申报表(A 类)如表 9 - 6 所示。

表 9 - 6 A100000 中华人民共和国企业所得税年度纳税申报表(A 类)

行次	类别	项 目	金 额
1	利润总额计算	一、营业收入(填写 A101010\101020\103000)	
2		减:营业成本(填写 A102010\102020\103000)	
3		减:税金及附加	
4		减:销售费用(填写 A104000)	
5		减:管理费用(填写 A104000)	
6		减:财务费用(填写 A104000)	
7		减:资产减值损失	
8		加:公允价值变动收益	
9		加:投资收益	
10		二、营业利润(1-2-3-4-5-6-7+8+9)	
11		加:营业外收入(填写 A101010\101020\103000)	
12		减:营业外支出(填写 A102010\102020\103000)	
13		三、利润总额(10+11-12)	
14	应纳税所得额计算	减:境外所得(填写 A108010)	
15		加:纳税调整增加额(填写 A105000)	
16		减:纳税调整减少额(填写 A105000)	
17		减:免税、减计收入及加计扣除(填写 A107010)	
18		加:境外应税所得抵减境内亏损(填写 A108000)	
19		四、纳税调整后所得(13-14+15-16-17+18)	
20		减:所得减免(填写 A107020)	
21		减:弥补以前年度亏损(填写 A106000)	
22		减:抵扣应纳税所得额(填写 A107030)	
23		五、应纳税所得额(19-20-21-22)	
24	应纳税额计算	税率(25%)	
25		六、应纳所得税额(23×24)	
26		减:减免所得税额(填写 A107040)	
27		减:抵免所得税额(填写 A107050)	
28		七、应纳税额(25-26-27)	
29		加:境外所得应纳所得税额(填写 A108000)	
30		减:境外所得抵免所得税额(填写 A108000)	

续　表

行　次	类　别	项　目	金　额
31		八、实际应纳所得税额(28+29—30)	
32		减:本年累计实际已缴纳的所得税额	
33		九、本年应补(退)所得税额(31—32)	
34		其中:总机构分摊本年应补(退)所得税额(填写 A109000)	
35		财政集中分配本年应补(退)所得税额(填写 A109000)	
36		总机构主体生产经营部门分摊本年应补(退)所得税额(填写 A109000)	
37	实际应纳税额计算	减:民族自治地区企业所得税地方分享部分:(□ 免征 □ 减征:减征幅度 %)	
338		十、本年实际应补(退)所得税额(33—37)	

《中华人民共和国企业所得税年度纳税申报表(A 类)》填报说明:

本表为企业所得税年度纳税申报表的主表,纳税人在计算企业所得税应纳税所得额及应纳税额时,会计处理与税收规定不一致的,应当按照税收规定计算。税收规定不明确的,在没有明确规定之前,暂按国家统一会计制度计算。

本表是在纳税人会计利润总额的基础上,加减纳税调整等金额后计算出"纳税调整后所得"。会计与税法的差异(包括收入类、扣除类、资产类等差异)通过《纳税调整项目明细表》(A105000)集中填报。

本表包括利润总额计算、应纳税所得额计算、应纳税额计算三个部分。"利润总额计算"中的项目,按照国家统一会计制度的规定计算填报。"应纳税所得额计算"和"应纳税额计算"中的项目,除根据主表逻辑关系计算以外,通过附表相应栏次填报。

第 13 行"三、利润总额(10+11—12)":填报纳税人当期的利润总额。根据上述项目计算填报。第 1~12 行省略。

第 14 行"减:境外所得(填写 A108010)":填报纳税人取得的境外所得且已计入利润总额的金额。本行根据《境外所得纳税调整后所得明细表》(A108010)填报。

第 15 行"加:纳税调整增加额(填写 A105000)":填报纳税人会计处理与税收规定不一致,进行纳税调整增加的金额。本行根据《纳税调整项目明细表》(A105000)"调增金额"列填报。

第 16 行"减:纳税调整减少额(填写 A105000)":填报纳税人会计处理与税收规定不一致,进行纳税调整减少的金额。本行根据《纳税调整项目明细表》(A105000)"调减金额"列填报。

第 17 行"减:免税、减计收入及加计扣除(填写 A107010)":填报属于税收规定免税收入、减计收入、加计扣除金额。本行根据《免税、减计收入及加计扣除优惠明细表》(A107010)填报。

第 18 行"加:境外应税所得抵减境内亏损(填写 A108000)":当纳税人选择不用境外

所得抵减境内亏损时,填报 0;当纳税人选择用境外所得抵减境内亏损时,填报境外所得抵减当年度境内亏损的金额。用境外所得弥补以前年度境内亏损的,还需填报《企业所得税弥补亏损明细表》(A106000)和《境外所得税收抵免明细表》(A108000)。

第 19 行"四、纳税调整后所得(13－14＋15－16－17＋18)":填报纳税人经过纳税调整、税收优惠、境外所得计算后的所得额。

第 20 行"减:所得减免(填写 A107020)":填报属于税收规定的所得减免金额。根据《所得减免优惠明细表》(A107020)填报。

第 21 行"减:弥补以前年度亏损(填写 A106000)":填报纳税人按照税收规定可在税前弥补的以前年度亏损数额。本行根据《企业所得税弥补亏损明细表》(A106000)填报。

第 22 行"减:抵扣应纳税所得额(填写 A107030)":填报根据税收规定应抵扣的应纳税所得额。本行根据《抵扣应纳税所得额明细表》(A107030)填报。

第 23 行"五、应纳税所得额(19－20－21－22)":填报第 19－20－21－22 行金额。按照上述行次顺序计算结果为负数的,本行按 0 填报。

第 24 行"税率(25%)":填报税收规定的税率 25%。

第 25 行"六、应纳所得税额(23×24)":填报第 23×24 行金额。

第 26 行"减:减免所得税额(填写 A107040)":填报纳税人按税收规定实际减免的企业所得税额。本行根据《减免所得税优惠明细表》(A107040)填报。

第 27 行"减:抵免所得税额(填写 A107050)":填报企业当年的应纳所得税额中抵免的金额。本行根据《税额抵免优惠明细表》(A107050)填报。

第 28 行"七、应纳税额(25－26－27)":填报第 25－26－27 行金额。

第 29 行"加:境外所得应纳所得税额(填写 A108000)":填报纳税人来源于中国境外的所得,按照我国税收规定计算的应纳所得税额。根据《境外所得税收抵免明细表》(A108000)填报。

第 30 行"减:境外所得抵免所得税额(填写 A108000)":填报纳税人来源于中国境外所得依照中国境外税收法律以及相关规定应缴纳并实际缴纳(包括视同已实际缴纳)的企业所得税性质的税款(准予抵免税款)。本行根据《境外所得税收抵免明细表》(A108000)填报。

第 31 行"八、实际应纳所得税额(28＋29－30)":填报第 28＋29－30 行金额。其中,跨地区经营企业类型为"分支机构(须进行完整年度申报并按比例纳税)"的纳税人,填报(第 28＋29－30 行)×"分支机构就地纳税比例"金额。

第 32 行"减:本年累计实际已缴纳的所得税额":填报纳税人按照税收规定本纳税年度已在月(季)度累计预缴的所得税额,包括按照税收规定的特定业务已预缴(征)的所得税额,建筑企业总机构直接管理的跨地区设立的项目部按规定向项目所在地主管税务机关预缴的所得税额。

第 33 行"九、本年应补(退)的所得税额(31－32)":填报第 31－32 行金额。

第 34 行"其中:总机构分摊本年应补(退)所得税额(填写 A109000)":填报汇总纳税的总机构按照税收规定在总机构所在地分摊本年应补(退)所得税额。本行根据《跨地区经营汇总纳税企业年度分摊企业所得税明细表》(A109000)填报。

第 35 行"财政集中分配本年应补(退)所得税额(填写 A109000)":填报汇总纳税的总

机构按照税收规定财政集中分配本年应补(退)所得税款。本行根据《跨地区经营汇总纳税企业年度分摊企业所得税明细表》(A109000)填报。

第36行"总机构主体生产经营部门分摊本年应补(退)所得税额(填写 A109000)":填报汇总纳税的总机构所属的具有主体生产经营职能的部门按照税收规定应分摊的本年应补(退)所得税额。本行根据《跨地区经营汇总纳税企业年度分摊企业所得税明细表》(A109000)填报。

第37行"减:民族自治地区企业所得税地方分享部分:□ 免征 □ 减征:减征幅度%)":根据享受政策的类型选择"免征"或"减征",二者必选其一。

第38行"十、本年实际应补(退)所得税额":填报纳税人当期实际应补(退)的所得税额。

A105000 纳税调整项目明细表如表 9-7 所示。

表 9-7　A105000 纳税调整项目明细表

行 次	项　　目	账载金额	税收金额	调增金额	调减金额
		1	2	3	4
1	一、收入类调整项目(2+3+…+8+10+11)	*	*		
2	(一)视同销售收入(填写 A105010)	*			*
3	(二)未按权责发生制原则确认的收入(填写 A105020)				
4	(三)投资收益(填写 A105030)				
5	(四)按权益法核算长期股权投资对初始投资成本调整确认收益	*	*	*	
6	(五)交易性金融资产初始投资调整	*	*		*
7	(六)公允价值变动净损益				
8	(七)不征税收入	*	*		
9	其中:专项用途财政性资金(填写 A105040)	*	*		
10	(八)销售折扣、折让和退回				
11	(九)其他				
12	二、扣除类调整项目(13+14+…+24+26+27+28+29+30)	*	*		
13	(一)视同销售成本(填写 A105010)	*		*	
14	(二)职工薪酬(填写 A105050)				
15	(三)业务招待费支出				*
16	(四)广告费和业务宣传费支出(填写 A105060)	*	*		
17	(五)捐赠支出(填写 A105070)				

行次	项　目	账载金额	税收金额	调增金额	调减金额
		1	2	3	4
18	（六）利息支出				
19	（七）罚金、罚款和被没收财物的损失		＊		＊
20	（八）税收滞纳金、加收利息		＊		＊
21	（九）赞助支出		＊		
22	（十）与未实现融资收益相关在当期确认的财务费用				
23	（十一）佣金和手续费支出				＊
24	（十二）不征税收入用于支出所形成的费用	＊	＊		
25	其中：专项用途财政性资金用于支出所形成的费用（填写 A105040）	＊	＊		＊
26	（十三）跨期扣除项目				
27	（十四）与取得收入无关的支出		＊		
28	（十五）境外所得分摊的共同支出	＊	＊		＊
29	（十六）党组织工作经费				
30	（十七）其他				
31	三、资产类调整项目（32＋33＋34＋35）	＊	＊		
32	（一）资产折旧、摊销（填写 A105080）				
33	（二）资产减值准备金		＊		
34	（三）资产损失（填写 A105090）				
35	（四）其他				
36	四、特殊事项调整项目（37＋38＋…＋42）	＊	＊		
37	（一）企业重组及递延纳税事项（填写 A105100）				
38	（二）政策性搬迁（填写 A105110）	＊	＊		
39	（三）特殊行业准备金（填写 A105120）				
40	（四）房地产开发企业特定业务计算的纳税调整额（填写 A105010）	＊			
41	（五）合伙企业法人合伙人应分得的应纳税所得额				
42	（六）发行永续债利息支出				
43	（七）其他	＊	＊		
44	五、特别纳税调整应税所得	＊	＊		
45	六、其他	＊	＊		
46	合计（1＋12＋31＋36＋44＋45）	＊	＊		

本表由纳税人根据税法、相关税收规定以及国家统一会计制度的规定,填报企业所得税涉税事项的会计处理、税务处理以及纳税调整情况。

纳税人按照"收入类调整项目""扣除类调整项目""资产类调整项目""特殊事项调整项目""特别纳税调整应税所得""其他"六类分项填报,汇总计算出纳税"调增金额"和"调减金额"的合计金额。数据栏分别设置"账载金额""税收金额""调增金额""调减金额"四个栏次。"账载金额"是指纳税人按照国家统一会计制度规定核算的项目金额。"税收金额"是指纳税人按照税收规定计算的项目金额。对需填报下级明细表的纳税调整项目,其"账载金额""税收金额""调增金额""调减金额"根据相应附表进行计算填报。

A106000 企业所得税弥补亏损明细表如表 9-8 所示。

表 9-8 A106000 企业所得税弥补亏损明细表

行次	项 目	年度	当年境内所得额	分立转出的亏损额	合并、分立转入的亏损额		弥补亏损企业类型	当年亏损额	当年待弥补的亏损额	用本年度所得额弥补的以前年度亏损额		当年可结转以后年度弥补的亏损额
					可弥补年限5年	可弥补年限10年				使用境内所得弥补	使用境外所得弥补	
		1	2	3	4	5	6	7	8	9	10	11
1	前十年度											
2	前九年度											
3	前八年度											
4	前七年度											
5	前六年度											
6	前五年度											
7	前四年度											
8	前三年度											
9	前二年度											
10	前一年度											
11	本年度											
12	可结转以后年度弥补的亏损额合计											

中华人民共和国企业所得税月(季)度预缴和年度纳税申报表(B类)如表 9-9 所示。

表9-9　中华人民共和国企业所得税月(季)度预缴和年度纳税申报表(B类)

核定征收方式	□核定应税所得率(能核算收入总额的)　□核定应税所得率(能核算成本费用总额的) □核定应纳所得税额	

行次	项　目	本年累计金额
1	收入总额	
2	减:不征税收入	
3	减:免税收入(4+5+10+11)	
4	国债利息收入免征企业所得税	
5	符合条件的居民企业之间的股息、红利等权益性投资收益免征企业所得税(6+7.1+7.2+8+9)	
6	其中:一般股息红利等权益性投资收益免征企业所得税	
7.1	通过沪港通投资且连续持有H股满12个月取得的股息红利所得免征企业所得税	
7.2	通过深港通投资且连续持有H股满12个月取得的股息红利所得免征企业所得税	
8	居民企业持有创新企业CDR取得的股息红利所得免征企业所得税	
9	符合条件的居民企业之间属于股息、红利性质的永续债利息收入免征企业所得税	
10	投资者从证券投资基金分配中取得的收入免征企业所得税	
11	取得的地方政府债券利息收入免征企业所得税	
12	应税收入额(1-2-3)\成本费用总额	
13	税务机关核定的应税所得率(%)	
14	应纳税所得额(第12×13行)\[第12行÷(1-第13行)×第13行]	
15	税率(25%)	
16	应纳所得税额(14×15)	
17	减:符合条件的小型微利企业减免企业所得税	
18	减:实际已缴纳所得税额	
L19	减:符合条件的小型微利企业延缓缴纳所得税额(是否延缓缴纳所得税　□是 □否)	
19	本期应补(退)所得税额(16-17-18-L19)\税务机关核定本期应纳所得税额	
20	民族自治地方的自治机关对本民族自治地方的企业应缴纳的企业所得税中属于地方分享的部分减征或免征(　□免征　　□减征:减征幅度_____%)	
21	本期实际应补(退)所得税额	

续　表

按季度填报信息			
季初从业人数		季末从业人数	
季初资产总额(万元)		季末资产总额(万元)	
国家限制或禁止行业	□ 是　□ 否	小型微利企业	□ 是　□ 否
按年度填报信息			
小型微利企业	□ 是　□ 否		

本表适用于实行核定征收企业所得税的居民企业纳税人在月(季)度预缴纳税申报时填报。实行核定应税所得率方式的纳税人在年度纳税申报时填报本表。

练　习　题

一、单项选择题

1. 企业处置资产的下列情形中,应视同销售确认企业所得税应税收入的是( )。
　　A. 将资产用于股息分配　　　　　　B. 将资产用于生产另一产品
　　C. 将资产从总机构移送至分支机构　D. 将资产由自用转为经营性租赁

2. 企业下列支出中,在计算企业所得税应纳税所得额时准予扣除的是( )。
　　A. 工商部门的罚款　　　　　　　　B. 银行对逾期贷款加收的罚息
　　C. 税务机关加收的滞纳金　　　　　D. 司法机关没收的财物

3.《纳税调整项目明细表》中所列业务招待费支出属于( )。
　　A. 收入类调整项目　　　　　　　　B. 资产类调整项目
　　C. 扣除类调整项目　　　　　　　　D. 其他

4. 企业发生的下列支出中,可在发生当期直接在企业所得税税前扣除的是( )。
　　A. 大修理支出
　　B. 已足额提取折旧的固定资产的改建支出
　　C. 固定资产的日常修理支出
　　D. 租入固定资产的改建支出

5. 在纳税检查中,发现企业以前年度少计收益多计费用的情况时,应在( )科目进行反映。
　　A. 借记"利润分配——未分配利润"　B. 借记"以前年度损益调整"
　　C. 贷记"以前年度损益调整"　　　　D. 贷记"利润分配——未分配利润"

6. 下列项目属于永久性差异的是( )。
　　A. 计提资产减值准备　　　　　　　B. 残疾人员加计扣除
　　C. 职工教育经费超支　　　　　　　D. 符合资本化条件的开发费用

7. 某商贸公司开始筹建,当年未取得收入,筹办期间发生业务招待费 300 万元、业务宣传费 20 万元、广告费用 200 万元。根据企业所得税相关规定,上述支出可计入企业筹办费并在税前扣除的金额是( )万元。

A. 200 B. 220 C. 400 D. 520

8. 甲企业境内所得为 400 万元,全年已预缴税款 25 万元,来源于境外 A 国税前所得 100 万元,境外实际缴纳税款 20 万元,该企业当年汇算清缴应补(退)的税款为( )万元。

A. 50 B. 60 C. 70 D. 80

9. 计算应税所得需要纳税调减暂时性差异的是( )。

A. 交易性金融资产公允价值上升 B. 广告费超支

C. 公益性捐赠超支 D. 计提资产减值准备

10. M 公司本年发生广告费支出 2 000 万元,本年实现销售收入 10 000 万元。因该事项确认的暂时性差异为( )。

A. 应纳税暂时性差异 750 万元 B. 可抵扣暂时性差异 500 万元

C. 应纳税暂时性差异 500 万元 D. 可抵扣暂时性差异 750 万元

11. 发出存货计价不得采用的方法是( )。

A. 个别计价法 B. 先进先出法 C. 后进先出法 D. 加权平均法

12. 确实无偿付的应付账款,应计入( )。

A. 资本公积 B. 管理费用 C. 其他应付款 D. 营业外收入

二、多项选择题

1. 通过纳税调整项目明细表调整的有( )。

A. 所得减免 B. 赞助支出

C. 资产减值准备金 D. 业务招待费支出

2. 递延所得税资产或负债的对应科目有( )。

A. 应交税费 B. 所得税费用

C. 其他综合收益 D. 以前年度损益调整

3. 下列税法正确的有( )。

A. 永久性差异需要纳税调整

B. 暂时性差异不一定确认递延所得税

C. 会计利润与应税所得不同

D. 递延所得税不一定对应所得税费用

4. 下列各项中,形成可抵扣暂时性差异的有( )。

A. 资产的账面价值大于计税基础 B. 资产的账面价值小于计税基础

C. 负债的账面价值大于计税基础 D. 负债的账面价值小于计税基础

5. 企业下列的账务处理中,税务师在进行企业所得税汇算清缴时,应作纳税调整增加的有( )。

A. 接受的货币捐赠计入"资本公积"

B. 安置残疾人员的工资费用

C. 银行加收的罚息计入财务费用

D. 超过税法扣除标准的业务招待费计入管理费用

6. 下列各项中,能作为业务招待费税前扣除限额计算依据的是( )。

    A. 转让无形资产使用权的收入   B. 视同销售收入

    C. 转让无形资产所有权的收入   D. 出售固定资产的收入

7. 属于以公允价值计量且其变动计入其他综合收益的金融资产的有(　　　　)。

    A. 债权投资   B. 交易性金融资产

    C. 其他债权投资   D. 其他权益工具投资

8. 当期错账的调账方法有(　　　　)。

    A. 红字冲销法   B. 补充登记法   C. 综合调整法   D. 追溯重述法

9. 计算实际利润可以从利润总额中扣除的有(　　　　)。

    A. 特定业务计算的应纳税所得额   B. 不征税收入

    C. 弥补以前年度亏损   D. 免税收入

10. 下列关于固定资产的会计处理中,正确的有(　　　　)。

    A. 出售固定资产的利得或损失,计入资产处置损益

    B. 固定资产报废及毁损的净损失,计入营业外支出

    C. 固定资产盘亏造成的净损失,计入营业外支出

    D. 固定资产盘盈,计入以前年度损益调整

11. 关于小企业会计,下列说法正确的有(　　　　)。

    A. 小企业应当对所有固定资产计提折旧,但已提足折旧仍继续使用的固定资产和单独计价入账的土地不得计提折旧

    B. 小企业应当按照年限平均法(即直线法)计提折旧。小企业的固定资产由于技术进步等原因,确需加速折旧的,可以采用双倍余额递减法和年数总和法

    C. 小企业的长期待摊费用包括已提足折旧的固定资产的改建支出、经营租入固定资产的改建支出、固定资产的大修理支出和其他长期待摊费用等

    D. 小企业的应收及预付款项的坏账损失应当于实际发生时计入营业外支出,同时冲减应收及预付款项

12. 关于小企业会计,下列说法正确的有(　　　　)。

    A. 小企业应当按照企业所得税法规定计算的当期应纳税额,确认所得税费用

    B. 小企业对会计政策变更、会计估计变更和会计差错更正应当采用未来适用法进行会计处理

    C. 小企业的所有者权益包括实收资本、资本公积、盈余公积和未分配利润

    D. 小企业的长期股权投资应当采用成本法进行会计处理

13. 下列说法正确的有(　　　　)。

    A.《企业会计准则》所有者权益包括其他综合收益

    B.《小企业会计准则》规定,资本公积核算内容仅限于资本溢价

    C.《小企业会计准则》的折旧政策基本与税法规定保持一致

    D.《企业会计准则》规定,资本公积中除资本溢价外,还核算其他资本公积

14. 下列说法正确的有(　　　　)。

    A.《小企业会计准则》采用应付税款法核算所得税费用

    B.《小企业会计准则》规定,长期股权投资采用成本法核算,与税法规定基本一致

C. 《企业会计准则》规定,投资企业对被投资企业具有共同控制或重大影响的,应采用权益法

D. 《企业会计准则》的规定与企业所得税法差异较大

15. 下列说法正确的有(　　　)。

A. 房地产企业的预收账款,其计税基础等于其账面价值

B. 递延所得税资产与固定资产等资产不同,不应计提减值准备,从而也不涉及减值准备转回的问题

C. 所得税核算方法不影响应交所得税

D. 企业合并中产生的商誉,其账面价值与计税基础不同形成的应纳税暂时性差异,不应确认递延所得税负债

16. 下列说法正确的有(　　　)。

A. 会计亏损不同于税法亏损

B. 实际利润额不同于利润总额

C. 所得减免不同减免所得税额

D. 应交所得税不同于所得税费用

三、核算或计算题

1. 某企业为居民企业,2022 年利润总额 400 万元。全年营业收入为 6 400 万元,国债利息收入 78 万元;研究费用为 80 万元、业务招待费用 70 万元;公益性捐赠 35 万元。

要求:计算该企业 2022 年应纳的企业所得税。

2. 某企业 2022 年利润总额 528 万元。销售收入 3 000 万元。业务招待费 28 万元、研究费用 120 万元,加计扣除 75%。向非金融企业借款 200 万元,支付利息 18 万元(同期同类借款利率为 6%)。购进并投入使用符合条件的环保的专用设备,不含税价 30 万元。工资总额 200 万元、发生职工福利费 35 万元。

要求:计算该企业 2022 年度应纳的企业所得税。

3. 某公司按季度申报预缴企业所得税,按季度计提所得税费用,年终汇算清缴。2022 年有关情况如下:第一季度利润总额为 100 万元,其中国债利息收入 2 万元,被工商部门罚款 3 万元。第二、三、四季度利润总额分别为 60 万元、40 万元、80 万元,实际利润无调整项目。全年利润总额为 280 万元,招待费超支 5 万元。广告费超支产生可抵扣暂时性差异 6 万元,确认递延所得税资产 1.5 万元(=6×25%)。

要求:计算预缴企业所得税、应交企业所得税、补缴企业所得税和净利润。

4. 甲企业汇算清缴时检查发现,上年为本企业管理人员购入的一批福利商品不含税价 200 000 元。借记管理费用 200 000,应交税费——应交增值税(进项税额)26 000,贷记银行存款 226 000。税率 13%,城建税和附加合计 10%。

要求:编制有关会计分录。

5. 甲企业汇算清缴时检查发现,上年将一批自产商品直接捐赠给某希望小学,该批商品不含税售价 120 000 元,成本为 85 000 元,增值税税率为 13%,城建税和附加合计 10%。借记营业外支出 85 000,贷记库存商品 85 000。

要求:编制有关会计分录。

6. 房地产企业开发商品房,2021 年实现不含税预售收入 3 000 万元,预计毛利率为 20%,期间费用 300 万元,缴纳城建税和附加费 9 万元(未计提),预缴土地增值税 45 万元 (未计提)。2022 年 B 项目竣工交付业主使用,当年实现不含税销售收入 3 000 万元,并结转不含税预售 3 000 万元,期间费用和税金及附加 330 万元,项目计税成本 4 200 万元。不考虑其他纳税调整项目。

要求: 计算房地产公司应税所得额。

7. 某企业 2022 年利润总额 460 万元,营业收入 1 000 万元,发生招待费 10 万元;当年发生广告费 165 万元;长期股权投资(持股 80%),被投资企业分配现金股利 100 万元,税率 25%,年内预缴企业所得税 92 万元。假设年底直接计提应补缴的企业所得税。

要求: 计算应交企业所得税并编制有关的会计分录。

8. 某企业 2022 年利润总额 400 万元,招待费超支 5 万元,权益法核算的长期股权投资(计划长期持有,持股 40%),被投资企业实现净利润 100 万元,年底结转资本化开发支出 30 万元。计提坏账准备 15 万元。税率 25%,年内预缴企业所得税 90 万元。次年汇算清缴。

要求: 计算应交企业所得税并编制有关的会计分录。

第十章　个人所得税会计

学习目标

学习本章，熟悉个人所得税的基本要素；理解个人所得税的计算和核算；掌握个人所得税的纳税申报。

第一节　纳税人与征税对象

个人所得税是以自然人取得的各类应税所得为征税对象而征收的一种所得税。我国个人所得税制采用分类与综合相结合模式。

一、纳税人

中国公民、个体工商业户、个人独资企业、合伙企业投资者以及在中国有所得的外籍人员和港澳台同胞，为个人所得税的纳税义务人。

我国采用"住所"和"居住时间"两个标准，将个人所得税的纳税人划分为居民纳税人和非居民纳税人。

在中国境内有住所，或者无住所而一个纳税年度内在中国境内居住累计满 183 天的个人，为居民个人。居民个人从中国境内和境外取得的所得，依照规定缴纳个人所得税。居民纳税人负无限纳税义务。

在中国境内无住所又不居住，或者无住所而一个纳税年度内在中国境内居住累计不满 183 天的个人，为非居民个人。非居民个人从中国境内取得的所得，依照规定缴纳个人所得税。非居民纳税人负有限纳税义务。

纳税年度，自公历 1 月 1 日起至 12 月 31 日止。

二、征税对象

个个所得税形式多种多样，大体可以分为四类：综合所得、经营所得、资本所得和偶然所得。

(1) 工资、薪金所得，是指个人因任职或者受雇取得的工资、薪金、奖金、年终加薪、劳动分红、津贴、补贴以及与任职或者受雇有关的其他所得。通常把直接从事生产、经营或服务的劳动者的收入称为工资，而将从事社会公职或管理活动的劳动者的收入称为薪金。对于一些不属于工资、薪金性质的补贴、津贴，不予征收个人所得税。这些项目包括以下方面：① 独生子女补贴；② 执行公务员工资制度未纳入基本工资总额的补贴、津贴差额和家属成员的副食补贴;③ 托儿补助费;④ 差旅费津贴、误餐补助。

(2) 劳务报酬所得,是指个人从事劳务取得的所得,包括从事设计、装潢、安装、制图、化验、测试、医疗、法律、会计、咨询、讲学、翻译、审稿、书画、雕刻、影视、录音、录像、演出、表演、广告、展览、技术服务、介绍服务、经纪服务、代办服务以及其他劳务取得的所得。

(3) 稿酬所得,是指个人因其作品以图书、报刊等形式出版、发表而取得的所得。

(4) 特许权使用费所得,是指个人提供专利权、商标权、著作权、非专利技术以及其他特许权的使用权取得的所得;提供著作权的使用权取得的所得,不包括稿酬所得。

(5) 经营所得,是指个体工商户业主、个人独资企业投资者、合伙企业个人合伙人、承包承租经营者个人以及其他从事生产、经营活动的个人取得的经营所得。

个体工商户实际支付给从业人员的、合理的工资薪金支出,准予扣除。个体工商户生产经营活动中,应当分别核算生产经营费用和个人、家庭费用。对于生产经营与个人、家庭生活混用难以分清的费用,其 40% 视为与生产经营有关费用,准予扣除。

投资者的工资不得在税前直接扣除。投资者兴办两个或两个以上企业的,其费用扣除标准由投资者选择在其中一个企业的生产经营所得中扣除。投资者及其家庭发生的生活费用,不允许在税前扣除。投资者及其家庭发生的生活费用与企业生产经营费用混合在一起,并且难以划分的,全部视为投资者个人及其家庭发生的生活费用,不允许在税前扣除。企业生产经营和投资者及其家庭生活共用的固定资产,难以划分的,由主管税务机关根据企业的生产经营类型、规模等具体情况,核定准予在税前扣除的折旧费用的数额或比例。自 2022 年 1 月 1 日起,持有股权、股票、合伙企业财产份额等权益性投资的个人独资企业、合伙企业,一律适用查账征收方式计征个人所得税。

个人独资企业、合伙企业的个人投资者以企业资金为本人、家庭成员及其相关人员支付与企业生产经营无关的消费性支出及购买汽车、住房等财产性支出,视为企业对个人投资者的利润分配,并入投资者个人的生产经营所得,依照“个体工商户的生产、经营所得”项目计征个人所得税。除个人独资企业、合伙企业以外的其他企业的个人投资者,以企业资金为本人、家庭成员及其相关人员支付与企业生产经营无关的消费性支出及购买汽车、住房等财产性支出,视为企业对个人投资者的红利分配,依照“利息、股息、红利所得”项目计征个人所得税。

(6) 利息、股息、红利所得,是指个人拥有债权、股权等而取得的利息、股息、红利所得。股息是个人拥有股权取得的按照一定的比率派发的每股息金。红利是根据公司、企业应分配的、超过股息部分的利润,按股派发的红股。股份制企业在分配股息、红利时,以股票形式向股东个人支付应得的股息、红利(即派发红股),应以派发红股的股票票面金额为收入额,按利息、股息、红利项目计征个人所得税。

个体工商户取得与生产经营无关的各项应税所得,应分别适用各应税项目的规定计算征收个人所得税。

个人独资企业和合伙企业对外投资分回的利息或者股息、红利,不并入企业的收入,而应单独作为投资者个人取得的利息、股息、红利所得,按“利息、股息、红利所得”应税项目计算缴纳个人所得税。以合伙企业名义对外投资分回利息或者股息、红利的,应按比例确定各个投资者的利息、股息、红利所得,分别按“利息、股息、红利所得”应税项目计算缴纳个人所得税。

(7) 财产租赁所得,是指个人出租不动产、机器设备、车船以及其他财产取得的所得。

(8) 财产转让所得,是指个人转让有价证券、股权、合伙企业中的财产份额、不动产、机器设备、车船以及其他财产取得的所得。

(9) 偶然所得,是指个人得奖、中奖、中彩以及其他偶然性质的所得。

个人担任公司董事、监事,且不在公司任职、受雇的,其担任董事职务所取得的董事费收入,属于劳务报酬性质,按劳务报酬所得项目征税。个人在公司任职、受雇,同时兼任董事、监事的,应将董事费、监事费与个人工资收入合并,统一按工资、薪金所得项目缴纳个人所得税。

企业实行个人承包、承租经营后,如工商登记改变为个体工商户的,应依照个体工商户的生产、经营所得项目计征个人所得税,不再征收企业所得税。企业实行个人承包、承租经营后,如果工商登记仍为企业的,不管其分配方式如何,均应先按照企业所得税的有关规定缴纳企业所得税。承包经营、承租经营者按照承包、承租经营合同(协议)规定取得的所得,依照个人所得税法的有关规定缴纳个人所得税,具体为:承包、承租人对企业经营成果不拥有所有权,仅是按合同(协议)规定取得一定所得的,其所得按工资、薪金所得项目征税,适用5%～45%的九级超额累进税率。承包、承租人按合同(协议)的规定只向发包、出租方交纳一定费用后,企业经营成果归其所有的,承包、承租人取得的所得,按对企事业单位的承包经营、承租经营所得项目,适用5%～35%的五级超额累进税率征税。

个人取得的所得,难以界定应纳税所得项目的,由国务院税务主管部门确定。工资薪金所得存在雇佣与被雇佣关系,劳务报酬所得则不存在这种关系。综合所得按照"收付实现制"的原则,以实际取得的时间为准征收个人所得税。

第二节　应纳税额的计算

一、居民个人取得第一项至第四项所得(劳动所得)

居民个人取得工资、薪金所得,劳务报酬所得,稿酬所得,特许权使用费所得为综合所得,按纳税年度合并计算个人所得税。适用3%～45%的超额累进税率。

个人所得税税率表(综合所得适用)如表10-1所示。

表10-1　个人所得税税率表(综合所得适用)

级数	全年应纳税所得额	税率(%)	速算扣除数
1	不超过36 000元的	3	0
2	超过36 000元至144 000元的部分	10	2 520
3	超过144 000元至300 000元的部分	20	16 920
4	超过300 000元至420 000元的部分	25	31 920

级　数	全年应纳税所得额	税率(%)	速算扣除数
5	超过 420 000 元至 660 000 元的部分	30	52 920
6	超过 660 000 元至 960 000 元的部分	35	85 920
7	超过 960 000 元的部分	45	181 920

居民个人的综合所得,以每一纳税年度的收入额减除费用 6 万元以及专项扣除、专项附加扣除和依法确定的其他扣除后的余额,为应纳税所得额。劳务报酬所得、稿酬所得、特许权使用费所得以收入减除 20% 的费用后的余额为收入额。稿酬所得的收入额减按 70% 计算。

$$应纳税额＝应纳税所得额×适用税率－速算扣除数$$

(一) 专项扣除

专项扣除,包括居民个人按照国家规定的范围和标准缴纳的基本养老保险、基本医疗保险、失业保险等社会保险费和住房公积金等。

(二) 专项附加扣除

专项附加扣除,包括子女教育、继续教育、大病医疗、住房贷款利息或者住房租金、赡养老人和 3 岁以下婴幼儿照护等支出。

1. 子女教育

纳税人的子女接受全日制学历教育和年满 3 岁至小学入学前处于学前教育阶段的相关支出,按照每个子女每月 1 000 元的标准定额扣除。父母可以选择由其中一方按扣除标准的 100% 扣除,也可以选择由双方分别按扣除标准的 50% 扣除,具体扣除方式在一个纳税年度内不能变更。

2. 继续教育

纳税人在中国境内接受学历(学位)继续教育的支出,在学历(学位)教育期间按照每月 400 元定额扣除。同一学历(学位)继续教育的扣除期限不能超过 48 个月。纳税人接受技能人员职业资格继续教育、专业技术人员职业资格继续教育的支出,在取得相关证书的当年,按照 3 600 元定额扣除。

个人接受本科及以下学历(学位)继续教育,可以选择由其父母扣除,也可以选择由本人扣除。

3. 大病医疗

在一个纳税年度内,纳税人发生的与基本医保相关的医药费用支出,扣除医保报销后个人负担(指医保目录范围内的自付部分)累计超过 15 000 元的部分,由纳税人在办理年度汇算清缴时,在 80 000 元限额内据实扣除。纳税人发生的医药费用支出可以选择由本人或者其配偶扣除;未成年子女发生的医药费用支出可以选择由其父母一方扣除。

4. 住房贷款利息

纳税人本人或者配偶单独或者共同使用商业银行或者住房公积金个人住房贷款为本人或者其配偶购买中国境内住房,发生的首套住房贷款利息支出,在实际发生贷款利息的年度,按照每月 1 000 元的标准定额扣除,扣除期限最长不超过 240 个月。经夫妻双方约定,可以选择由其中一方扣除,具体扣除方式在一个纳税年度内不能变更。

5. 住房租金

纳税人在主要工作城市没有自有住房而发生的住房租金支出,可以按照以下标准定额扣除:① 直辖市、省会(首府)城市、计划单列市以及国务院确定的其他城市,扣除标准为每月 1 500 元;② 除第一项所列城市以外,市辖区户籍人口超过 100 万的城市,扣除标准为每月 1 100 元;市辖区户籍人口不超过 100 万的城市,扣除标准为每月 800 元。住房租金支出由签订租赁住房合同的承租人扣除。纳税人及其配偶在一个纳税年度内不能同时分别享受住房贷款利息和住房租金专项附加扣除。

6. 赡养老人

纳税人赡养一位及以上被赡养人的赡养支出,统一按照以下标准定额扣除:① 纳税人为独生子女的,按照每月 2 000 元的标准定额扣除;② 纳税人为非独生子女的,由其与兄弟姐妹分摊每月 2 000 元的扣除额度,每人分摊的额度不能超过每月 1 000 元。可以由赡养人均摊或者约定分摊,也可以由被赡养人指定分摊。被赡养人是指年满 60 岁的父母,以及子女均已去世的年满 60 岁的祖父母、外祖父母。

7. 3 岁以下婴幼儿照护

纳税人照护 3 岁以下婴幼儿子女的相关支出,按照每孩每月 1 000 元的标准定额进行扣除。父母可以选择由其中一方按扣除标准的 100% 扣除,也可以选择由双方分别按扣除标准的 50% 扣除。

(三)依法确定的其他扣除

依法确定的其他扣除,包括个人缴付符合国家规定的企业年金、职业年金,个人购买符合国家规定的商业健康保险、税收递延型商业养老保险的支出,以及国务院规定可以扣除的其他项目。

专项扣除、专项附加扣除和依法确定的其他扣除,以居民个人一个纳税年度的应纳税所得额为限额;一个纳税年度扣除不完的,不结转以后年度扣除。

【例 10-1】　陈某全年工资薪金 18 万元,每月专项扣除 4 000 元,每月专项附加扣除 3 000 元,劳务报酬收入 3 万元,稿酬收入 2 万元,特许权使用费收入 1 万元。

扣除合计 $=60\,000+4\,000\times12+3\,000\times12=144\,000$(元)

应纳税额 $=[180\,000+30\,000\times(1-20\%)+20\,000\times(1-20\%)\times70\%+10\,000\times(1-20\%)-144\,000]\times10\%-2\,520=5\,400$(元)

二、非居民个人取得第一项至第四项所得(劳动所得)

非居民个人取得工资、薪金所得,劳务报酬所得,稿酬所得,特许权使用费所得,按月或者按次分项计算个人所得税。适用按月换算后的综合所得税率表计算应纳税额。非居民个人的工资、薪金所得,以每月收入额减除费用 5 000 元后的余额为应纳税所得额;劳务报酬所得、稿酬所得、特许权使用费所得,以每次收入额为应纳税所得额。劳务报酬所得、稿酬所得、特许权使用费所得以收入减除 20% 的费用后的余额为收入额。稿酬所得的收入额减按 70% 计算。劳务报酬所得、稿酬所得、特许权使用费所得,属于一次性收入的,以取得该项收入为一次;属于同一项目连续性收入的,以一个月内取得的收入为一次。

$$应纳税额＝应税所得×适用税率－速算扣除数$$

表 10-2 为非居民个人所得税税率表,非居民个人工资、薪金所得,劳务报酬所得,稿酬所得,特许权使用费所得适用。

表 10-2　非居民个人所得税税率表

级数	按月或者按次应纳税所得额	税率(%)	速算扣除数
1	不超过 3 000 元的	3	0
2	超过 3 000 元至 12 000 元的部分	10	210
3	超过 12 000 元至 25 000 元的部分	20	1 410
4	超过 25 000 元至 35 000 元的部分	25	2 660
5	超过 35 000 元至 55 000 元的部分	30	4 410
6	超过 55 000 元至 80 000 元的部分	35	7 160
7	超过 80 000 元的部分	45	15 160

三、经营所得

经营所得,以每一纳税年度的收入总额减除成本、费用以及损失后的余额,为应纳税所得额。成本、费用是指生产、经营活动中发生的各项直接支出和分配计入成本的间接费用以及销售费用、管理费用、财务费用;损失是指生产、经营活动中发生的固定资产和存货的盘亏、毁损、报废损失,转让财产损失,坏账损失,自然灾害等不可抗力因素造成的损失以及其他损失。经营所得,适用 5%～35% 的超额累进税率。

从事生产、经营活动,未提供完整、准确的纳税资料,不能正确计算应纳税所得额的,由主管税务机关核定应纳税所得额或者应纳税额。

个人所得税税率表(经营所得适用)如表 10-3 所示。

表 10-3　个人所得税税率表(经营所得适用)

级数	全年应纳税所得额	税率(%)	速算扣除数
1	不超过 30 000 元的	5	0
2	超过 30 000 元至 90 000 元的部分	10	1 500
3	超过 90 000 元至 300 000 元的部分	20	10 500
4	超过 300 000 元至 500 000 元的部分	30	40 500
5	超过 500 000 元的部分	35	65 500

比如,合伙企业 20 万元生产经营所得(未扣除投资者费用),合伙人李某(有综合所得)分配 8 万元,生产经营所得应缴纳的个人所得税＝80 000×10%－1 500＝6 500(元)。

四、其他所得

财产租赁所得,每次收入不超过 4 000 元的,减除费用 800 元;4 000 元以上的,减除

20%的费用,其余额为应纳税所得额。适用比例税率,税率为20%。财产租赁所得,以一个月内取得的收入为一次。

财产转让所得,以转让财产的收入额减除财产原值和合理费用后的余额,为应纳税所得额。适用比例税率,税率为20%。

利息、股息、红利所得和偶然所得,以每次收入额为应纳税所得额。适用比例税率,税率为20%。利息、股息、红利所得,以支付利息、股息、红利时取得的收入为一次。偶然所得,以每次取得该项收入为一次。

五、特殊事项

(1) 居民个人取得全年一次性奖金,在2023年12月31日前,可以不并入当年综合所得,以全年一次性奖金收入除以12个月得到的数额,按照月度税率表,确定适用税率和速算扣除数,单独计算纳税。

(2) 保险营销员、证券经纪人取得的佣金收入,属于劳务报酬所得,以不含增值税的收入减除20%的费用后的余额为收入额,收入额减去展业成本以及附加税费后,并入当年综合所得,计算缴纳个人所得税。保险营销员、证券经纪人展业成本按照收入额的25%计算。

(3) 个人达到国家规定的退休年龄,领取的企业年金、职业年金,不并入综合所得,全额单独计算应纳税款。其中按月领取的,适用月度税率表计算纳税;按季领取的,平均分摊计入各月,按每月领取额适用月度税率表计算纳税;按年领取的,适用综合所得税率表计算纳税。

(4) 个人与用人单位解除劳动关系取得一次性补偿收入,在当地上年职工平均工资3倍数额以内的部分,免征个人所得税;超过3倍数额的部分,不并入当年综合所得,单独适用综合所得税率表,计算纳税。

(5) 单位按低于购置或建造成本价格出售住房给职工,职工因此而少支出的差价部分,不并入当年综合所得,以差价收入除以12个月得到的数额,按照月度税率表确定适用税率和速算扣除数,单独计算纳税。计算公式为:应纳税额=职工实际支付的购房价款低于该房屋的购置或建造成本价格的差额×适用税率-速算扣除数。

(6) 居民个人从中国境外取得的所得,可以从其应纳税额中抵免已在境外缴纳的个人所得税税额,但抵免额不得超过该纳税人境外所得依照本法规定计算的应纳税额。扣除限额是该纳税人在同一国家或者地区内取得不同所得项目的应纳税额之和。居民个人在中国境外一个国家(地区)实际已经缴纳的个人所得税税额,低于来源于该国家(地区)所得的抵免限额的,应当在中国缴纳差额部分的税款;超过来源于该国家(地区)所得的抵免限额的,其超过部分不得在本纳税年度的应纳税额中抵免,但是可以在以后纳税年度来源于该国家(地区)所得的抵免限额的余额中补扣。补扣期限最长不得超过5年。

第三节　税收优惠

（1）下列各项个人所得，免征个人所得税：省级人民政府、国务院部委和中国人民解放军军以上单位，以及外国组织、国际组织颁发的科学、教育、技术、文化、卫生、体育、环境保护等方面的奖金；国债和国家发行的金融债券利息；按照国家统一规定发给的补贴、津贴；福利费、抚恤金、救济金；保险赔款；军人的转业费、复员费、退役金；按照国家统一规定发给干部、职工的安家费、退职费、基本养老金或者退休费、离休费、离休生活补助费；依照有关法律规定应予免税的各国驻华使馆、领事馆的外交代表、领事官员和其他人员的所得；中国政府参加的国际公约、签订的协议中规定免税的所得；国务院规定的其他免税所得。

国债利息，是指个人持有中华人民共和国财政部发行的债券而取得的利息；国家发行的金融债券利息，是指个人持有经国务院批准发行的金融债券而取得的利息。

按照国家统一规定发给的补贴、津贴，是指按照国务院规定发给的政府特殊津贴、院士津贴，以及国务院规定免予缴纳个人所得税的其他补贴、津贴。

福利费，是指根据国家有关规定，从企业、事业单位、国家机关、社会组织提留的福利费或者工会经费中支付给个人的生活补助费；救济金，是指各级人民政府民政部门支付给个人的生活困难补助费。

（2）有下列情形之一的，可以减征个人所得税，具体幅度和期限，由省、自治区、直辖市人民政府规定，并报同级人民代表大会常务委员会备案：残疾、孤老人员和烈属的所得；因自然灾害遭受重大损失的。

（3）个人将其所得对教育、扶贫、济困等公益慈善事业进行捐赠，捐赠额未超过纳税人申报的应纳税所得额30%的部分，可以从其应纳税所得额中扣除；国务院规定对公益慈善事业捐赠实行全额税前扣除的，从其规定。

（4）个人转让股权，以股权转让收入减除股权原值和合理费用后的余额为应纳税所得额，按"财产转让所得"以20%的税率计算缴纳个人所得税。对股票转让所得暂免征收个人所得税。个人从公开发行和转让市场取得的上市公司股票，持股期限在1个月以内（含1个月）的，其股息红利所得全额计入应纳税所得额；持股期限在1个月以上至1年（含1年）的，暂减按50%计入应纳税所得额；持股期限超过1年的，暂减按25%计入应纳税所得额。上述所得统一适用20%的税率计征个人所得税。

（5）在中国境内无住所的个人，在中国境内居住累计满183天的年度连续不满6年的，经向主管税务机关备案，其来源于中国境外且由境外单位或者个人支付的所得，免予缴纳个人所得税；在中国境内居住累计满183天的任一年度中有一次离境超过30天的，其在中国境内居住累计满183天的年度的连续年限重新起算。

（6）在中国境内无住所的个人，在一个纳税年度内在中国境内居住累计不超过90天的，其来源于中国境内的所得，由境外雇主支付并且不由该雇主在中国境内的机构、场所负担的部分，免予缴纳个人所得税。

第四节 征收管理

一、代扣代缴

个人所得税以所得人为纳税人，以支付所得的单位或者个人为扣缴义务人。扣缴义务人应当按照国家规定办理全员全额扣缴申报，并向纳税人提供其个人所得和已扣缴税款等信息。扣缴义务人每月或者每次预扣、代扣的税款，应当在次月15日内缴入国库，并向税务机关报送扣缴个人所得税申报表。对扣缴义务人按照规定扣缴的税款，按年付给2%的手续费。扣缴义务人领取的扣缴手续费可用于提升办税能力、奖励办税人员。

纳税人有中国居民身份证号码的，以中国居民身份证号码为纳税人识别号；纳税人没有中国居民身份证号码的，由税务机关赋予其纳税人识别号。扣缴义务人扣缴税款时，纳税人应当向扣缴义务人提供纳税人识别号。

居民个人取得综合所得，按年计算个人所得税；有扣缴义务人的，由扣缴义务人按月或者按次预扣预缴税款；需要办理汇算清缴的，应当在取得所得的次年3月1日至6月30日内办理汇算清缴。

（1）扣缴义务人向居民个人支付工资、薪金所得时，应当按照累计预扣法计算预扣税款，并按月办理全员全额扣缴申报。具体计算公式如下（预扣率等于税率）：

$$\text{本期应预扣预缴税额}=\left(\text{累计预扣预缴应纳税所得额}\times\text{预扣率}-\text{速算扣除数}\right)-\text{累计减免税额}-\text{累计已预扣预缴税额}$$

$$\text{累计预扣预缴应纳税所得额}=\text{累计收入}-\text{累计免税收入}-\text{累计减除费用}-\text{累计专项扣除}-\text{累计专项附加扣除}-\text{累计依法确定的其他扣除}$$

其中：累计减除费用，按照5000元/月乘以纳税人当年截至本月在本单位的任职受雇月份数计算。

【例10-2】 李某每个月工资18000元，基本减除费用每月5000元，"三险一金"每月扣除3200元，子女教育费、赡养老人等专项附加扣除每月2000元。只有一处工资薪金纳税人，采取累积预扣的方式无须办理年度自行汇缴补退税。

5月累计应纳税所得额＝(18000−5000−3200−2000)×5＝39000(元)；5月份累计预缴税额＝39000×10%−2520＝1380(元)；6月累计应纳税所得额＝(18000−5000−3200−2000)×6＝46800(元)；6月本期应预扣预缴税额＝(46800×10%−2520)−1380＝780(元)。

（2）扣缴义务人向居民个人支付劳务报酬所得、稿酬所得、特许权使用费所得，按次或者按月预扣预缴个人所得税。具体预扣预缴方法如下：

劳务报酬所得、稿酬所得、特许权使用费所得以收入减除费用后的余额为收入额。其中，稿酬所得的收入额减按70%计算。

劳务报酬所得、稿酬所得、特许权使用费所得每次收入不超过4000元的，减除费用按800元计算；每次收入4000元以上的，减除费用按20%计算。

劳务报酬所得、稿酬所得、特许权使用费所得,以每次收入额为预扣预缴应纳税所得额。劳务报酬预扣预缴应纳税所得额不超过 20 000 元的,预扣率为 20%;超过 20 000 元至 50 000 元的部分,预扣率为 30%,速算扣除数 2 000;超过 50 000 元的部分,预扣率为 40%,速算扣除数为 7 000。稿酬所得、特许权使用费所得适用 20% 的比例预扣率。

劳务报酬所得应预扣预缴税额＝预扣预缴应纳税所得额×预扣率－速算扣除数

稿酬所得、特许权使用费所得应预扣预缴税额＝预扣预缴应纳税所得额×20%

【例 10-3】 假如某居民个人取得劳务报酬所得 2 000 元,取得稿酬所得 40 000 元。

劳务报酬收入额＝2 000－800＝1 200(元)

应预扣预缴税额＝1 200×20%＝240(元)

稿酬收入额＝(40 000－40 000×20%)×70%＝22 400(元)

应预扣预缴税额＝22 400×20%＝4 480(元)

居民个人办理年度综合所得汇算清缴时,应当依法计算劳务报酬所得、稿酬所得、特许权使用费所得的收入额,并入年度综合所得计算应纳税款,税款多退少补。

(3) 扣缴义务人向非居民个人支付工资、薪金所得,劳务报酬所得,稿酬所得和特许权使用费所得时,应当按以下方法按月或者按次代扣代缴个人所得税:

非居民个人的工资、薪金所得,以每月收入额减除费用 5 000 元后的余额为应纳税所得额;劳务报酬所得、稿酬所得、特许权使用费所得,以每次收入额为应纳税所得额,适用按月换算后的非居民个人月度税率表计算应纳税额。劳务报酬所得、稿酬所得、特许权使用费所得以收入减除 20% 的费用后的余额为收入额。其中,稿酬所得的收入额减按 70% 计算。

$$\begin{matrix} \text{非居民个人工资、薪金所得,劳务报酬所得,} \\ \text{稿酬所得,特许权使用费所得应纳税额} \end{matrix} = \begin{matrix} \text{应纳税} \\ \text{所得额} \end{matrix} \times \text{税率} - \begin{matrix} \text{速算} \\ \text{扣除数} \end{matrix}$$

【例 10-4】 假如某非居民个人取得劳务报酬所得 20 000 元,取得稿酬所得 10 000 元。

劳务应纳税额＝20 000×(1－20%)×20%－1 410＝1 790(元)

稿酬应纳税额＝10 000×(1－20%)×70%×10%－210＝350(元)

非居民个人取得工资、薪金所得,劳务报酬所得,稿酬所得和特许权使用费所得,有扣缴义务人的,由扣缴义务人按月或者按次代扣代缴税款,不办理汇算清缴。

(4) 纳税人取得利息、股息、红利所得,财产租赁所得,财产转让所得和偶然所得,按月或者按次计算个人所得税,有扣缴义务人的,由扣缴义务人按月或者按次代扣代缴税款。

二、汇算清缴

纳税人可以采用远程办税端、邮寄等方式申报,也可以直接到主管税务机关申报。

有下列情形之一的,纳税人应当依法办理纳税申报:① 取得综合所得需要办理汇算清缴;② 取得应税所得,没有扣缴义务人;③ 取得应税所得,扣缴义务人未扣缴税款;④ 取得境外所得;⑤ 因移居境外注销中国户籍;⑥ 非居民个人在中国境内从两处以上取得工资、薪金所得;⑦ 国务院规定的其他情形。

（1）取得综合所得需要办理汇算清缴的情形（需要补税或退税）包括：① 从两处以上取得综合所得，且综合所得年收入额减除专项扣除的余额超过 6 万元；② 取得劳务报酬所得、稿酬所得、特许权使用费所得中一项或者多项所得，且综合所得年收入额减除专项扣除的余额超过 6 万元；③ 纳税年度内预缴税额低于应纳税额；④ 纳税人申请退税。

【例 10-5】 张某每月工资 1.35 万元，全年合计 16.2 万元，每月专项扣除 4 000 元，每月专项附加扣除 3 000 元，一次性劳务报酬 3 万元。

扣除合计＝60 000＋4 000×12＋3 000×12＝144 000（元）

工资薪金预扣税额＝（162 000－144 000）×3%＝540（元）

劳务预扣税额＝30 000×（1－20%）×30%－2 000＝5 200（元）

全年应纳税额＝［162 000＋30 000×（1－20%）－144 000］×10%－2 520＝1 680（元）

应退税额＝540＋5 200－1 680＝4 060（元）

（2）需要办理汇算清缴的纳税人，应当在取得所得的次年 3 月 1 日至 6 月 30 日内，向任职、受雇单位所在地主管税务机关办理纳税申报，并报送《个人所得税年度自行纳税申报表》。纳税人有两处以上任职、受雇单位的，选择向其中一处任职、受雇单位所在地主管税务机关办理纳税申报；纳税人没有任职、受雇单位的，向户籍所在地或经常居住地主管税务机关办理纳税申报。

（3）纳税人取得经营所得，按年计算个人所得税，由纳税人在月度或季度终了后 15 日内，向经营管理所在地主管税务机关办理预缴纳税申报，在取得所得的次年 3 月 31 日前，向经营管理所在地主管税务机关办理汇算清缴。

取得经营所得的个人，没有综合所得的，计算其每一纳税年度的应纳税所得额时，应当减除费用 6 万元、专项扣除、专项附加扣除以及依法确定的其他扣除。专项附加扣除在办理汇算清缴时减除。

（4）纳税人取得应税所得没有扣缴义务人的，应当在取得所得的次月 15 日内向税务机关报送纳税申报表，并缴纳税款。纳税人取得应税所得，扣缴义务人未扣缴税款的，纳税人应当在取得所得的次年 6 月 30 日前，缴纳税款；税务机关通知限期缴纳的，纳税人应当按照期限缴纳税款。居民个人从中国境外取得所得的，应当在取得所得的次年 3 月 1 日至 6 月 30 日内申报纳税。纳税人因移居境外注销中国户籍的，应当在注销中国户籍前办理税款清算。非居民个人在中国境内从两处以上取得工资、薪金所得的，应当在取得所得的次月 15 日内申报纳税。

第五节　个人所得税的核算

（1）职工薪酬，是指企业为获得职工提供的服务或解除劳动关系而给予的各种形式的报酬或补偿。职工薪酬包括短期薪酬、离职后福利、辞退福利和其他长期职工福利。企业发生的职工工资奖金、津贴和补贴，应当根据职工提供服务情况和工资标准等计算计入职工薪酬的工资总额，并按照受益对象计入当期损益或相关资产成本。企业为职工缴纳的社会保险和住房公积金,以及按规定提取的工会经费和职工教育经费,根据规定的计提基础和计提比例计算确定相应的职工薪酬金额,按照受益对象计入当期损益或相关资产成本。企业代扣代缴个人负担的养老保险、医疗保险和失业保险。企业发生的职工福利费,应当在实际发生时根据实际发生额计入当期损益或相关资产成本。企业向职工提供非货币性福利的,应当按照公允价值计量。

企业按规定计算的应代扣代缴的职工个人所得税,借记"应付职工薪酬——工资"科目,贷记"应交税费——应交个人所得税"科目,代缴个人所得税时,借记"应交税费——应交个人所得税"科目,贷记"银行存款"等科目。

(2) 支付劳务报酬所得、稿酬所得、特许权使用费所得、利息股息红利所得、财产租赁所得、财产转让所得、偶然所得的单位,代扣个人所得税时,借记"应付债券""应付股利""应付账款""其他应付款""财务费用"等科目,贷记"应交税费——应交个人所得税"科目。代缴个人所得税时,借记"应交税费——应交个人所得税"科目,贷记"银行存款"等科目。

【例 10-6】 某公司本月应发工资 2 000 万元,其中:生产人员工资 1 200 万元;管理人员工资 300 万元;销售人员工资 500 万元。公司负担社会保险和住房公积 35%,个人负担社会保险和住房公积 15%。按照职工工资总额的 2% 和 8% 计提工会经费和职工教育经费。公司缴费基数与本月工资相等。假定代扣个人所得税 20 万元,实际发放工资 1 680 万元。

(1) 公司在分配工资、社会保险、住房公积金、工会经费和职工教育经费等职工薪酬时,应当做如下账务处理:

生产成本＝1 200×145%＝1 740(万元)

管理费用＝300×145%＝435(万元)

销售费用＝500×145%＝725(万元)

借:生产成本	17 400 000
管理费用	4 350 000
销售费用	7 250 000
贷:应付职工薪酬——工资	20 000 000
——保险和公积	7 000 000
——工会经费	400 000
——职工教育经费	1 600 000

(2) 代扣个人负担的社会保险、住房公积和个人所得税,实际发放工资:

借:应付职工薪酬——工资	20 000 000
贷:银行存款	16 800 000
其他应付款	3 000 000
应交税费——应交个人所得税	200 000

(3) 缴纳的社会保险、住房公积和个人所得税:

借:应付职工薪酬——社会保险费	7 000 000
其他应付款	3 000 000
应交税费——应交个人所得税	200 000

贷:银行存款　　　　　　　　　　　　　　　　　　 10 200 000

（4）实际使用的职工教育经费,拨付工会经费:

借:应付职工薪酬——工会经费　　　　　　　　　　 400 000

　　　　　　　 ——职工教育经费　　　　　　　 1 600 000

贷:银行存款　　　　　　　　　　　　　　　　　　 2 000 000

（3）《个体工商户会计制度》适用于中华人民共和国境内所有按规定需要建账的个体工商户。规模较小或业务比较简单的个体户,可按照《个体工商户简易会计制度》执行。个体户应按规定配备必要的专职或兼职会计人员,办理个体户的财务会计工作。没有条件配备会计人员的,应聘请有关社会中介机构代理记账。个体户应按规定编制资产负债表和应税所得表(执行《个体工商户简易会计制度》的个体户,可只编制应税所得表),并按年报送当地财税机关。留存利润表由个体户参照制度的规定自行编制。

个体户按月预交个人所得税时,借记"应交税费——应交个人所得税"科目,贷记"银行存款"科目。年度终了,个体户按照"计税办法"的规定,计算出全年应交的个人所得税额,借记"留存利润"科目,贷记"应交税费——应交个人所得税"科目。

个体工商户会计科目如表 10-4 所示。

表 10-4　个体工商户会计科目

一、资产类			
现金	银行存款	应收款项	存货
待摊费用	待处理财产损失	固定资产	累计折旧
固定资产清理	在建工程	无形资产	
二、负债类			
借入款项	应付款项	应付工资	应交税金
三、业主权益类			
业主投资	本年应税所得	留存利润	
四、成本类			
生产成本			
五、损益类			
营业收入	营业成本	营业税金	营业费用
营业外收支	税后列支费用		

第六节　个人所得税的纳税申报

一、个人所得税扣缴申报表

个人所得税扣缴申报表如表 10-5 所示。

表 10－5　个人所得税扣缴申报表

所得项目	本月(次)情况														累计情况								减按计税比例	准予扣除的捐赠额	税款计算							备注
	收入额计算			专项扣除				其他扣除							累计收入额	累计减除费用	累计专项扣除	累计专项附加扣除					累计其他扣除			应纳税所得额	税率/预扣率	速算扣除数	应纳税额	减免税额	已缴税额	应补/退税额	
	收入	费用	免税收入	减除费用	基本养老保险费	基本医疗保险费	失业保险费	住房公积金	年金	商业健康保险	税延养老保险	财产原值	允许扣除的税费	其他				子女教育	赡养老人	住房贷款利息	住房租金	继续教育											
7	8	9	10	11	12	13	14	15	16	17	18	19	20	21	22	23	24	25	26	27	28	29	30	31	32	33	34	35	36	37	38	39	40

省略项目:1. 序号;2. 姓名;3. 身份证件类型;4. 身份证件号码;5. 纳税人识别号;6. 是否为非居民个人

《个人所得税扣缴申报表》填表说明:

本表适用于扣缴义务人向居民个人支付工资、薪金所得,劳务报酬所得,稿酬所得和特许权使用费所得的个人所得税全员全额预扣预缴申报;向非居民个人支付工资、薪金所得,劳务报酬所得,稿酬所得和特许权使用费所得的个人所得税全员全额扣缴申报;以及向纳税人(居民个人和非居民个人)支付利息、股息、红利所得,财产租赁所得,财产转让所得和偶然所得的个人所得税全员全额扣缴申报。

扣缴义务人应当在每月或者每次预扣、代扣税款的次月 15 日内,将已扣税款缴入国库,并向税务机关报送本表。

第 7 列"所得项目":填写纳税人取得的个人所得税法第二条规定的应税所得项目名称。同一纳税人取得多项或者多次所得的,应分行填写。第 1~7 列省略。

第 8~21 列"本月(次)情况":填写扣缴义务人当月(次)支付给纳税人的所得,以及按规定各所得项目当月(次)可扣除的减除费用、专项扣除、其他扣除等。其中,工资、薪金所得预扣预缴个人所得税时扣除的专项附加扣除,按照纳税年度内纳税人在该任职受雇单位截至当月可享受的各专项附加扣除项目的扣除总额,填写至"累计情况"中第 25~29 列相应栏,本月情况中则无须填写。

"收入额计算":包含"收入""费用""免税收入"。收入额＝第 8 列－第 9 列－第 10 列。

第 8 列"收入":填写当月(次)扣缴义务人支付给纳税人所得的总额。

第 9 列"费用":取得劳务报酬所得、稿酬所得、特许权使用费所得时填写,取得其他各项所得时无须填写本列。居民个人取得上述所得,每次收入不超过 4 000 元的,费用填写"800"元;每次收入 4 000 元以上的,费用按收入的 20％填写。非居民个人取得劳务报酬所得、稿酬所得、特许权使用费所得,费用按收入的 20％填写。

第 10 列"免税收入":填写纳税人各所得项目收入总额中包含的税法规定的免税收入金额。其中,税法规定"稿酬所得的收入额减按 70％计算",对稿酬所得的收入额减计的 30％部分,填入本列。

第 11 列"减除费用":按税法规定的减除费用标准填写。纳税人取得工资、薪金所得按月申报时,填写 5 000 元。纳税人取得财产租赁所得,每次收入不超过 4 000 元的,填写 800 元;每次收入 4 000 元以上的,按收入的 20%填写。

第 12~15 列"专项扣除":分别填写按规定允许扣除的基本养老保险费、基本医疗保险费、失业保险费、住房公积金的金额。

第 16~21 列"其他扣除":分别填写按规定允许扣除的项目金额。

第 22~30 列"累计情况":本栏适用于居民个人取得工资、薪金所得,保险营销员、证券经纪人取得佣金收入等按规定采取累计预扣法预扣预缴税款时填报。

第 22 列"累计收入额":填写本纳税年度截至当前月份,扣缴义务人支付给纳税人的工资、薪金所得,或者支付给保险营销员、证券经纪人的劳务报酬所得的累计收入额。

第 23 列"累计减除费用":按照 5 000 元/月乘以纳税人当年在本单位的任职受雇或者从业的月份数计算。

第 24 列"累计专项扣除":填写本年度截至当前月份,按规定允许扣除的"三险一金"的累计金额。

第 25~29 列"累计专项附加扣除":分别填写截至当前月份,纳税人按规定可享受的子女教育、赡养老人、住房贷款利息或者住房租金、继续教育扣除的累计金额。大病医疗扣除由纳税人在年度汇算清缴时办理,此处无须填报。

第 30 列"累计其他扣除":填写本年度截至当前月份,按规定允许扣除的年金(包括企业年金、职业年金)、商业健康保险、税延养老保险及其他扣除项目的累计金额。

第 31 列"减按计税比例":填写按规定实行应纳税所得额减计税收优惠的减计比例。无减计规定的,可不填,系统默认为 100%。

第 32 列"准予扣除的捐赠额":按照税法及相关法规、政策规定,可以在税前扣除的捐赠额。

第 33~39 列"税款计算":填写扣缴义务人当月扣缴个人所得税款的计算情况。

第 33 列"应纳税所得额":根据相关列次计算填报。

(1)居民个人取得工资、薪金所得,填写累计收入额减除累计减除费用、累计专项扣除、累计专项附加扣除、累计其他扣除后的余额。

(2)非居民个人取得工资、薪金所得,填写收入额减去减除费用后的余额。

(3)居民个人或者非居民个人取得劳务报酬所得、稿酬所得、特许权使用费所得,填写本月(次)收入额减除其他扣除后的余额。保险营销员、证券经纪人取得的佣金收入,填写累计收入额减除累计减除费用、累计其他扣除后的余额。

(4)居民个人或者非居民个人取得利息、股息、红利所得和偶然所得,填写本月(次)收入额。

(5)居民个人或者非居民个人取得财产租赁所得,填写本月(次)收入额减去减除费用、其他扣除后的余额。

(6)居民个人或者非居民个人取得财产转让所得,填写本月(次)收入额减除财产原值、允许扣除的税费后的余额。

其中,适用"减按计税比例"的所得项目,其应纳税所得额按上述方法计算后乘以减按计税比例的金额填报。

按照税法及相关法规、政策规定,可以在税前扣除的捐赠额,可以按上述方法计算后从应纳税所得额中扣除。

第34～35列"税率/预扣率""速算扣除数":填写各所得项目按规定适用的税率(或预扣率)和速算扣除数。没有速算扣除数的,则不填。

第36列"应纳税额":根据相关列次计算填报。第36列=第33列×第34列-第35列。

第37列"减免税额":填写符合税法规定可减免的税额,并附报《个人所得税减免税事项报告表》。居民个人工资、薪金所得,以及保险营销员、证券经纪人取得的佣金收入,填写本年度累计减免税额;居民个人取得工资、薪金以外的所得或非居民个人取得的各项所得,填写本月(次)减免税额。

第38列"已缴税额":填写本年或本月(次)纳税人同一所得项目,已由扣缴义务人实际扣缴的税款金额。

第39列"应补/退税额":根据相关列次计算填报。第39列=第36列-第37列-第38列。

以纸质方式报送本表的,应当一式两份,扣缴义务人、税务机关各留存一份。

二、个人所得税年度自行纳税申报表

个人所得税年度自行纳税申报表如表10-6所示。

表 10-6　个人所得税年度自行纳税申报表

项　目	行　次	金　额
一、收入合计(1=2+3+4+5)	1	
(一)工资、薪金所得	2	
(二)劳务报酬所得	3	
(三)稿酬所得	4	
(四)特许权使用费所得	5	
二、费用合计	6	
三、免税收入合计	7	
四、减除费用	8	
五、专项扣除合计(9=10+11+12+13)	9	
(一)基本养老保险费	10	
(二)基本医疗保险费	11	
(三)失业保险费	12	
(四)住房公积金	13	
六、专项附加扣除合计(14=15+16+17+18+19+20)	14	

项　目	行　次	金　额
（一）子女教育	15	
（二）继续教育	16	
（三）大病医疗	17	
（四）住房贷款利息	18	
（五）住房租金	19	
（六）赡养老人	20	
七、其他扣除合计(21＝22＋23＋24＋25＋26)	21	
（一）年金	22	
（二）商业健康保险	23	
（三）税延养老保险	24	
（四）允许扣除的税费	25	
（五）其他	26	
八、准予扣除的捐赠额	27	
九、应纳税所得额(28＝1－6－7－8－9－14－21－27)	28	
十、税率(%)	29	
十一、速算扣除数	30	
十二、应纳税额(31＝28×29－30)	31	
十三、减免税额	32	
十四、已缴税额	33	
十五、应补/退税额(34＝31－32－33)	34	

《个人所得税年度自行纳税申报表》填表说明：

本表适用于居民个人取得境内综合所得，按税法规定进行个人所得税汇算清缴。纳税人取得境外所得的，不适用本表。居民个人取得综合所得需要办理汇算清缴的，应当在取得所得的次年3月1日至6月30日内，向主管税务机关办理汇算清缴，并报送本表。

第1行"收入合计(1＝2＋3＋4＋5)"：填写纳税人本年度取得综合所得的收入合计金额。第1行＝第2＋3＋4＋5行。

第2行"（一）工资、薪金所得"：填写本年度应当并入综合所得计税的工资、薪金收入总额。

第6行"二、费用合计"：纳税人取得劳务报酬所得、稿酬所得、特许权使用费所得时，填写减除20%费用的合计金额。

第7行"三、免税收入合计"：填写本年度符合税法规定的免税收入合计金额。其中，税法规定"稿酬所得的收入额减按70%计算",对减计的30%部分,填入本行。

第8行"四、减除费用":按税法规定的减除费用标准填写。

第9行"五、专项扣除合计(9＝10＋11＋12＋13)":填写按规定本年度可在税前扣除的基本养老保险费、基本医疗保险费、失业保险费、住房公积金的合计金额。第9行＝第10＋11＋12＋13行。

第14行"六、专项附加扣除合计(14＝15＋16＋17＋18＋19＋20)":填写按规定本年度可在税前扣除的子女教育、继续教育、大病医疗、住房贷款利息或住房租金、赡养老人等专项附加扣除费用的合计金额。第14行＝第15＋16＋17＋18＋19＋20行。

第21行"七、其他扣除合计(21＝22＋23＋24＋25＋26)":填写按规定本年度可在税前扣除的年金、商业健康保险、税延养老保险、允许扣除的税费等其他扣除项目的合计金额。第21行＝第22＋23＋24＋25＋26行。

第27行"八、准予扣除的捐赠额":填写按规定本年度准予在税前扣除的捐赠额的合计金额。

第28行"九、应纳税所得额(28＝1－6－7－8－9－14－21－27)":根据相应行次计算填报。第28行＝第1－6－7－8－9－14－21－27行。

第29～30行"税率(%)""速算扣除数":填写按规定适用的税率和速算扣除数。

第31行"十二、应纳税额(31＝28×29－30)":按照相关行次计算填报。第31行＝第28×29－30行。

第32行"十三、减免税额":填写符合税法规定的可以减免的税额,并附报《个人所得税减免税事项报告表》。

第33行"十四、已缴税额":填写本年度内纳税人在中国境内已经缴纳或者被扣缴税款的合计金额。

第34行"十五、应补/退税额(34＝31－32－33)":根据相关行次计算填报。第34行＝第31－32－33行。

以纸质方式报送本表的,应当一式两份,纳税人、税务机关各留存一份。

三、个人所得税经营所得纳税申报表(A表)

个人所得税经营所得纳税申报表(A表)如表10-7所示。

表10-7 个人所得税经营所得纳税申报表(A表)

被投资单位信息	名 称		纳税人识别号(统一社会信用代码)	
征收方式	□查账征收(据实预缴) □查账征收(按上年应纳税所得额预缴) □核定应纳税所得率征收 □核定应纳税所得额征收 □税务机关认可的其他方式_____			
项 目			行 次	金额/比例
一、收入总额			1	
二、成本费用			2	

续 表

项 目	行 次	金额/比例
三、利润总额(3＝1-2)	3	
四、弥补以前年度亏损	4	
五、应税所得率(%)	5	
六、合伙企业个人合伙人分配比例(%)	6	
七、允许扣除的个人费用及其他扣除(7＝8＋9＋14)	7	—
(一)投资者减除费用	8	
(二)专项扣除(9＝10＋11＋12＋13)	9	
1. 基本养老保险费	10	
2. 基本医疗保险费	11	
3. 失业保险费	12	
4. 住房公积金	13	
(三)依法确定的其他扣除(14＝15＋16＋17)	14	
1.	15	
2.	16	
3.	17	
八、准予扣除的捐赠额	18	
九、应纳税所得额	19	—
十、税率(%)	20	—
十一、速算扣除数	21	—
十二、应纳税额(22＝19×20-21)	22	
十三、减免税额(附报《个人所得税减免税事项报告表》)	23	
十四、已缴税额	24	
十五、应补/退税额(25＝22-23-24)	25	

本表适用于查账征收和核定征收的个体工商户业主、个人独资企业投资人、合伙企业个人合伙人、承包承租经营者个人以及其他从事生产、经营活动的个人在中国境内取得经营所得,办理个人所得税预缴纳税申报时,向税务机关报送。合伙企业有两个或者两个以上个人合伙人的,应分别填报本表。纳税人取得经营所得,应当在月度或者季度终了后15日内,向税务机关办理预缴纳税申报。

四、个人所得税经营所得纳税申报表(B表)

个人所得税经营所得纳税申报表(B表)如表10-8所示。

表10-8 个人所得税经营所得纳税申报表(B表)

被投资单位信息	名 称		纳税人识别号 (统一社会信用代码)	
项 目			行 次	金额/比例
一、收入总额			1	
其中:国债利息收入			2	
二、成本费用(3=4+5+6+7+8+9+10)			3	
(一)营业成本			4	
(二)营业费用			5	
(三)管理费用			6	
(四)财务费用			7	
(五)税金			8	
(六)损失			9	
(七)其他支出			10	
三、利润总额(11=1-2-3)			11	
四、纳税调整增加额(12=13+27)			12	
(一)超过规定标准的扣除项目金额(13=14+15+16+17+18+19+20+21+22+23+24+25+26)			13	
1.职工福利费			14	
2.职工教育经费			15	
3.工会经费			16	
4.利息支出			17	
5.业务招待费			18	
6.广告费和业务宣传费			19	
7.教育和公益事业捐赠			20	
8.住房公积金			21	
9.社会保险费			22	
10.折旧费用			23	
11.无形资产摊销			24	
12.资产损失			25	
13.其他			26	
(二)不允许扣除的项目金额(27=28+29+30+31+32+33+34+35+36)			27	
1.个人所得税税款			28	

续　表

项　目	行　次	金额/比例
2. 税收滞纳金	29	
3. 罚金、罚款和被没收财物的损失	30	
4. 不符合扣除规定的捐赠支出	31	
5. 赞助支出	32	
6. 用于个人和家庭的支出	33	
7. 与取得生产经营收入无关的其他支出	34	
8. 投资者工资薪金支出	35	
9. 其他不允许扣除的支出	36	
五、纳税调整减少额	37	
六、纳税调整后所得(38＝11＋12－37)	38	
七、弥补以前年度亏损	39	
八、合伙企业个人合伙人分配比例(%)	40	
九、允许扣除的个人费用及其他扣除(41＝42＋43＋48＋55)	41	
(一)投资者减除费用	42	
(二)专项扣除(43＝44＋45＋46＋47)	43	
1. 基本养老保险费	44	
2. 基本医疗保险费	45	
3. 失业保险费	46	
4. 住房公积金	47	
(三)专项附加扣除(48＝49＋50＋51＋52＋53＋54)	48	
1. 子女教育	49	
2. 继续教育	50	
3. 大病医疗	51	
4. 住房贷款利息	52	
5. 住房租金	53	
6. 赡养老人	54	
7. 3岁以下婴幼儿照护		
(四)依法确定的其他扣除(55＝56＋57＋58＋59)	55	
1. 商业健康保险	56	
2. 税延养老保险	57	
3.	58	

续　表

项　目	行　次	金额/比例
4.	59	
十、投资抵扣	60	
十一、准予扣除的个人捐赠支出	61	
十二、应纳税所得额(62＝38－39－41－60－61)或[62＝(38－39)×40－41－60－61]	62	
十三、税率(%)	63	
十四、速算扣除数	64	
十五、应纳税额(65＝62×63－64)	65	
十六、减免税额(附报《个人所得税减免税事项报告表》)	66	
十七、已缴税额	67	
十八、应补/退税额(68＝65－66－67)	68	

本表适用于个体工商户业主、个人独资企业投资人、合伙企业个人合伙人、承包承租经营者个人以及其他从事生产、经营活动的个人在中国境内取得经营所得,且实行查账征收的,在办理个人所得税汇算清缴纳税申报时,向税务机关报送。合伙企业有两个或者两个以上个人合伙人的,应分别填报本表。纳税人在取得经营所得的次年 3 月 31 日前,向税务机关办理汇算清缴。

练 习 题

一、单项选择题

1. 代扣代缴个人所得税,预扣率等于税率的是(　　)。
   - A. 工资薪金所得
   - B. 劳务报酬所得
   - C. 稿酬所得
   - D. 特许权使用费所得

2. 下列各项中,不属于短期薪酬的有(　　)。
   - A. 职工福利费　　B. 住房公积金　　C. 职工教育经费　　D. 辞退福利

3. 每次收入不超过 4 000 元的,减除费用 800 元;4 000 元以上的,减除 20% 的费用,其余额为应纳税所得额计征个人所得税的有(　　)。
   - A. 财产租赁所得
   - B. 偶然所得
   - C. 利息、股息、红利所得
   - D. 财产转让所得

4. 扣缴义务人向居民个人支付(　　)时,应当按照累计预扣法计算预扣税款,并按月办理扣缴申报。
   - A. 工资薪金所得
   - B. 劳务报酬所得
   - C. 稿酬所得
   - D. 特许权使用费所得

二、多项选择题

1. 下列各项中,适用比例税率,税率为20%征收个人所得税的有( )。

   A. 利息、股息、红利所得
   B. 财产租赁所得
   C. 财产转让所得
   D. 偶然所得

2. 下列各项个人所得,免征个人所得税的有( )。

   A. 国债和国家发行的金融债券利息
   B. 按照国家统一规定发给的补贴、津贴
   C. 福利费、抚恤金、救济金
   D. 保险赔款

3. 计算居民个人的综合所得,依法确定的其他扣除包括( )。

   A. 个人缴付符合规定的企业年金、职业年金
   B. 个人购买符合国家规定的商业健康保险
   C. 税收递延型商业养老保险的支出
   D. 国务院规定可以扣除的其他项目

4. 取得综合所得需要办理汇算清缴的情形包括( )。

   A. 从两处以上取得综合所得,且综合所得年收入额减除专项扣除的余额超过6万元
   B. 取得劳务报酬所得、稿酬所得、特许权使用费所得中一项或者多项所得,且综合所得年收入额减除专项扣除的余额超过6万元
   C. 纳税年度内预缴税额低于应纳税额
   D. 纳税人申请退税

5. 扣缴义务人预扣预缴税款时,每次收入不超过4 000元的,减除费用按800元计算;每次收入4 000元以上的,减除费用按收入的20%计算的有( )。

   A. 工资薪金所得
   B. 劳务报酬所得
   C. 稿酬所得
   D. 特许权使用费所得

6. 下列各项所得,适用20%的比例预扣率计算个人所得税的有( )。

   A. 工资薪金所得
   B. 劳务报酬所得
   C. 稿酬所得
   D. 特许权使用费所得

三、核算或计算题

1. 周某全年工资15万元,每月专项扣除4 000元,每月专项附加扣除3 000元。一次性劳务报酬3万元。

   要求:计算应缴纳的个人所得税。

2. 某公司本月应发工资1 000万元,其中:生产人员工资600万元;管理人员工资200万元;销售人员工资200万元。公司负担社会保险和住房公积35%,个人负担社会保险和住房公积15%。公司缴费基数与本月工资相等。假定代扣个人所得税10万元,实际发放工资840万元。

   要求:编制有关的会计分录。

3. 员工孙某每个月工资16 000元,"三险一金"每月扣除3 000元,基本减除费用每

月5 000元,子女教育费、赡养老人等专项附加扣除每月2 000元。7月份赵某从公司取得劳务报酬收入30 000元。

要求:计算公司7月份预扣的个人所得税。

4. 员工刘某每个月工资18 000元,"三险一金"每月扣除3 000元,基本减除费用每月5 000元,子女教育费、赡养老人等专项附加扣除每月2 000元。6月份张某从公司取得劳务报酬收入20 000元。

要求:计算公司6月份预扣代扣的个人所得税。

参考文献

[1] 盖地.税务会计[M].北京:中国人民大学出版社,2017.

[2] 刘彩霞.税务会计实务[M].北京:中国人民大学出版社,2017.

[3] 艾华.税务会计[M].大连:东北财经大学出版社,2018.

[4] 中华人民共和国财政部.企业会计准则[M].北京:经济科学出版社,2019.

[5] 注册会计师全国统一考试辅导教材.税法[M].北京:经济科学出版社,2023.

[6] 注册会计师全国统一考试辅导教材.会计[M].北京:中国财政经济出版社,2023.

[7] 全国税务师执业资格考试教材.税法(I)[M].北京:中国税务出版社,2023.

[8] 全国税务师执业资格考试教材.税法(II)[M].北京:中国税务出版社,2023.